Geschäftsführer im Konzern

Lothar Volkelt

Geschäftsführer im Konzern

Aufgaben, Geschäftsführerverträge, Rechte und Pflichten

3. Auflage

Lothar Volkelt
Bollschweil, Deutschland

ISBN 978-3-658-29054-2   ISBN 978-3-658-29055-9 (eBook)
https://doi.org/10.1007/978-3-658-29055-9

Die Deutsche Nationalbibliothek verzeichnet diese Publikation in der Deutschen Nationalbibliografie; detaillierte bibliografische Daten sind im Internet über http://dnb.d-nb.de abrufbar.

© Springer Fachmedien Wiesbaden GmbH, ein Teil von Springer Nature 2011, 2014, 2020
Das Werk einschließlich aller seiner Teile ist urheberrechtlich geschützt. Jede Verwertung, die nicht ausdrücklich vom Urheberrechtsgesetz zugelassen ist, bedarf der vorherigen Zustimmung des Verlags. Das gilt insbesondere für Vervielfältigungen, Bearbeitungen, Übersetzungen, Mikroverfilmungen und die Einspeicherung und Verarbeitung in elektronischen Systemen.
Die Wiedergabe von allgemein beschreibenden Bezeichnungen, Marken, Unternehmensnamen etc. in diesem Werk bedeutet nicht, dass diese frei durch jedermann benutzt werden dürfen. Die Berechtigung zur Benutzung unterliegt, auch ohne gesonderten Hinweis hierzu, den Regeln des Markenrechts. Die Rechte des jeweiligen Zeicheninhabers sind zu beachten.
Der Verlag, die Autoren und die Herausgeber gehen davon aus, dass die Angaben und Informationen in diesem Werk zum Zeitpunkt der Veröffentlichung vollständig und korrekt sind. Weder der Verlag, noch die Autoren oder die Herausgeber übernehmen, ausdrücklich oder implizit, Gewähr für den Inhalt des Werkes, etwaige Fehler oder Äußerungen. Der Verlag bleibt im Hinblick auf geografische Zuordnungen und Gebietsbezeichnungen in veröffentlichten Karten und Institutionsadressen neutral.

Planung/Lektorat: Vivien Bender
Springer Gabler ist ein Imprint der eingetragenen Gesellschaft Springer Fachmedien Wiesbaden GmbH und ist ein Teil von Springer Nature.
Die Anschrift der Gesellschaft ist: Abraham-Lincoln-Str. 46, 65189 Wiesbaden, Germany

Vorwort

Gesellschafter-Geschäftsführer treffen strategische und operative Entscheidungen weitgehend selbstständig. Sie unterliegen lediglich dem Weisungsrecht der Gesellschafter durch die Gesellschafterversammlung. Komplizierter ist die Situation des Geschäftsführers, der in einem verbundenen Unternehmen als Verantwortlicher einer Tochtergesellschaft tätig ist. Er muss regelmäßig auf die wirtschaftlichen Interessen der Muttergesellschaft und den Gesamt-Konzern Rücksicht nehmen. Die Konzern-Muttergesellschaft und deren Vorstand können jederzeit direkt in die Geschäfte der Tochtergesellschaften und damit in den Verantwortungsbereich der Geschäftsführer eingreifen.

Der Geschäftsführer der Tochtergesellschaft muss den Spagat zwischen gegenläufigen Interessen annehmen und gestalten: Er muss den Anforderungen des Gesetzgebers an seine Verantwortlichkeiten gerecht werden, er muss die Interessenlage des Gesamt-Konzerns und der Konzern-Obergesellschaft berücksichtigen und last not least die persönlichen Motivationen der Mitglieder der Konzern-Leitung kennen und in seine Unternehmensführung einbeziehen.

In diesem Buch sind alle wichtigen rechtlichen, organisatorischen und praktischen Aspekte des Handelns für den **Geschäftsführer im Konzern** behandelt. Der potenzielle Geschäftsführer erfährt, wie er sich erfolgreich um das Amt eines Geschäftsführers bewirbt und welche Aufgaben und Verantwortlichkeiten auf ihn zukommen. Wir zeigen, wie sich der Geschäftsführer vertraglich absichern kann und wie er seine Aufgaben zwischen verschiedenen Interessenlagen erfolgreich erledigt.

Bollschweil Dipl. Volkswirt Lothar Volkelt
im Februar 2020

Inhaltsverzeichnis

1	**Grundlagen**		1
	1.1	Konzern ist nicht gleich Konzern.	2
		1.1.1 Besonderheiten in verbundenen Aktiengesellschaften	2
		1.1.2 Die GmbH als Tochtergesellschaft im Konzern.	3
	1.2	Vertragliche Einbindung des Geschäftsführers	5
		1.2.1 Pflichten des Geschäftsführers nach Handelsrecht	8
		1.2.2 Pflichten des Geschäftsführers nach dem GmbH-Gesetz	13
2	**Bewerbung um die Position eines Geschäftsführers einer Tochtergesellschaft**		19
	2.1	Die neue Aufgabe: Was es bedeutet, Geschäftsführer eines Unternehmens zu sein	19
	2.2	Die Entscheidung: Sie wollen Geschäftsführer werden.	20
		2.2.1 Bewerbungsunterlagen.	20
		2.2.2 Gesprächsvorbereitung	21
		2.2.3 Fragen im Gespräch.	22
		2.2.4 Bewerbungskosten.	24
	2.3	Wie werden Geschäftsführer ausgewählt?.	24
		2.3.1 Die Auswahlkriterien der Personalberater.	25
		2.3.2 Auswahl und Abstimmung durch die Mitglieder des Bestellorgans.	26
		2.3.3 Besonderheiten im mittelständischen Unternehmensverbund.	27
	2.4	Was Sie über das Zielunternehmen wissen müssen.	29
		2.4.1 Informationen aus dem Jahresabschluss	29
		2.4.2 Informationen über das Zielunternehmen aus anderen Quellen.	33
3	**Gestaltung und Abschluss des Geschäftsführer-Anstellungsvertrages**		37
	3.1	Wechsel des Angestellten in die Stellung des Geschäftsführers	40
	3.2	Bestellung zum Allein-Geschäftsführer.	41

	3.3	Bestellung zum ressortverantwortlichen Geschäftsführer	42
	3.4	Sozialversicherung und Steuer	43
		3.4.1 Sozialversicherungsrechtliche Stellung des Konzern-Geschäftsführers	43
		3.4.2 Besteuerung der Einkünfte des Konzern-Geschäftsführers	45
	3.5	Sondervereinbarung zum Kündigungsschutz	45
	3.6	Das Gehalt des Geschäftsführers im Konzern	46
	3.7	So machen Sie Ihren Anstellungsvertrag „kündigungsfest"	51
	3.8	Vertragsmuster mit fallbezogenen Formulierungen	53
	3.9	Rechtsschutz	62
	3.10	Häufige Fragen zum Geschäftsführer-Anstellungsvertrag	65
4	**Der Amtsantritt in der Tochtergesellschaft**		**67**
	4.1	Die Anmeldung zum Handelsregister	67
	4.2	Amtsantritt	69
		4.2.1 Erwartungen und Erfolgsfaktoren	69
		4.2.2 Betriebsbesichtigung und Präsentation	70
		4.2.3 Ziele und Zielvorgaben	71
		4.2.4 Zusammenarbeit mit weiteren Geschäftsführern	74
		4.2.5 Umgang mit Mitarbeitern	76
5	**Praktische Grundlagen der Geschäftsführung**		**79**
	5.1	Rechte, Pflichten, Unternehmensgrundsätze, Informationsverpflichtung	79
		5.1.1 Ressortübergreifende Verantwortung jedes einzelnen Geschäftsführers	79
		5.1.2 Vorkehrungen gegen die Haftung des Geschäftsführers	84
		5.1.3 Berichtswesen: Wer muss was wissen	101
		5.1.4 Unternehmenskultur/Unternehmensgrundsätze	103
		5.1.5 Führungsstile – zeitgemäßer Umgang	104
		5.1.6 Selbst-Management, Arbeits-Systematik	106
		5.1.7 Projekt-Management	107
		5.1.8 Umgang mit neuen Gesetzen und Vorschriften	110
	5.2	Organisation des Geschäftsführer-Office	111
		5.2.1 Der Geschäftsführer als Abteilungsleiter und Vorgesetzter	111
		5.2.2 Richtlinien-Kompetenz des Geschäftsführers	114
		5.2.3 Arbeitsabläufe im Office des Geschäftsführers	115
		5.2.4 Öffentlichkeitsarbeit	116
		5.2.5 Marktforschung	117
		5.2.6 Lobby und Verbandsarbeit	119
		5.2.7 Netzwerke	120
		5.2.8 Rechtsabteilung	122

	5.3	Pflicht zur externen Beratung	122
		5.3.1 Zusammenarbeit mit externen Beratern	123
		5.3.2 Zusammenarbeit mit dem Steuerberater	127

6 Besonderheiten im GmbH-Konzern 133

- 6.1 Zentrale Unternehmensplanung 133
- 6.2 Cash-Pooling-Finanzierung 135
- 6.3 Konzernverträge 138
  - 6.3.1 Gewinnabführungsvertrag 139
  - 6.3.2 Organgesellschaft 140
- 6.4 Zustimmungserfordernisse und Weisungen 142
- 6.5 Auskunfts- und Einsichtsrechte im verbundenen Unternehmen 144
- 6.6 Steuerpflichten 148
  - 6.6.1 Die Pflicht zur Abgabe von Steuererklärungen 149
  - 6.6.2 Termine für die Jahres-Steuererklärungen 149
  - 6.6.3 Pflicht zur Steueranmeldung und Voranmeldung 149
  - 6.6.4 Folgen der Nichtabgabe von Steuererklärungen und Anmeldungen 150
  - 6.6.5 Verpflichtung zur Zahlung der Steuern 150
  - 6.6.6 Folgen der Nicht-Zahlung von Steuern 151
  - 6.6.7 Gewerbesteuer 151
  - 6.6.8 Kapitalertragsteuer 152
  - 6.6.9 Steuerbescheinigung für den Gesellschafter 153
  - 6.6.10 Körperschaftsteuer/Solidaritätszuschlag 154
  - 6.6.11 Lohnsteuer 155
  - 6.6.12 Folgen nicht ordnungsgemäßer Anmeldung und Entrichtung der Lohnsteuer 156
  - 6.6.13 Umsatzsteuer 157
  - 6.6.14 Steuerbelastung der GmbH und der Gesellschafter 159
- 6.7 Der Jahresabschluss im GmbH-Konzern 160
  - 6.7.1 Grundlagen des GmbH-Jahresabschlusses 160
  - 6.7.2 Verantwortlichkeit des GmbH-Geschäftsführers 166
  - 6.7.3 Der Konzern-Abschluss 172
  - 6.7.4 Offenlegung des Jahresabschlusses im Konzern 175
- 6.8 Innerbetriebliche Verrechnungspreise 176
- 6.9 Die GmbH in der wirtschaftlichen Krise 177
  - 6.9.1 So prüfen die Banken 178
  - 6.9.2 Zahlungsunfähigkeit und Überschuldung 180
  - 6.9.3 Sanierung 182
  - 6.9.4 Insolvenzverfahren 183
  - 6.9.5 Stellung des Geschäftsführers im Insolvenzverfahren 185
- 6.10 „Ihre" Tochter-GmbH wird verkauft 187
- 6.11 Häufige Fragen 189

7 Beendigung der Zusammenarbeit 195
- 7.1 Beendigung der Zusammenarbeit zum vereinbarten Vertragsende 196
- 7.2 Abberufung des Geschäftsführers 197
- 7.3 Kündigung des Anstellungsvertrages 197
  - 7.3.1 Ordentliche Kündigung 200
  - 7.3.2 Außerordentliche Kündigung 200
  - 7.3.3 Die Abberufung als wichtiger Grund zur Kündigung 202
  - 7.3.4 Pflicht zur Übernahme sachbearbeitender Tätigkeiten nach Übernahme der GmbH in einen Konzernverbund 202
  - 7.3.5 Beispiele für unberechtigte Kündigungen 204
  - 7.3.6 Ansprüche gegen die ausländische Muttergesellschaft 206
- 7.4 Wettbewerbsverbot 207
  - 7.4.1 Nachvertragliches Wettbewerbsverbot 208
  - 7.4.2 Verzicht auf das nachvertragliche Wettbewerbsverbot 209
  - 7.4.3 Lücken im nachvertraglichen Wettbewerbsverbot 211
- 7.5 Amtsniederlegung 212
- 7.6 Das Zeugnis des GmbH-Geschäftsführers 213
  - 7.6.1 Qualifiziertes statt einfaches Zeugnis 214
  - 7.6.2 Zeugnisanspruch 215
  - 7.6.3 Falsches oder fehlerhaftes Zeugnis 215
  - 7.6.4 Anspruch auf ein Zwischenzeugnis 216
  - 7.6.5 Inhalt des Zeugnisses 217
  - 7.6.6 Der Aufbau des Zeugnisses 218
- 7.7 Häufige Fragen zum Vertragsende des Geschäftsführers 222

8 Vorteilhafte Gestaltungen 225
- 8.1 Verkauf der eigenen GmbH an eine Konzerngesellschaft 225
- 8.2 Vorbereitung der Verträge 226
- 8.3 Vorkehrungen gegen ein nachvertragliches Wettbewerbsverbot 227
- 8.4 Checkliste: vorbereitende Maßnahmen zum Verkauf der eigenen GmbH 228
- 8.5 Bewertung der GmbH 231
- 8.6 Häufige Fragen zum Verkauf der eigenen GmbH an ein Konzernunternehmen 234
- 8.7 Steuergestaltungen für den Geschäftsführer einer Tochter-GmbH 235
  - 8.7.1 Das häusliche Arbeitszimmer 236
  - 8.7.2 Der Firmenwagen 236
  - 8.7.3 Steuerliche Möglichkeiten für die Alterssicherung 237
  - 8.7.4 Gestaltungen mit dem Geschäftsführer-Gehalt 237
  - 8.7.5 Gesellschafter-Darlehen 238

	8.7.6	Steuergünstig Ansparen und an den Nachfolger verkaufen	238
	8.7.7	Steuersparende Gestaltungen mit Familien-Angehörigen	239
	8.7.8	Erfolgsbeteiligung für den (Gesellschafter-) Geschäftsführer	241

Verzeichnis Quellen, Literatur, Fachbeiträge 243

Stichwortverzeichnis 245

Abkürzungsverzeichnis

AktG	Aktiengesetz
ArbGG	Arbeitsgerichtsgesetz
BAG	Bundesarbeitsgericht
BAGE	Entscheidungen des Bundesarbeitsgerichts (Fachzeitschrift)
BFH	Bundesfinanzhof
BGB	Bürgerliches Gesetzbuch
BGBl.	Bundesgesetzblatt
BGH	Bundesgerichtshof
BGHZ	Entscheidungen des Bundesgerichtshofs in Zivilsachen
BStBl.	Bundessteuerblatt
DB	Der Betrieb (Fachzeitschrift, Verlag Handelsblatt)
DR	Deutsche Rentenversicherung
FG	Finanzgericht
GAufzV	Gewinnabgrenzungsaufzeichnungsverordnung
GewStG	Gewerbesteuergesetz
GmbHG	GmbH-Gesetz
GmbHR	GmbH-Rundschau (Fachzeitschrift, Verlag Otto Schmidt Verlag)
HGB	Handelsgesetzbuch
IFRS	International Financial Report Standards
InsO	Insolvenzordnung
InvG	Investmentgesetz
KGaA	Kommanditgesellschaft auf Aktien
KSt	Körperschaftsteuer
KStG	Körperschaftsteuergesetz
LAG	Landesarbeitsgericht
LG	Landgericht
MitbestG	Mitbestimmungsgesetz
NJW	Neue Juristische Wochenschrift, (Fachzeitschrift, Verlag C.H. Beck)
OLG	Oberlandesgericht

SprAuG	Gesetz über Sprecherausschüsse der leitenden Angestellten
StGB	Strafgesetzbuch
vGA	verdeckte Gewinnausschüttung
WpHG	Wertpapierhandelsgesetz

Grundlagen 1

Mit der Bestellung ins Amt übernimmt der Geschäftsführer die „operative" Hoheit im Unternehmen. Zumindest auf dem Papier. In der Praxis stimmt das für den Gesellschafter-Geschäftsführer – also für den Geschäftsführer, der zugleich an der GmbH beteiligt ist und aufgrund seines Stimmrechts seine wirtschaftlichen Interessen und geschäftlichen Vorstellungen in der Geschäftspolitik umsetzen kann. Alle anderen Geschäftsführer müssen sich in der Praxis der Geschäftsleitung mit anderen Organen und Personen arrangieren und abstimmen:

- Der Geschäftsführer, der nur eine **Minderheits-Beteiligung** (Beteiligung <50 % und weniger) an der GmbH hält, kann die Grundlagen der Geschäftspolitik – das sind z. B. strategische Entscheidungen aber auch Entscheidungen zu einzelnen Geschäftsvorgängen – nur zusammen mit anderen Gesellschaftern durchsetzen.
- Der Geschäftsführer **ohne eigene Beteiligung** an der GmbH (Fremd-Geschäftsführer) unterliegt einem weit reichenden Weisungsrecht der Gesellschafterversammlung. In der Praxis wird dazu ein Katalog mitbestimmungspflichtiger Geschäfte festgelegt. Diese Geschäfte kann er dann nur tätigen, wenn er zuvor das Einverständnis der Gesellschafter zu solchen Geschäften einholt.

Noch weiter gehende Abhängigkeiten muss der Geschäftsführer im Tochterunternehmen eines Konzerns in Kauf nehmen. Da es Zweck des Konzerns ist, die einzelnen Unternehmensteile zum Wohle des gesamten Unternehmensverbundes zu verbinden, ist die Konzernleitung mit Vollmachten und Rechten ausgestattet, die es ermöglichen, jedes Konzernunternehmen auf dieses gemeinsame Ziel hinzulenken.

Für den einzelnen Geschäftsführer bedeutet das: Er ist Team-Player – er muss sich mit seinen Entscheidungen und wirtschaftlichen Ausrichtungen arrangieren und er muss sich mit den handelnden Personen im Konzern verständigen, einlassen und abstimmen. Das erfordert hohe soziale und kommunikative Kompetenz und die Fähigkeit, sich auf Projekt- und Führungs-Management einzulassen.

1.1 Konzern ist nicht gleich Konzern

Ein Konzern entsteht, wenn mehrere Unternehmen finanziell, wirtschaftlich oder rechtlich miteinander verbunden sind, so dass die Unternehmen unter einer einheitlichen Leitung stehen. Die einzelnen Konzern-Unternehmen bleiben dabei rechtlich eigenständige Unternehmen. Die Verbindung der Unternehmen besteht dabei entweder in der Verflechtung von Kapitalanteilen oder in vertraglichen Vereinbarungen.

Man unterscheidet verschiedene Arten von Konzernen.

- Der **Vertragskonzern:** Dabei wird zwischen dem Mutterunternehmen und einem/den Tochterunternehmen ein Vertrag[1] abgeschlossen, in dem die Rechte und Pflichten der Beteiligten vereinbart werden (z. B. als Gewinnabführungsvertrag).
- Der **faktische Konzern:** Besteht die Verbindung allein aus einer (gegenseitigen) Beteiligung, handelt es sich um eine faktische Verbindung zwischen den Unternehmen[2].
- Der **qualifizierte Konzern:** Hält das Mutterunternehmen eine beherrschende Beteiligung an einem anderen Unternehmen (>50 %), hat die Muttergesellschaft jederzeit die Möglichkeit auf die Geschäfte der Tochterunternehmen Einfluss zu nehmen.

1.1.1 Besonderheiten in verbundenen Aktiengesellschaften

Rechtliche Vorgaben für in dieser Weise verbundene Unternehmen ergeben sich aus dem Aktienrecht, dem Wertpapierhandelsgesetz, dem Mitbestimmungsrecht, dem Handels- und Steuerrecht und dem Wettbewerbsrecht.

Das Aktienrecht verbietet die Bildung von faktischen qualifizierten Abhängigkeiten für Aktiengesellschaften. Die Aktiengesellschaft kann zwar Aktien anderer Aktiengesellschaften erwerben. Damit ist es aber nicht möglich, direkten Einfluss in Form von Weisungen an den Vorstand der Tochter-Aktiengesellschaften zu erteilen. Die Weisungshoheit an einer anderen Aktiengesellschaft ist nur über einen Beherrschungsvertrag zwischen der Konzern-Muttergesellschaft und den Konzern-Untergesellschaften möglich. Dieser sog. Gewinnabführungsvertrag bedarf der Zustimmung durch die Hauptversammlung[3] der beteiligten Konzern-Gesellschaften.

> **Stellung des Vorstandes einer „Tochter"-Aktiengesellschaft**
>
> In der Regel wird der Vorstand zeitlich befristet bestellt (max. 5 Jahre) und auf der Grundlage eines ebenfalls zeitlich befristeten Anstellungsvertrages tätig. Dieser kann während der Laufzeit in der Regel nur aus wichtigem Grund vorzeitig gekündigt

---

[1] §§ 291, 292 AktG.
[2] § 17 AktG.
[3] §§ 293, 308 AktG.

werden[4]. Der Vorstand kann die operativen Geschäfte im Rahmen bestehender Gesetze und vertraglicher Vereinbarungen selbst bestimmen[5]. Er ist ausschließlich dem Wohl der Gesellschaft verpflichtet. Weder Aufsichtsrat noch Hauptversammlung können dem Vorstand direkte Weisungen erteilen.

Kommt ein Beherrschungsvertrag nicht zustande, wird die Einflussnahme des herrschenden Unternehmens per Gesetz auf eine solche Einflussnahme begrenzt, die bei Nachteilen auch ausgeglichen werden können[6]. Verstöße dagegen führen zur Haftung des herrschenden Unternehmens. Darüber hinaus enthält das Aktiengesetz zahlreiche Einschränkungen, die bei Beteiligungen von Aktiengesellschaften untereinander zu beachten sind. Das sind spezielle Vorschriften über Mehrheitsbeteiligungen[7] (mindestens 50 % der Anteile), für beherrschende Beteiligungen (75 % der Anteile) oder über die faktische einheitliche Leitung im Unternehmensverbund von Aktiengesellschaften. Zusätzlich sind Vorschriften aus dem Wertpapierhandelsgesetz (Anzeigepflichten) und aus dem Mitbestimmungsgesetz zu beachten.

1.1.2 Die GmbH als Tochtergesellschaft im Konzern

Rechtlich völlig anders angelegt ist die Einbindung von Unternehmen in der Rechtsform der GmbH (Unternehmergesellschaft, aber auch GmbH & Co. KG) in einen Konzern bzw. Unternehmensverbund. Hier gelten zunächst die Vorschriften des GmbH-Gesetzes. Das betrifft die Stellung der Organe der GmbH, ihre Rechte und Pflichten und insbesondere die Aufgabenteilung zwischen den Gesellschaftern der GmbH und ihrem/n Geschäftsführer/n.

> **Stellung des Geschäftsführers einer „Tochter"-GmbH**
> Der Geschäftsführer wird von den Gesellschaftern der GmbH bestellt – befristet oder unbefristet – und auf der Grundlage eines ebenfalls befristeten oder unbefristeten Anstellungsvertrages tätig. Gesellschafter der GmbH ist im Konzernverbund in der Regel die Konzern-Obergesellschaft. Das Stimmrecht der Konzern-Obergesellschaft wird stellvertretend vom Vorstand der die GmbH-Anteile haltenden Aktiengesellschaft bzw. von der Geschäftsführung der die GmbH-Anteile haltenden GmbH-Obergesellschaft wahrgenommen. Die Gesellschafter der GmbH – vertreten durch die Geschäftsleitung der Muttergesellschaft – können dem Geschäftsführer jederzeit und in allen

---

[4] § 84 Abs. 3 AktG.
[5] § 76 AktG.
[6] § 311 AktG.
[7] § 16 AktG.

Angelegenheiten der Tochter-GmbH direkt Weisungen erteilen[8]. Der Geschäftsführer muss diese ausführen, soweit diese nicht gegen bestehende gesetzliche Vorschriften oder vertragliche Vereinbarungen (Gesellschaftsvertrag, Treuepflicht) verstoßen[9].

Zu allen anderen Angelegenheiten der Tochtergesellschaft können die Gesellschafter jederzeit beschließen. Welche Weisungen an den Geschäftsführer erteilt werden, steht völlig im freien Ermessen der Gesellschafter. Auch Einzelanweisungen an Geschäftsführer sind möglich[10]. Dazu genügt jedoch nicht – sofern es mehrere Gesellschafter gibt – die Anweisung eines Mehrheits-Gesellschafters. ==Die Anweisung muss dann auf der Grundlage eines Gesellschafterbeschlusses erfolgen.==
==Normalfall ist, dass Sie mit der Weisung einverstanden sind und Sie die Weisung für eine wirtschaftlich richtige Maßnahme halten.== Schwieriger ist es, wenn Weisungen auf Gesellschafterbeschlüssen beruhen, denen Nichtigkeit oder Anfechtung droht. Solange kein Gesellschafter eine konkrete rechtliche Maßnahme eingeleitet hat, müssen Sie auch diese Weisung ausführen. Noch schwieriger ist es, wenn es sich um eine Weisung handeln, die Sie wirtschaftlich nicht vertreten wollen oder können[11]

▶ **Für die Praxis** Ein einzelner Gesellschafter – auch nicht der Mehrheits-Gesellschafter – kann keine Weisungen erteilen. ==Weisungen an die Geschäftsführer müssen auf der Grundlage eines ordnungsgemäßen Gesellschafterbeschlusses ergehen.== Als Geschäftsführer einer Tochter-Gesellschaft sollten Sie sich im Fall eines weisungsgemäßen Eingriffs in Ihre Geschäfte entweder immer den autorisierten Beschluss der Gesellschafterversammlung schriftlich vorlegen lassen oder wie im Konzern – eine schriftliche Weisung des weisungsbefugten Organs der Muttergesellschaft vorlegen lassen. Verlassen Sie sich auf keinen Fall auf mündlich, telefonisch oder elektronisch erteilte Anweisungen.

Da es für GmbH-Konzerne keine ausdrücklichen gesetzlichen Regelungen gibt (außer über die Mitbestimmung, s. o.), werden einzelne Regelungen aus dem Aktienrecht angewandt. Im Unterschied zum Aktienrecht ist die sog. „qualifizierte Abhängigkeit" im faktischen GmbH-Konzern möglich und zulässig.
Hierzu gibt es aber ausführliche Rechtsprechung, nach der eine Durchgriffshaftung des beherrschenden Unternehmens angenommen wird. Danach haftet das beherrschende Unternehmen bzw. der beherrschende Gesellschafter[12], wenn er bei Ausübung seiner Konzernleitungsmacht keine angemessene Rücksicht auf die eigenen Belange der abhängigen GmbH

---

[8] § 37 GmbHG.
[9] vgl. dazu Abschn. 6.4.
[10] § 37 Abs. 1 GmbHG.
[11] vgl. dazu Abschn. 6.4.
[12] gemäß §§ 302, 303 AktG.

nimmt, soweit sich der dadurch der GmbH zugefügte Nachteil nicht durch Einzelausgleichsmaßnahmen auszugleichen sind[13]. Die Haftung des Mehrheitsgesellschafters besteht, weil er neben den Interessen der beherrschten Gesellschaft auch unternehmerische Interessen des anderen Unternehmens verfolgt, so ein tatsächlicher Interessenausgleich nicht mehr möglich ist.

In einigen neueren Entscheidungen hat der Bundesgerichtshof eine pauschale gegenseitige Haftung im GmbH-Konzern nicht mehr unterstellt. Der Bundesgerichtshof[14] hat klargestellt, dass die Konzernhaftung nicht mehr automatisch auch auf GmbH angewandt werden kann, sondern jeder Einzelfall gesondert nach Pflichtverstößen zu prüfen ist.

Es ist damit nicht mehr möglich, alleine schon bei dem Vorliegen einer konzernähnlichen Organisationseinheit die aktienrechtlichen Haftungsvorschriften (§§ 291 AktG) anzuwenden, wonach die Konzernmitglieder gegenseitig zur Haftung herangezogen werden können. Halten mehrere Gesellschafter (ein Gesellschafter) mehrere GmbH, die nicht durch eine Konzernvereinbarung/Gewinnabführungsvertrag gebunden sind und gerät eine GmbH in die Krise, ist im Einzelfall zu prüfen, ob hier Verstöße der Gesellschafter (-Geschäftsführer) vorliegen, die einen Durchgriff auf dessen sonstiges Vermögen zulassen. Der Geschäftsführer muss danach z. B. darauf achten, dass

- das Vermögen, das zur Erhaltung des Stammkapitals erforderlich ist, nicht an die Gesellschafter ausgezahlt wird[15].
- die GmbH keine eigenen Geschäftsanteile erwirbt, auf welche die Einlagen nicht vollständig eingezahlt sind[16].
- keine Zahlungen mehr nach Vorliegen eines Insolvenzgrundes (Zahlungsunfähigkeit, drohende Zahlungsunfähigkeit, Überschuldung) geleistet werden, gegebenenfalls rechtzeitig Insolvenzantrag gestellt wird[17]. Achtung: Hier kann der Geschäftsführer neben der Haftung mit dem Vermögen sogar zusätzlich mit einer Geldstrafe oder einer Freiheitsstrafe von bis zu drei Jahren[18] strafrechtlich belangt werden.

1.2 Vertragliche Einbindung des Geschäftsführers

Der Geschäftsführer der Tochter-Gesellschaft wird von den Gesellschaftern bestellt. Damit ist er gesetzlicher Vertreter der Gesellschaft. Er alleine handelt im Außenverhältnis rechtsverbindlich für die Gesellschaft.

---

[13] Z. B. BGH, Urteil vom 29.3.1993, II ZR 265/91.
[14] z. B. BGH, Urteil vom 17.09.2001, II ZR 178/99.
[15] § 43 Abs. 3 GmbH-Gesetz, § 30 GmbHG.
[16] § 43 Abs. 3 GmbH-Gesetz, § 33 GmbHG.
[17] § 64 GmbHG.
[18] § 84 GmbHG.

Unabhängig von seiner Organstellung im Konzern als Geschäftsführer der Tochtergesellschaft gibt es verschiedene Möglichkeiten den Geschäftsführer vertraglich in den Konzern einzubinden:

- Der Geschäftsführer ist als (Leitender) Angestellter der Konzern-Obergesellschaft tätig und wird im Rahmen seines Anstellungsvertrages mit der Geschäftsführung der Tochtergesellschaft beauftragt.
- Der Geschäftsführer wird im Rahmen seines bestehenden Anstellungsvertrages mit der Tochtergesellschaft zusätzlich mit der Führung der Geschäfte der Tochtergesellschaft beauftragt.
- Der Geschäftsführer wird auf der Grundlage des Geschäftsführer-Anstellungsvertrages, der mit der Tochtergesellschaft abgeschlossen wird, tätig.
- Der Geschäftsführer kann aber auch auf der Grundlage eines Anstellungsvertrages mit einem Drittunternehmen (Schwesterunternehmen, z. B. eine Verwaltungs-Gesellschaft) als Geschäftsführer der Tochtergesellschaft tätigwerden.

Je nach vertraglicher Ausgestaltung bestimmt sich die Rechtsposition des Geschäftsführers. In der Praxis ist entscheidend, wie die Verhältnisse „tatsächlich" ausgelegt sind – ob der Geschäftsführer z. B. ausschließlich zur Umsetzung von Weisungen eingesetzt wird und ansonsten arbeitnehmerähnlich Tätigkeiten verrichtet oder inwieweit er weisungs-unabhängig Entscheidungen treffen kann und über das operative Geschäft hinaus für die Tochtergesellschaft tätig wird[19].

Für GmbHs üblich ist, dass der Geschäftsführer auf der Grundlage eines mit der GmbH abgeschlossenen Geschäftsführer-Anstellungsvertrages tätig wird. Dieser kann mit der GmbH oder der geschäftsführenden Komplementär GmbH in der GmbH & Co. KG abgeschlossen werden. Bestand vor der Bestellung zum Geschäftsführer ein Anstellungs- oder Arbeitsverhältnis innerhalb der Konzern-Gesellschaft – also in der Konzern-Obergesellschaft oder im Tochterunternehmen selbst – sind rechtliche Besonderheiten zu beachten. So kann ausdrücklich vereinbart werden, dass dieses Arbeitsverhältnis weiter besteht (ruht) oder nach Beendigung des Geschäftsführer-Anstellungsvertrages wieder „auflebt"[20].

Außer der Bestellung zum Geschäftsführer ins Amt und seiner vertraglichen Einbindung im Konzern gelten für GmbH-Geschäftsführer zusätzlich einige andere rechtliche Vorgaben und gesetzliche Vorschriften. Das betrifft z. B. seine Verpflichtung zur Unternehmensführung, weitere gesellschaftsrechtliche Vorgaben, die Stellung des Geschäftsführers im Sozialversicherungsrecht u. v. m. Deshalb ist es für den Geschäftsführer mit seiner Bestellung wichtig, sich einen Überblick über das gesamte Vertragskorsett zu verschaffen, in dessen Rahmen er tätig wird.

---

[19]zu den Recht.en und Pflichten und einzelnen Vertragsgestaltungen vgl. unter Kap. 3 ff.
[20]vgl. dazu die Ausführungen unter Kap. 3 ff.

1.2 Vertragliche Einbindung des Geschäftsführers

Checkliste: Der „erste" Check

Betrifft…	Check
Ihr „Arbeitgeber"	Sie kennen den Gesellschaftsvertrag „Ihrer" GmbH?
	Sie kennen die Verträge, die „Ihre" GmbH zusätzlich binden (Gewinnabführungsvertrag, Vereinbarungen über Verrechnungspreise im Konzern, stille Beteiligungen, Gesellschafter-Darlehen usw.)
Ihr Anstellungsverhältnis	Die Eckdaten des Anstellungsvertrages sind geklärt (Gehalt, Kündigung, Abfindung)
	Der Sozialversicherungsrechtliche Status ist geklärt
Ihren Tätigkeitsbereich	Die Vertretungsbefugnis ist geklärt
	Die Stellenbeschreibung „Ressort" liegt vor
	Eine Geschäftsordnung liegt vor
	Sind Sie im Handelsregister korrekt gemeldet und eingetragen

▶ **Für die Praxis** Ist es nicht möglich, vor der Bestellung Einblick in sämtliche Vertragswerke der Konzern-Tochter zu nehmen, sollten Sie sich unmittelbar nach Aufnahme Ihrer Tätigkeit alle internen Verträge vorlegen lassen bzw. die Konzern-Obergesellschaft veranlassen, den Gesellschaftsvertrag Ihres Unternehmens für Sie offen zu legen – z. B. mit dem Verweis auf Kenntnis zum vertraglichen Umfang von zustimmungspflichtigen Geschäften.

Im Familien-Unternehmensverbund gibt es gelegentlich neben den Vorgaben aus den Gesellschaftsverträgen der verbundenen Unternehmen zusätzliche Unternehmensgrundsätze. Darin gibt es zusätzliche verbindliche Vorgaben für alle Gesellschafter, die **Geschäftsführer** und alle Mitarbeiter des Unternehmens. Darin geregelt wird z. B. der Umgang mit Geschäftspartnern, Kunden und untereinander. Einige Unternehmen haben dazu eine ausführliche Unternehmens-Charta aufgestellt. Jeder Mitarbeiter ist verpflichtet, die dort aufgeführten Grundsätze zu lesen und zu unterschreiben. Verstöße dagegen sind arbeitsrechtlich relevant.

Übersicht: Inhalte einer Familien-Charta

Was muss geregelt werden	Mögliche Regelungsinhalte
Wer gehört zur Familie	Stellung von Ehepartnern, Stellung von nicht ehelichen Lebensgefährten, Stellung von Kindern und Stiefkindern, Stellung von geschiedenen Ehegatten, Möglichkeit der Adoption usw
Stellung im Erbfall	Abweichende Gestaltung von gesetzlichen Erbfolgen, Verbot der Stückelung des Anteils, Regelungen zum Ausgleich für Familien-Mitglieder, die Nicht-Gesellschafter sind
Bedeutung der Unternehmensgrundsätze	Katalog der Verhaltensanforderungen beim Zusammenleben mit Nicht-Familien-Mitgliedern
Mitarbeit von Familien-Mitgliedern im Familien-Unternehmen	Formulierung der Einstiegsvoraussetzungen (Ausschreibung, Ausbildung, ranggleiche Tätigkeit bereits in einem vergleichbaren Dritt-Unternehmen)
Informations- und Meinungsaustausch zwischen Unternehmen und Familien-Mitgliedern	Einrichtung von regelmäßigen Veranstaltungen und Familien-Events zur Förderung des Informations- und Meinungsaustauschs zwischen dem Unternehmen und den Familien-Mitgliedern und Familien-Mitgliedern untereinander (Familientag, Familien-Camp)
Zusammenarbeit mit Firmen von Familien-Mitgliedern	Ordentliche Ausschreibung der nachgefragten Leistungen, Auftragsvergabe nach dem Vier-Augen-Prinzip

▶ **Für die Praxis** In der Regel wird auch vom Fremd-Geschäftsführer im familiären Unternehmensverbund erwartet, dass er die Grundregeln der Unternehmens-Charta kennt, einhält und in seinem Verantwortungsbereich umsetzt. Die Gesellschafter erwarten das und werden diese Grundsätze im Zweifel auch mit arbeitsrechtlichen Konsequenzen gegen den Familien fremden Geschäftsführer umsetzen.

1.2.1 Pflichten des Geschäftsführers nach Handelsrecht

Der Geschäftsführer muss jederzeit mit der Sorgfalt des ordentlichen Geschäftsmannes handeln[21]. Danach muss der Geschäftsführer bestehende Gesetze einhalten. Der Geschäftsführer hat die Pflicht zur Unternehmensleitung innerhalb der Vorschriften des Gesellschaftsvertrages, von Gesellschafterweisungen und der – sofern vorhanden – bestehenden Geschäftsordnung.

---

[21] § 43 Abs. 1 GmbHG, § 347 HGB.

1.2 Vertragliche Einbindung des Geschäftsführers

Beispiele
- Pflicht zur Bonitätsprüfung von Vertragspartnern
- Pflicht zur Nachkalkulation bei Angeboten größeren Umfangs
- Einforderung von Sicherheiten bei Lieferungen auf Kredit ins Ausland
- Erwerb von langfristigen Investitionsgütern grundsätzlich nur gegen Sicherung der Bezahlung aus Fremdmitteln
- Führung von Kassenbüchern
- Abschluss von Versicherungen
- Einhaltung von gesetzlichen Vorschriften (Arbeitsschutz, Umweltschutz)

Wer Geschäfte mit neuen Partnern abschließt, sollte z. B. grundsätzlich eine Bonitätsprüfung durchführen. Dazu können Auskünfte bei Ihrer örtlichen IHK eingeholt oder ein darauf spezialisierte Auskunftei eingeschaltet werden – z. B. über die Internet-Dienste der Auskunfteien. Die Auskünfte sind kostenpflichtig und in der Regel sehr zuverlässig.

Wenn Geschäfte mit ausländischen Geschäftspartnern abgewickelt werden, ist der Geschäftsführer verpflichtet, die Tochtergesellschaft gegen Kredit- und Finanzrisiken, die mit den unsichereren Bedingungen in ausländischen Wirtschafts- und Sozialsystemen verbunden sind, abzusichern. Dazu gehört, dass Sie Bürgschaften des Bundes in Anspruch nehmen – sog. Hermes-Bürgschaften. Wird dies unterlassen, macht sich der Geschäftsführer u. U. schadensersatzpflichtig und haftet für den entstandenen Schaden persönlich.

Laut HGB gelten für den Kaufmann und damit auch für den GmbH-Geschäftsführer spezielle Vorschriften.

Übersicht: Besondere Pflichten des Kaufmanns nach Handelsrecht
- **Schweigen auf Geschäftsbesorgungsverträge:** Schweigt der Kaufmann auf einen Antrag, der auf eine Geschäftsbesorgung im Rahmen seines Gewerbes gerichtet ist, gilt dies als Annahme[22]. Der Geschäftsführer muss ausdrücklich widersprechen, wenn das Geschäft nicht getätigt werden soll.
- **Kaufmännisches Bestätigungsschreiben:** Hat der Kaufmann mündlich oder telefonisch mit einem Geschäftspartner über Vertragskonditionen verhandelt und bestätigt dieser anschließend die Vereinbarung in schriftlicher Form, dann muss der Geschäftsführer dem Bestätigungsschreiben ausdrücklich widersprechen, wenn es nicht dem Inhalt der Vereinbarungen entspricht. Andernfalls kommt der Vertrag zu den Konditionen des Bestätigungsschreibens zustande.
- **Vergütung ohne ausdrückliche Vereinbarung:** Kaufleute können auch ohne ausdrückliche Vereinbarung einen Anspruch auf Vergütung[23] geltend machen. Von einem Kaufmann wird generell nicht erwartet, dass er Leistungen unentgeltlich erbringt.

---

[22] § 362 Abs. 1 HGB.
[23] § 354 Abs. 1 HGB.

- **Zinsen:** Kaufleute können bei beiderseitigen Handelsgeschäften Zinsen[24] schon ab dem Tag der Fälligkeit fordern. Für den Zinsanspruch ist daher generell weder eine Mahnung noch ein Verschulden des Vertragspartners Voraussetzung. Außerdem kann stets ein Mindestzins von 5 %[25] statt der im BGB gültigen 4 % gefordert werden.
- **Formfreiheit von Bürgschaften, Schuldversprechen, Schuldanerkenntnissen** Bürgschaften, Schuldversprechen und Schuldanerkenntnisse[26] sind formfrei wirksam. Die z. B. am Telefon oder im persönlichen Gespräch abgegebene Erklärung „Für Frau/Herrn Meier stehe ich ein" kann daher schon zu einer rechtsgeschäftlich bindenden Bürgschaft führen.
- **Sorgfaltspflicht:** Bei Handelsgeschäften verlangt das Gesetz eine gegenüber dem gewöhnlichen Maßstab erhöhte Sorgfaltspflicht, die es als „Sorgfalt eines ordentlichen Kaufmanns" beschreibt. Diese enthält z. B. die Pflicht zur sorgfältigen Behandlung aller Brief-, Telefax-, Telegramm Ein- und Ausgänge, zur ausreichenden Versicherung wichtiger Sendungen, zur Prüfung von Unterschriften auf Schecks sowie zur sorgfältigen Aufbewahrung von Firmenbriefbögen und Firmenstempeln, um Missbrauch zu verhindern.
- **Vertragsstrafe:** Für den Kaufmann ist eine Herabsetzung unverhältnismäßig hoher Vertragsstrafeversprechen[27] ausgeschlossen. Er muss daher vor einem solchen Versprechen noch sorgfältiger prüfen, ob er die Einhaltung des zugrunde liegenden Vertrages – auch durch seine Mitarbeiter- sicherstellen kann
- **Unwirksamkeit von Abtretungsverboten:** Bei beiderseitigen Handelsgeschäften ist die Vereinbarung eines Abtretungsverbots unwirksam[28]. Dies hat für den Kaufmann den Vorteil, dass er seine Geldforderungen auch dann als Sicherheit für Kredite abtreten kann, wenn dies vertraglich – z. B. in den „Allgemeinen Geschäftsbedingungen" des Vertragspartners – ausgeschlossen ist.
- **Laufende Rechnung/Kontokorrent:** Nur der Kaufmann kann eine Kontokorrentabrede[29] treffen.
- **Annahmeverzug beim Handelskauf:** Nimmt ein Käufer die bestellte Ware nicht ab, hat der Kaufmann weitergehende Rechte als ein Nichtkaufmann, der dem BGB unterliegt. Der Kaufmann kann die Ware auf Gefahr und Kosten des Käufers einlagern oder sie nach vorheriger Androhung öffentlich versteigern lassen[30]. Der Nichtkaufmann hat bei Annahmeverzug nur die Möglichkeit der allgemeinen Hinterlegung gemäß § 372 BGB. Die allgemeine Hinterlegung lässt nur die Hinterlegung von Geld, Wertpapieren sowie besonderen Wertsachen bei der Hinterlegungsstelle zu.

---

[24] § 353 HGB.
[25] § 352 HGB.
[26] § 350 HGB.
[27] § 348 HGB.
[28] § 354 a HGB.
[29] § 355 HGB.
[30] §§ 377 ff. HGB.

1.2 Vertragliche Einbindung des Geschäftsführers

- **Untersuchungs- und Rügepflicht beim Handelskauf:** Beim beiderseitigen Handelskauf unterliegt der Käufer bei der Warenannahme einer strengen Untersuchungs- und Rügepflicht[31]. Er ist als Kaufmann verpflichtet, die Ware unverzüglich zu untersuchen und Mängel bzw. Fehllieferungen gegenüber dem Verkäufer zu rügen. Unterlässt er dies, verliert er seine Gewährleistungsansprüche.

Neben diesen gesetzlich kodifizierten Vorschriften sollte der Geschäftsführer auch solche Verpflichtungen kennen, die nach Vorgabe gerichtlicher Entscheidungen zu beachten sind. Das sind in der Regel wichtige Einzelfälle, die dem Geschäftsführer konkretisierte Pflichten auferlegen.

Pflicht zur externen Krisenberatung Nach einem BGH-Urteil[32] aus 2012 gilt: *„Ein GmbH-Geschäftsführer, der nicht über ausreichende persönliche Kenntnisse verfügt, die er für die Prüfung benötigt, ob er pflichtgemäß Insolvenzantrag stellen muss, hat sich bei Anzeichen einer Krise der Gesellschaft unverzüglich von einer unabhängigen, für die zu klärenden Fragestellungen fachlich qualifizierten Person beraten zu lassen. Er darf sich allerdings nicht mit einer unverzüglichen Auftragserteilung begnügen, sondern muss auch auf eine unverzügliche Vorlage des Prüfergebnisses hinwirken"*. Danach werden in Zukunft alle Gerichte in Insolvenzverfahren nicht mehr mit dem Verweis begnügen, ob der Geschäftsführer seinen Steuerberater mit der Feststellung des Unternehmens-Status beauftragt hat. Es wird auch geprüft werden, ob Sie als Geschäftsführer die unverzügliche Vorlage der Prüfungsergebnisse tatsächlich eingefordert haben. Alleine mit der Auftragserteilung sind Sie also nicht aus dem Schneider. Wichtig ist, dass Sie belegen können, dass Sie die Erledigung durch den Steuerberater angemahnt und eingefordert haben.

Pflicht zur Prüfung der Finanzen In einem anderen BGH[33]-Urteil geht es darum, wie genau der Geschäftsführer die Zahlen seiner GmbH kennen muss. Das betrifft also alle Geschäftsführer, die ihre GmbH fachlich führen – den kaufmännischen Part aber weitest gehend an den Steuerberater delegieren (Betriebswirtschaftliche Auswertungen, Kassenbuch usw.) oder vom zentralen Rechnungswesen im Konzern erledigen lassen. Die BGH-Richter erwarten vom GmbH-Geschäftsführer nicht, dass er alle Belange der GmbH bis ins Detail kennen und beurteilen muss. Aber: *„Er muss auf jeden Fall für eine Organisation sorgen, die ihm die zur Wahrnehmung seiner Pflichten erforderliche Übersicht über die wirtschaftliche und finanzielle Situation der Gesellschaft jederzeit ermöglicht"*. Weitere Kernaussagen aus dem Urteil: *„Auf die individuellen Fähigkeiten des Geschäftsführers kommt es bei der Beurteilung der Haftung nicht an. Mangelnde Sachkenntnis entschuldigt ihn nicht"*.

---

[31] § 373 HGB.
[32] BGH, Urteil vom 27.3.2012, II ZR 171/10.
[33] BGH, Urteil vom 19.6.2012, II ZR 243/11.

Je nach Größe der GmbH muss der Geschäftsführer ein Informationssystem einrichten, das ihn in die Lage versetzt, jederzeit über die Liquidität und die finanzielle Situation der GmbH fundiert beurteilen zu können. Der Geschäftsführer braucht demnach laufende Basis-Informationen zu den Bereichen:

- Rechnungswesen und Jahresabschluss, Quartalsberichte (Vermögens- und Überschuldungs-Status)
- Finanzierung, Kredit-Management, Rating
- Liquidität, Liquiditätsplanung,
- Rechnungseingang, Rechnungskontrolle
- Betriebswirtschaftliche Auswertungen, Controlling, Berichtswesen, Kennzahlen
- Kostenrechnung, Kalkulation, Preise
- Steuerbelastungen, Steuervorauszahlungen, Lohnsteuer, Beiträge zur Sozialversicherung

Das betrifft auch alle Geschäftsführer, die nicht für das Kaufmännische zuständig sind. Sie müssen sich zumindest regelmäßig darüber informieren, inwieweit der kaufmännisch verantwortliche Geschäftsführer ein solches Informationssystem tatsächlich eingerichtet hat und über die wesentlichen Punkte informiert.

Anforderung an die Fach-Kenntnisse des Geschäftsführers So muss sich der Geschäftsführer z. B. nach einem Urteil des Oberlandesgerichts (OLG) Schleswig-Holstein *„die notwendigen steuerrechtlichen und handelsrechtlichen Kenntnisse verschaffen, um das Amt auszuführen"*. Ganz konkret muss er in der Lage dazu sein, die Jahresbilanz einer Plausibilitätsprüfung zu unterziehen[34]. Es genügt nicht zu seiner Haftungsfreistellung, wenn er den Jahresabschluss (z. B. beim Erwerb einer GmbH oder bei Vorlage des Jahresabschusses zur Feststellung durch die Gesellschafter) vom Steuerberater erstellen lässt und sich darauf beruft, dass dieser den Jahresabschluss von Berufs wegen korrekt anzufertigen habe. Der Geschäftsführer muss selbst beurteilen können, ob der Jahresabschluss in seinen Rahmenaussagen korrekt ist und dem tatsächlichen Geschäftsverlauf entspricht. Das Urteil hat ganz praktische und weit reichende Folgen, z. B. bei der Beurteilung einer Fortsetzungsprognose in der wirtschaftlichen Krise der GmbH. Nach Auffassung des Gerichts, muss der Geschäftsführer auch den Ansatz der Bilanzierungswerte im Zusammenhang mit einer Fortsetzungsprognose korrekt beurteilen können, z. B., ob Forderungen vom Steuerberater korrekt aktiviert wurden (hier: Forderungen gegen nicht nachschusspflichtige stille Gesellschafter). Geschäftsführer ohne kaufmännische Fachausbildung (z. B. Kfm., BW) sind in der Regel nicht in der Lage, eine solche Beurteilung zu geben – Sie sind dabei auf die Aussagen des Fachbereichs Rechnungswesen/Controlling in Ihrem Unternehmen angewiesen. Da der Sanierungsfall aber auch für die Fachabteilung „Neuland" ist, sollte auch deren Einschätzung zusätzlich abgesichert werden – nur dann ist der Geschäftsführer wirklich sicher.

---

[34]OLG Schleswig-Holstein, Urteil vom 11.02.2010, 5 U 60/09.

1.2 Vertragliche Einbindung des Geschäftsführers

▶ **Für die Praxis** Alle Urteile sind rechtskräftig und damit Maßstab für zukünftige Entscheidungen zur Geschäftsführer-Haftung. Insbesondere für Geschäftsführer ohne kaufmännische Kenntnisse bedeutet das ein zusätzliches persönliches Risiko. Für diese Geschäftsführer ist es wichtig, dass eine hieb- und stichfeste Ressortverteilung vereinbart wird (klare Definitionen der Aufgaben, z. B. der gesamte kaufmännische Bereich, Erstellung des Jahresabschlusses und von Zwischenbilanzen). Die Ressortaufteilung entbindet nicht von der Pflicht, die ordnungsgemäße Erfüllung der handelsrechtlichen Vorgaben zu prüfen.

Geschäftsführer, die Bedenken zum Jahresabschluss haben, sollten sich zusätzlich absichern. Entweder, indem sie sich im persönlichen Gespräch mit dem Steuerberater über die ordnungsgemäße Erstellung versichern und Fragen zum Verständnis stellen. Dokumentieren Sie die Inhalte dieses Gespräches. Bestehen weiterhin Bedenken, sollten Sie sich nicht scheuen, vorab – also vor der Vorlage des Jahresabschlusses an die Gesellschafter – eine freiwillige unabhängige Prüfung zu beantragen. Und zwar zunächst im Geschäftsführungs-Gremium. Geht das nicht durch, sollten Sie die einzelnen Gesellschafter bzw. die Konzernzentrale darüber informieren, dass Sie eine unabhängige Prüfung für empfehlenswert halten.

Noch schwieriger ist die Beurteilung z. B. der Fortsetzungsprognose in der wirtschaftlichen Krise der GmbH. Sind Ihnen die Sanierungsbemühungen z. B. des kaufmännischen Geschäftsführers „suspekt", sollten Sie sich auch – wie oben beschrieben – absichern und im Notfall die Niederlegung des Amtes in Ihre Überlegungen einbeziehen. Das sollte aber unbedingt nur nach Absprache mit dem Anwalt erfolgen – hier müssen zusätzliche Rechtsfragen berücksichtigt werden.

1.2.2 Pflichten des Geschäftsführers nach dem GmbH-Gesetz

Neben den kaufmännischen und handelsrechtlichen Verpflichtungen unterliegt der (Gesellschafter-) Geschäftsführer einem weit reichenden Gebot zur Treuepflicht gegenüber „seiner" GmbH. Die Treuepflicht verlangt von ihm, dass er Alles tun muss, um den Gegenstand und Zweck der Gesellschaft zu fördern und Alles unterlassen muss, was dem Gegenstand und Zweck der Gesellschaft schadet[35].

Eine schuldhafte Treuepflichtverletzung führt zu einem Schadensersatzanspruch. Dieser besteht gegenüber der Gesellschaft, nicht aber einzelnen Gesellschaftern gegenüber. Solche Schadensersatzansprüche verjähren nach 30 Jahren[36].

---

[35] § 705 BGB.
[36] § 195 BGB.

> **Beispiele für Treuepflichtverstöße gegenüber der eigenen GmbH**
> - Untätigkeit
> - Unterlassen von Geschäften
> - Mangelhafte Ausführung von Geschäften
> - Geschäfte auf eigene Rechnung im Gegenstand der GmbH (Verstoß gegen das Wettbewerbsverbot)

Besondere Ausprägung der Treuepflicht ist ein generelles Wettbewerbsverbot. Der (Gesellschafter-) Geschäftsführer darf nur mit ausdrücklicher Genehmigung der Gesellschafter ausnahmsweise im Geschäftszweck der GmbH auf eigene Rechnung tätig werden.

Machen sich der Geschäftsführer gegenüber der Gesellschaft schadensersatzpflichtig, haften sie gegenüber der GmbH als Gesamtschuldner[37]. Danach kann die GmbH nach ihrer Wahl von jedem Geschäftsführer – insgesamt jedoch nur einmal – Ausgleich des Schadens verlangen. Wird ein Geschäftsführer für den vollen Schaden in Anspruch genommen, so kann dieser die übrigen dafür zum Ausgleich in Anspruch nehmen[38].

1.2.2.1 Keine Auszahlung von Stammkapital

Der Geschäftsführer ist verantwortlich dafür, dass das Vermögen, das zur Erhaltung des Stammkapitals erforderlich ist, **nicht** an die Gesellschafter – also auch nicht an die Konzern-Obergesellschaft – ausgezahlt wird[39]. Auszahlungen sind danach nur zulässig, solange das Reinvermögen der Gesellschaft (= Summe der Aktiva – Fremdkapital + Rückstellungen) größer ist als die ausgewiesene Stammkapitalziffer. Bei Verstoß entsteht eine Rückzahlungsverpflichtung des Gesellschafters[40]. U. U. haftet der (Gesellschafter-) Geschäftsführer persönlich – dann muss er die ausgezahlten Beträge an die GmbH aus seinem Privatvermögen zurückerstatten. Das ist z. B. der Fall, wenn die Gesellschafter die Auszahlung nicht zurückerstatten können, z. B. wegen Vermögenslosigkeit oder einer privaten Insolvenz.

Hat der Gesellschafter eine Auszahlung gutgläubig erhalten, so muss er nur den zur Befriedigung der Gläubiger notwendigen Teil zurückzahlen. Kann ein Gesellschafter nicht zahlen, dann haften die übrigen Gesellschafter im Verhältnis ihrer Geschäftsanteile. Bei Verschulden wegen fehlerhafter Auszahlung des Geschäftsführers kann der so beanspruchte Gesellschafter den Geschäftsführer in die Haftung nehmen. In der Insolvenz der GmbH kann der Insolvenzverwalter dafür den Geschäftsführer in die Haftung nehmen.

---

[37] § 43 Abs. 2 GmbHG, §§ 421 ff. BGB.
[38] § 426 Abs. 2 BGB.
[39] § 43 Abs. 3 GmbHG, § 30 GmbHG.
[40] § 31 GmbHG.

1.2.2.2 Vorsicht beim Erwerb eigener Anteile

Der Geschäftsführer ist außerdem verantwortlich dafür, dass die GmbH keine eigenen Geschäftsanteile erwirbt, auf die die Einlagen nicht vollständig eingezahlt sind[41]. Außerdem ist zu beachten, dass der erworbene Anteil nicht aus eigenen Mitteln Gesellschaft gezahlt wird (z. B. offene Rücklagen).

▶ **Für die Praxis** Verstößt der Geschäftsführer gegen diese Vorschrift, haftet er mit seinem privaten Vermögen, soweit der Gesellschaft dadurch ein Schaden entsteht bzw. ungerechtfertigt Vermögen entzogen wird. Erteilen die Gesellschafter Weisungen entsprechend zu handeln, darf er diese Weisung nicht ausführen, ohne dass er rechtliche Nachteile befürchten muss. Bei entsprechender Weisung, muss er sich weigern, diese auszuführen. Der Geschäftsführer sollte die Gesellschafter auf die Rechtslage hinweisen und u. U. die Niederlegung des Amtes anbieten.

1.2.2.3 Vorsicht in der wirtschaftlichen Krise der GmbH

Der Geschäftsführer haftet für Zahlungen, die nach Vorliegen eines Insolvenzgrundes (Zahlungsunfähigkeit, drohende Zahlungsunfähigkeit, Überschuldung) geleistet werden. Diese Ersatzpflicht entsteht unabhängig davon, ob ein konkreter Schaden entsteht. Ausnahme: Er kann nachweisen, dass die Zahlung nicht zu einer Masseschmälerung geführt hat.

Beispiele für nicht Masse schmälernde Zahlungen
- Zahlungen an bevorrechtigte Gläubiger
- Zahlungen, die Verträge erfüllen, die wirtschaftlich für die Tochter-GmbH von Vorteil sind
- laufende Lohn-, Pacht- oder Leasingzahlungen, mit denen unmittelbarer, größerer Schaden von der GmbH abgewendet werden kann

Als Geschäftsführer sind Sie verpflichtet, bei Vorliegen eines Insolenzgrundes Insolvenzantrag zu stellen[42]. Wichtig ist, dass rechtzeitig Insolvenzantrag gestellt wird (sog. Insolvenzantragspflicht). Danach sind Sie verpflichtet zu handeln, wenn Überschuldung bzw. Zahlungsunfähigkeit vorliegt oder droht.

▶ **Für die Praxis** Überschuldung liegt vor, wenn das Vermögen der GmbH die Schulden nicht mehr deckt. Eine positive Fortbestehensprognose führt dazu, dass im Überschuldungsstatus Fortführungswerte angesetzt werden dürfen. Diese liegen regelmäßig über den Buchwerten, so dass bereits damit die Überschuldung beseitigt werden kann.

---

[41] § 43 Abs. 3 GmbHG, § 33 GmbHG.
[42] Insolvenzantragspflicht gemäß § 15a InsO.

Eine GmbH ist zahlungsunfähig[43], wenn sie fällige Zahlungsverpflichtungen nicht mehr erfüllen kann, also praktisch ihre Zahlungen eingestellt hat. In der Rechtspraxis wurde das an folgenden Kriterien festgemacht: Die Zahlungsunfähigkeit bestand auf Dauer, betrifft den wesentlichen Teil der Verbindlichkeiten und diese wurden von den Gläubigern ernstlich (Mahnbescheid, vollstreckbarer Titel) eingefordert.

Insolvenzantrag müssen Sie auch bei drohender Zahlungsunfähigkeit[44] stellen. Sie sind dann verpflichtet, sofort die Gesellschafterversammlung einzuberufen. Wenn die GmbH/Unternehmergesellschaft voraussichtlich nicht in der Lage ist, Zahlungsverpflichtungen mit ihrer Fälligkeit zu erfüllen, besteht die Möglichkeit, Vollstreckungen vorzubeugen, indem frühzeitig Insolvenzantrag gestellt wird. Das sollte jedoch unbedingt unter anwaltlicher Beratung erfolgen, da das Gericht hier besondere Nachweise in Form von Finanz- und Liquiditätsplänen einfordern kann. Die Ernsthaftigkeit einer entsprechenden Fortsetzungsprognose müssen Sie belegen.

Zu beachten ist die gesetzliche Frist: In diesen Fällen muss der Geschäftsführer ohne schuldhaftes Verzögern spätestens **drei Wochen** nach Vorliegen des Insolvenzgrundes Antrag auf Eröffnung des Insolvenzverfahrens stellen. Versäumnisse führen zur persönlichen Haftung des Geschäftsführers gegenüber Gläubigern und der GmbH. Im Einzelnen beachten Sie dazu die Ausführungen unter Abschn. 6.9.

Beispiele aus der Praxis

Die Neugläubiger haben bei Verstoß gegen die Insolvenzantragspflicht einen Anspruch gegen den Geschäftsführer auf Ausgleich des Schadens, der ihnen dadurch entsteht, dass sie in Rechtsbeziehungen zu einer überschuldeten oder zahlungsunfähigen GmbH getreten sind[45].

Bankrott ist eine strafbare Handlung[46]. Bisher blieb der Geschäftsführer im Zusammenhang mit einem Bankrott straffrei, wenn er sich oder einen Dritten bereicherte. Hier musste er sich lediglich wegen Untreue und/oder Betrug strafrechtlich verantworten. Nach der neuen Rechtsprechung des BGH macht der Geschäftsführer sich dann auch automatisch wegen Bankrottes strafbar. Das bedeutet eine klare Verschärfung der Rechtslage gegen den Geschäftsführer. Zusätzlich müssen Sie beachten: *„Die mit Zustimmung der Gesellschafter vorgenommene Entnahme von Vermögenswerten durch den Geschäftsführer ist sowohl als Bankrott (§ 263 StGB) als auch als Untreue (§ 266 StGB) zu beurteilen"*[47].

---

[43] § 17 InsO.
[44] § 18 InsO.
[45] BGH, Urteil vom 14.05.2012, II ZR 130/10.
[46] § 263 StGB, bis zu 5 Jahren Haft.
[47] BGH, Urteil vom 15.05.2012, 3 StR 118/11.

1.2.2.4 Vorsicht bei falschen Angaben zur GmbH

Eine persönliche Haftung des Geschäftsführers entsteht auch im Zusammenhang mit der Gründung bzw. Eintragung der GmbH. Macht der Geschäftsführer hierzu falsche Angaben, kann er mit seinem privaten Vermögen zur Haftung herangezogen werden[48]. Häufigster Fall in der Praxis: Fehlerhafte Angaben zu den eingezahlten Einlagen. Sind diese nicht in der angegebenen Höhe eingezahlt oder werden diese in engen zeitlichen Zusammenhang (sechs Monate) an die Gesellschafter zurückgezahlt, dann haftet der Geschäftsführer aus fehlerhaften Angaben.

> **Für die Praxis** Erteilen Ihnen die Gesellschafter eine Anweisung, die gegen die oben dargestellten Pflichten verstoßen, dürfen Sie diese nicht ausführen. Führen Sie eine solche Weisung dennoch aus, führt das dazu, dass Sie persönlich für die Folgen in die Haftung genommen werden können – z. B. im Falle einer späteren Insolvenz wegen einer missbräuchlichen Verwendung von Eigenkapital. Drohen Ihnen die Gesellschafter mit einer sofortigen Abberufung, sollten Sie Ihr Amt aus wichtigem Grund sofort niederlegen. Damit sichern Sie sich eventuelle Rechts- und Regressansprüche gegen die GmbH als Ihren Dienstherren.

---

[48] § 9a GmbHG.

Bewerbung um die Position eines Geschäftsführers einer Tochtergesellschaft

2.1 Die neue Aufgabe: Was es bedeutet, Geschäftsführer eines Unternehmens zu sein

Entweder werden Sie als Angestellter des Unternehmens von den Gesellschaftern als Geschäftsführer für ein bestimmtes Ressort oder für die Gesamtverantwortung vorgeschlagen. Oder Sie trauen es sich zu, die Geschäfte eines Unternehmens zu führen und bewerben sich um die ausgeschriebene Stelle eines Geschäftsführers.

Als Angestellter eines Unternehmens führen Sie die Aufgaben aus, die Ihnen die Unternehmensleitung überträgt. Als Geschäftsführer:

- geben Sie die Ziele des Unternehmens vor,
- organisieren Sie den gesamten Geschäftsablauf,
- entscheiden über alle geschäftliche Angelegenheiten,
- kontrollieren den Geschäftsablauf und
- leiten Ihre Mitarbeiter zur Erledigung Ihrer Aufgaben an.

Dabei übernehmen Sie alle oben genannten Aufgaben. Sobald Sie eine dieser Aufgaben nicht ausüben, wird es Ihnen auf Dauer nicht gelingen, als Geschäftsführer zu bestehen. Zwar können einzelne Aufgaben einem Ressort übertragen werden. Dennoch gilt in der arbeitsteiligen Geschäftsführung grundsätzlich das Prinzip der Gesamtverantwortung. Delegierte Tätigkeiten müssen Sie regelmäßig kontrollieren.

Die oben genannten Aufgaben erledigen Sie am besten, wenn Sie die folgenden Prinzipien beherrschen und systematisch im täglichen Geschäftsablauf anwenden:

- Im Mittelpunkt des Geschäftsprozesses steht das Ergebnis (**Ergebnis-Orientierung**)
- Jede Tätigkeit ist darauf ausgerichtet, dass Sie einen Beitrag zum Ergebnis liefert (**Beitrag zum Ganzen**)

- Machen Sie sich immer bewusst, was im Hinblick auf das Ergebnis wichtig ist (**Konzentration auf das Wesentliche**)
- Nutzen Sie konsequent, was Sie, was der einzelnen Mitarbeiter und was Ihr Unternehmen kann (**Stärken nutzen**)
- trauen Sie Ihren Mitarbeitern zu, dass sie die Ihnen übertragenen Aufgaben erfüllen wollen und können (**Vertrauen**)
- und strahlen Sie in Ihrer gesamten Person die Überzeugung aus, dass Ihr Unternehmen und Ihre Mitarbeiter die vorgegebenen Ziele erreichen werden (**positiv Denken**)[1].

2.2 Die Entscheidung: Sie wollen Geschäftsführer werden

Auswahl und Verfahren für die Besetzung einer Geschäftsführungs-Position können sehr unterschiedlich sein. Das richtet sich nach der Größe des Unternehmens, Anzahl und Struktur der Gesellschafter, wirtschaftlicher Situation oder den strategischen Überlegungen der Gesellschafter.

Üblich ist die Beauftragung einer Personalberatung. Zunächst wird das Anforderungsprofil und der Vergütungsrahmen festgelegt und in der Stellenausschreibung dargestellt. Der Personalberater wertet die Angebote aus, stellt diese den Gesellschaftern vor und lädt zu einem ersten Gespräch ein.

Aus Sicht des Bewerbers ist in dieser Phase zu beachten:

- Erfüllen Sie die Muss-Vorgaben aus dem Anforderungsprofil.
- Werden telefonische Vorab-Informationen angeboten? Nutzen Sie diese auf jeden Fall, z. B. um sich über die Muss-Anforderungen zu informieren, und sich Eindruck darüber zu verschaffen, wie sich das Unternehmen in der Außenwirkung darstellt.
- Prüfen Sie, ob sich aus der Ausschreibung Hinweise auf das Auswahl- und Bewerbungsverfahren ergeben.

Orientieren Sie sich bei Ihrer Bewerbung an den üblicherweise empfohlenen Gepflogenheiten und Vorgehensweisen. Nutzen Sie dazu die zum Teil sehr ausführlichen und praxisorientierten Hinweise der Berater-Literatur. Durchaus üblich ist es bei der Bewerbung um eine Geschäftsführungs-Position, sich ebenfalls von einem Personalberater bzw. einem Placement-Berater beraten und/oder coachen zu lassen.

Hier einige Basis-Informationen für potenzielle Geschäftsführer:

2.2.1 Bewerbungsunterlagen

Nach wie vor unüblich und nicht angebracht ist eine Online-Bewerbung per E-Mail mit Anlagen. Nutzen Sie diese Möglichkeit nur dann, wenn dies in der Ausschreibung

---

[1] Empfohlene Literatur für Einsteiger: Fredmund Malik, Führen Leisten Leben, Verlag Campus.

ausdrücklich erwünscht oder zugelassen ist. Ansonsten versenden Sie grundsätzlich die vollständigen Bewerbungsunterlagen, keine Kurzbewerbung. Vollständige Bewerbungsunterlagen bestehen aus:

- einem persönlichen Anschreiben (liegt obenauf) und
- einer Bewerbungsmappe (=Anlage zum Anschreiben).

Die Bewerbungsmappe besteht aus
- Deckblatt mit Lichtbild,
- Lebenslauf,
- Liste der Veröffentlichungen,
- eventuell Patente oder Warenzeichen,
- Referenzen, Arbeitsproben, Handschriftenproben, polizeiliches Führungszeugnis, Gesundheitszeugnis (nur wenn angefordert).
- Verwenden Sie weißes Briefpapier oder hochwertiges Recyclingpapier mit mindestens 70 g/m² Papiergewicht. Alle Unterlagen (bis auf das Anschreiben) platzieren Sie in einer Bewerbungsmappe. Achten Sie auch beim Briefumschlag auf gute Qualität, z. B. einen Briefumschlag mit einer Verstärkung. Versenden Sie Ihre Unterlagen **nicht** per Einschreiben oder Eilboten und achten Sie auf ausreichende Frankierung.
- Ausführliche und gute Informationen zu den einzelnen Bewerbungsunterlagen gibt es z. B. bei jobware unter - > http://www.jobware.de/ra/rb/index.html.

2.2.2 Gesprächsvorbereitung

Versorgen Sie sich vor dem persönlichen Gespräch mit Informationen zum Unternehmen[2]. Informationen liefern der Jahresabschluss und der Geschäftsbericht des Unternehmens, den Sie umgehend anfordern sollten. Eine weitere Informationsquelle ist die Web-Site des Unternehmens. Zur Information können Sie auch das Internet-Netzwerk Xing nutzen, z. B. indem Sie zu aktiven und/oder ehemaligen Mitarbeitern des Unternehmens Kontakt aufnehmen und Informationen einholen.

Als Gesprächsunterlagen sollten Sie die Stellenausschreibung, eine Kopie Ihrer Bewerbung, die Einladung, den Geschäftsbericht und eventuell den Personalfragebogen bereithalten.

Bereiten Sie sich auf die Frage nach Ihrer Gehaltsvorstellung vor. Zu hohe Forderungen bedeuten schnell ein vorzeitiges „Aus". Eine zu niedrige Forderung deutet auf geschäftliche Unerfahrenheit.

---

[2] vgl. dazu Abschn. 2.3 ff.

2.2.3 Fragen im Gespräch

Formulieren Sie im Kopf bzw. im Gespräch mit einem Coach beispielhaft Antworten auf folgende Fragen:

Fragen zur Ihrer Persönlichkeit
- Fassen Sie die wichtigsten Stationen Ihres Lebenslaufs zusammen.
- Sagen Sie mir drei Ihrer Stärken und sagen Sie mir drei Ihrer Schwächen.
- Nennen Sie Ihre wichtigsten Erfolge
- Wie reagieren Sie auf Stress?
- Was würden Sie an Ihrem bisherigen Leben anders machen, wenn Sie es ändern könnten?
- Was wollen Sie in fünf, zehn oder fünfzehn Jahren erreichen?
- Wie verbringen Sie Ihre Freizeit?
- Können Sie unter Termindruck arbeiten?

Fragen zur Tätigkeit/Position
- Warum haben Sie sich beworben?
- Was wissen Sie über das neue Unternehmen?
- Was sind die Erfolgsfaktoren der angebotenen Position?
- Warum soll ich Sie einstellen? Sagen Sie mir drei Gründe.
- Was tun Sie zuerst, wenn Sie bei uns anfangen?
- Wie viel möchten Sie verdienen?
- Warum wollen Sie Ihre derzeitige Firma verlassen?
- Nennen Sie Ihre bedeutsamsten beruflichen Fehler
- Was lesen Sie um sich weiterzubilden?
- Mögen Sie Stab- oder Frontarbeit? Warum?
- Welche Probleme, die zuvor keinem aufgefallen waren, konnten Sie in Ihrer jetzigen Stelle ausmachen?
- Wie lösen Sie Konflikte im Team?

Fragen zum Unternehmen
- Fragen zum Unternehmen, die Sie nicht aus dem Unternehmensbericht beantworten konnten.
- Fragen, die durch den Geschäftsbericht aufgekommen sind.
- Fragen zur Position, besonderen Anforderungen, Berichtswege und Stellenbeschreibung.
- Fragen zu Ihrem Vorgänger, dem Grund seines Wechsels oder Dauer seines Verbleibs.
- Fragen zum Führungssystem und zu den Zielvereinbarungen
- Fragen zu den Leistungen wie Gehalt, Urlaub, Kantine, Fortbildung, etc.

„Falsche" Fragen

- Glauben Sie nicht, Sie wären in einer Firma anderer Größenordnung besser aufgehoben? In einem anderen Unternehmenstyp?
- Was war Ihre schwierigste Entscheidung?
- Wer hat dieses Kostüm oder diesen Anzug für Sie ausgesucht?
- Glauben Sie, dass Sie mit diesem Schmuck oder dieser Krawatte Eindruck schinden können?
- Warum sind Sie so nervös?
- Glauben Sie, dass Sie mit diesen Unterlagen eine Stellung finden?

Überzeugend Auftreten

Timing	Seien Sie pünktlich. Denken Sie daran, dass es Ihr Ziel ist, künftig an jedem Morgen ein freundlichen Lächeln vom Pförtner, der Empfangsdame oder der Sekretärin Ihres Chefs zu bekommen. Was hält Sie davon ab, jetzt besonders freundlich zu sein?
Kleidung	Kleiden Sie sich seriös, aber nicht aufdringlich. Vermeiden Sie unruhige Farbkombinationen, Broschen, auffällige Krawatten, weiße Socken und Alles, was die Aufmerksamkeit Ihrer Gesprächspartner von Ihrem Gesicht ablenken könnte. Wenn Sie die Gelegenheit haben herauszufinden, wie der Kleidungsstil im Unternehmen ist, nutzen Sie dies: Sie sollten sich ein wenig über diesem Standard einordnen
Hören + Sprechen	Hören Sie aktiv zu. Die Faustregel: 70 % reden – 30 % hören. Gehen Sie auf die Antworten Ihres Gegenübers ein. Achten Sie auf Ihre Stimme. Sprechen Sie von sich, vermeiden Sie „man"
Feedback	Fragen Sie, ob Sie sich Notizen machen können. Fügen Sie neue Fragen in Ihre Frageliste ein. Wenn Sie einen introvertierten Gesprächspartner vorfinden, gestalten Sie das Gespräch durch offene Fragen selbst (wie, wann, wo, wer, was)
Körper	Achten Sie auf Ihre Körpersprache. Arme nicht verschränken. Bauen Sie keine Barrieren aus Kaffeetasse, Schreibblock oder sonstigen Utensilien auf. Halten Sie Blickkontakt, aber nicht starren. Nehmen Sie sich vor, diese Chance zu nutzen, um die Seele Ihres Gesprächspartners zu ergründen. Versuchen Sie entspannt zu sitzen ohne die Beine übereinander zu schlagen. Halten Sie die Hände ruhig
Sitzen	Setzen Sie beide Fußsohlen fest auf den Boden. Üben Sie das zu Hause. Setzen Sie sich an einen Tisch gegenüber Ihrem Partner oder Freunden. Bitten Sie sie, einen kurzen Satz mit den Beinen auf dem Boden, mit überkreuzten Fußgelenken unter dem Stuhl oder mit überkreuzten Beinen zu sprechen. Bemerken Sie den Unterschied, auch wenn Sie nicht direkt sehen wie die Beine stehen? Wenn Sie „mit beiden Beinen auf dem Boden stehen" wirken Sie überzeugend

2.2.4 Bewerbungskosten

Ihr neuer Arbeitgeber muss die Vorstellungskosten erstatten, wenn er das persönliche Gespräch ausdrücklich gewünscht hat – allerdings nur „in nötigem Umfang"[3]. Rechnen Sie mit außergewöhnlichen Kosten (z. B., weil Sie in diesem Zeitraum im Ausland unterwegs sind und eigens von dort anreisen müssen), sollten Sie das mit dem potenziellen neuen Arbeitgeber vorab klären. In der Regel wird man Ihnen entgegenkommen. Ein Recht auf Erstattung solcher außergewöhnlichen Kosten haben Sie aber nicht[4].

Konkret: Bei einer Anreise von 200 km ersetzt die Firma zumindest die Benzinkosten – das ist üblich so und darauf sollten Sie nicht verzichten. Auch die Kosten mit der Anreise per Bahn oder – bei vergleichbaren Preisen – mit dem Flugzeug werden in der Regel übernommen. Die Ausgaben für Telefonate und Essen müssen nicht übernommen werden. Sparsame Firmenchefs können die Übernahme der Kosten in der Einladung grundsätzlich ausschließen.

2.3 Wie werden Geschäftsführer ausgewählt?

Selbst wenn die Position eines Geschäftsführers im Ausschreibungsverfahren ausgeschrieben und durchgeführt wird, bedeutet dies nicht, dass die Entscheidung auf Grundlage der Bewerberprofile entschieden wird. In vielen Unternehmen steht die Entscheidung für oder gegen einen Bewerber bereits vorher fest.

Die Unternehmensleitung lässt sich bereits seit Jahren extern beraten. Viele Geschäftsführungs-Positionen werden mit ehemaligen externen Beratern besetzt.

In kleinen oder mittleren Unternehmen haben leitende Angestellte durchaus Chancen, bei der Vergabe einer Geschäftsführungs-Position vorab berücksichtigt zu werden (insbesondere Techniker, aber auch in Vertrieb und Marketing).

Aus Unternehmersicht hat dieses Vorgehen den Vorteil, dass es sich bei den Bewerbern in der Regel um Personen handelt, mit denen man bereits seit Jahren vertrauensvoll und erfolgreich zusammen arbeitet. Das Risiko einer Fehlbesetzung ist gering. Das Ausschreibungsverfahren wird dennoch durchgeführt, damit

- nicht der Eindruck einer Beziehungs-Besetzung entsteht (und damit die Führungskompetenz bereits in diesem Stadium in Frage gestellt wird),
- das übliche betriebliche Vergabeverfahren nicht von den Organen der Unternehmensleitung unterlaufen wird (Vorbildfunktion),
- und die Loyalität des neuen Geschäftsführers gegenüber den Unternehmensgrundsätzen gelebt wird.

---

[3]Arbeitsgericht Frankfurt a. M., Urteil vom 10.04.2003, 7 Ca 6251/02.
[4]Arbeitsgericht Düsseldorf, Urteil vom 15.05.2012, 2 Ca 2404/12.

2.3 Wie werden Geschäftsführer ausgewählt?

Wird Ihre innerbetriebliche Bewerbung um dies Position eines Geschäftsführers von der Personalberatung bereits im Vorfeld nicht berücksichtigt – also z. B. nicht in den näheren Kreis der Bewerber eingeladen – müssen Sie u. U. davon ausgehen, dass die Auswahl bereits getroffen ist und man Sie nicht mit einer Ablehnung nach einem Auswahlverfahren konfrontieren möchte.

2.3.1 Die Auswahlkriterien der Personalberater

Für die Auswahl von Führungskräften insbesondere Geschäftsführern werden im Allgemeinen die folgenden Kriterien zur Beurteilung der Leistungsfähigkeit der Bewerber herangezogen (z. B. McKinsey):

- Unternehmerisches Potenzial (Eigeninitiative, Durchsetzungsvermögen),
- Fachwissen (Branchenwissen, Ressortwissen, methodische Kompetenz),
- Geschäft (Ergebnisorientierung, Teamentwicklung, Projekt-Management),
- Führungsqualität (Motivieren, Vertrauen, Fördern)
- Geschäftsentwicklung (strategisches Vermögen).
- Persönliche Voraussetzungen (Sozialkompetenz, Werte, Loyalität, Integrität)

Auf der Ebene der Unternehmensleitung werden unterschiedliche Verfahren zur Auswahl und Bewertung von Bewerbern herangezogen. Das reicht vom zufälligen, eher intuitiven Entscheidungsablauf bis zur Auswahl im **Assessment-Center** (AC).

Bezeichnend für ein AC ist, dass die zu beurteilenden Personen nicht nur in einer Situation (Bewerber-Interview), sondern in mehreren Situationen (Verhaltenssimulationen, Arbeitsproben) über einen längeren Zeitraum beobachtet und bewertet werden. Durch geschulte Beobachter können dabei die zwischenmenschlichen Kommunikationsfähigkeiten und Führungsqualitäten festgestellt werden.

Wichtig ist, dass im Assessment-Center zwischen bereits vorhandenen Fähigkeiten, Fertigkeiten etc. (Kompetenzen) und Potenzialen unterschieden wird. Wesentliche Inhalte von Assessment-Centern sind:

- Interview,
- Gruppendiskussionen,
- Postkorb-Fallstudien,
- Rollenspiele,
- Präsentationen,
- Fragebögen
- Abschlussgespräch,
- … auch eine Essenseinladung (auch gemeinsam mit dem Lebenspartner).

Gelegentlich wird auch für die Auswahl von Geschäftsführern die sog. **360 Grad-Beurteilung** eingeholt – z. B. bei der Besetzung einer Geschäftsführungs-Position durch einen ehemaligen leitenden Mitarbeiter. Hier werden die Beurteilungen von Mitarbeitern aller Hierarchie-Ebenen über die betreffende Person eingeholt. Diese Methode ist allerdings nur sehr begrenzt zur Entscheidungsfindung geeignet, weil hier die persönliche Bewertung der befragten Mitarbeiter nur schwer selektiert werden kann.

Als potenzieller Geschäftsführer sollten Sie einem solchen Verfahren nicht zustimmen. Hilfreicher und zielbezogener ist die Angabe von Referenzen, vormaligen Arbeitszeugnissen und sonstige werthaltigen Beurteilungen, auch z. B. in der öffentlichen Selbstdarstellung in den Medien (persönlicher Medienspiegel).

2.3.2 Auswahl und Abstimmung durch die Mitglieder des Bestellorgans

Nach der ersten Gesprächsrunde mit dem Personalberater/-team werden 2 bis 3 Kandidaten dem Bestellgremium vorgeschlagen. Ein bis zwei weitere Kandidaten werden als Ersatz-Kandidaten gesetzt und kommen dann zum Zuge, wenn sich das Entscheidungsgremium mit der Erst-Auswahl schwer tut. Je nach Größe des Bestell-Gremiums werden Einzelgespräche geführt oder es wird eine erste Vorstellungsrunde gemeinsam im gesamten Gremium durchgeführt.

Eine ausreichende und fundierte Vertrauensbasis zwischen den Beteiligten braucht Zeit, so dass man sich mehrere Gesprächsrunden lang Zeit nehmen sollte. Auch informelle Veranstaltungen dienen dazu, persönliches Kennenlernen zu ermöglichen und so die Basis für eine höchst vertrauliche Zusammenarbeit legen zu können.

Für den potenziellen Geschäftsführer ist in dieser Phase wichtig
- Signalisieren Sie die Bereitschaft, sich mit allen Personen des Bestell-Gremiums auszutauschen, zu arrangieren und sich persönlich einzubringen.
- Versuchen Sie herauszufinden, in welcher Beziehung die Personen des Bestell-Gremiums untereinander stehen, ob es Konflikte gibt, ob es Themen gibt, die nicht offen angesprochen werden, welche Bedeutung das Unternehmen für die Beteiligten hat.
- Lassen Sie sich in dieser Phase nicht zu Aussagen, Zielerreichungsgraden und Erfolgsversprechungen verleiten, die Sie später nicht einhalten können.
- Stellen Sie fest, zu welchen Themen sich die Gesellschafter/Geschäftsführer regelmäßig beraten lassen, wer die Berater sind und versuchen Sie bereits in dieser Phase Kontakt zu den Beratern herzustellen (Anwalt, Wirtschaftsprüfer, Steuerberater, Unternehmensberater).
- Stellen Sie sich darauf ein, dass der Entscheidungsprozess länger dauert als erwartet, nicht immer geradlinig verläuft und das Bestell-Gremium nicht nur mit Ihnen, sondern mit mehreren Kandidaten zugleich über eine längere Zeit hinweg Beziehungen aufbaut.

2.3 Wie werden Geschäftsführer ausgewählt?

Die endgültige Auswahl des Bewerbers wird durch das rechtlich dafür zuständige Bestell-Organ getroffen. In der GmbH ist das die Gesellschafterversammlung. Weitere Geschäftsführer des Unternehmens, die selbst nicht am Unternehmen beteiligt sind, aber in das Auswahlverfahren um die Besetzung der neuen Geschäftsführer-Position einbezogen werden, haben kein Stimmrecht – allerdings können diese oft beratenden Einfluss auf die Gesellschafter ausüben, die nicht oder nicht mehr in das Unternehmen eingebunden sind. Gleiches gilt für die Berater der Gesellschafter.

2.3.3 Besonderheiten im mittelständischen Unternehmensverbund

Kleinere und mittelgroße Familien-GmbH werden überwiegend von den Familien-Mitgliedern selbst geführt. Auch in der zweiten und dritten Generation. Wächst das Unternehmen stetig, wird das anders. Schon beim Übergang zur ersten Generation werden dann bereits oft Fremd-Geschäftsführer einbezogen (Change-Management). Vorteil: Der Senior kann in Ruhe „loslassen". Auch dann, wenn der Junior die Geschäfte noch nicht selbst vollständig übernehmen kann – sei es, weil er die notwendige Ausbildung nicht abgeschlossen hat oder weil ihm noch notwendige praktische Erfahrungen fehlen. Rund 60 % der Unternehmen, die einen Fremd-Geschäftsführer (auf Zeit) eingestellt haben, haben damit gute Erfahrungen gemacht. Nur 4 % geben an, mit dem Fremd-Geschäftsführer schlechte oder nicht so gute Erfahrungen gemacht zu haben[5].

Auf die Frage nach dem Anforderungsprofil, die der Fremd-Geschäftsführer mitbringen sollte, ergibt sich diese Prioritätenliste:

- am häufigsten genannt werden **Fachkenntnisse** und **Fachkompetenz,**
- erst an zweiter Stelle stehen die **Branchenkenntnisse**,
- als persönliche Eigenschaft ist **Sozialkompetenz** ausschlaggebend,
- aber auch ein hoher Grad an **Loyalität** und **Integrität.**

Sensibelster Punkt in der Zusammenarbeit zwischen Familien-Gesellschaftern und dem Fremd-Geschäftsführer ist die „Chemie". Für den Fremd-Geschäftsführer kommt es ganz besonders darauf an, sich gut auf die spezifische Ausprägung und Interessenlage der Familien-Mitglieder einstellen zu können (z. B. kulturelle Interessen, Sponsoring, gesellschaftliches Engagement). „Passt" dieses Umfeld zur Persönlichkeit des Fremd-Geschäftsführers stehen die Chancen für eine erfolgreiche Zusammenarbeit gut.

---

[5]INTES-Studie „Fremd-Management in Familien-Unternehmen", Bonn.

▶ **Für die Praxis** Wenn Sie sich für den Job des (Fremd-) Geschäftsführers in einem Familien-Unternehmensverbund interessieren, kommt es in erster Linie auf Referenzen und aussagekräftige Zeugnisse an. Wenn Sie bisher lediglich als Gesellschafter-Geschäftsführer im eigenen Unternehmen tätig waren und Sie deswegen solche Empfehlungen nicht nachweisen können, sind Sie gut beraten, den Einstieg in die Fremd-Geschäftsführer-Position über eine renommierte Personal-Beratung zu wählen. U. U. können Sie dort auch noch gezielte Persönlichkeitsentwicklungs-Bausteine trainieren und sich so weiter zu qualifizieren.

In 86 % der befragten Familienunternehmen sitzen Familienmitglieder in der Geschäftsleitung. In 26 % der Unternehmen arbeiten Familienmitglieder ohne Leitungsfunktion im Unternehmen mit. Fast zwei Drittel der Familienunternehmen beschäftigen Fremd-Geschäftsführer in der Geschäftsleitung. In 10 % der Familienunternehmen besitzt der Fremd-Geschäftsführer eine Beteiligung am Unternehmen. Mehr als 75 % der Familienunternehmen wollen auch in Zukunft keine Anteile am Unternehmen an ihre Fremd-Geschäftsführer abgeben[6].

▶ **Für die Praxis** Nicht übersehen werden darf, dass mittelständische Familien-Unternehmen immer stärker in die Konkurrenz um qualifizierte Führungskräfte mit großen Unternehmen und Konzernen geraten. Diese können in der Regel besser bezahlen und bieten darüber hinaus bereits jetzt in der Breite Ihren Vorständen Aktienoptionen und andere Formen der Beteiligung am Unternehmen an. Weiteres Problem: Die meisten Fremd-Geschäftsführer verfügen nicht über die Mittel, sich mit einer Beteiligung in das Fremd-Unternehmen einzukaufen. Lösung: Zwar ist eine beliebige Stückelung der GmbH-Anteile möglich. Das ist aber umständlich. Besser ist es, wenn der Fremd-Geschäftsführer z. B. mit einer Stillen Beteiligung am Unternehmen einsteigt. Diese kann im Laufe der Jahre aufgestockt werden, z. B. durch die Umwandlung von Tantieme-Ansprüchen. Im nächsten Schritt kann dann – z. B. im Wege einer Kapitalerhöhung – die Stille Beteiligung in einen echten GmbH-Anteil gewandelt werden. Vorteil: Der Fremd-Geschäftsführer hat die Perspektive dafür, dass sein Engagement in eine Beteiligung mündet. Die Familien-Mitglieder haben die Sicherheit, dass Sie einen Geschäftspartner beteiligen, mit dem sie bereits jahrelange gemeinsame Erfahrungen gemacht haben.

---

[6]Zahlen aus: PWC Studie „Family Business Survey".

2.4 Was Sie über das Zielunternehmen wissen müssen

Bereits in den ersten Bewerbungsgesprächen erwartet man von Ihnen, dass Sie sich ausführlich über das Unternehmen informiert haben. Das betrifft Markt- und Marktentwicklung, Wettbewerber und Unternehmensdaten. Aussagekräftige Zahlen und Fakten entnehmen Sie dem Jahresabschluss (JA) oder – soweit vorhanden – dem Geschäftsbericht des Unternehmens, in dem der Jahresabschluss, der Anhang und der Lagebericht abgedruckt sind und der in aller Regel noch zahlreiche Informationen aus dem Innenleben des Unternehmens enthält.

2.4.1 Informationen aus dem Jahresabschluss

Kapitalgesellschaften müssen einen Jahresabschluss erstellen und diesen im elektronischen Unternehmensregister veröffentlichen. Diese Daten stehen jedermann offen zur Verfügung. Sie können sich daraus ein gutes Bild über Ihren zukünftigen Arbeitgeber machen. Die Veröffentlichung bezieht sich auf die Unternehmensdaten aus dem vorherigen Geschäftsjahr – zum 31.12.2019 sind das die Pflichtveröffentlichungen aus dem Geschäftsjahr 2018 > www.unternehmensregister.de.

Wenn der potenzielle Geschäftsführer nicht über eine kaufmännische Ausbildung verfügt und er nicht zum Geschäftsführer des Ressort Finanzen/Rechnungswesen/Controlling vorgesehen ist, wird man von Ihnen nicht erwarten, dass Sie den Jahresabschluss des Unternehmens vollständig interpretieren und bilanztechnisch analysieren können. Diese Aufgabe obliegt in der Regel dem kaufmännischen Geschäftsführer bzw. den externen Beratern des Unternehmens.

Dennoch ist es Ihre Pflicht als zukünftiger Geschäftsführer, sich über die Tätigkeit des kaufmännisch verantwortlichen Geschäftsführers regelmäßig informieren zu lassen und bei Unklarheiten ggf. externen Rat einzuholen.

Große GmbH müssen einen Jahresabschluss (Bilanz, Gewinn- und Verlustrechnung, Anhang) und einen Lagebericht aufstellen und prüfen zu lassen. Jahresabschluss, Lagebericht, Vorschlag für sowie Beschluss über die Ergebnisverwendung und der Bestätigungsvermerk oder der Vermerk über dessen Versagung sind im Bundesanzeiger bekanntzumachen. Für die Bilanz und die Gewinn- und Verlustrechnung ist ein gesetzlich einheitliches Gliederungsschema vorgeschrieben.

Für mittelgroße GmbH gelten Erleichterungen: Sie müssen lediglich eine verkürzte Gewinn- und Verlustrechnung aufstellen. Umsatzerlöse können mit bestimmten Aufwendungen saldiert werden. Der Anhang kann in verkürzter Form aufgestellt werden. Zusätzliche Erleichterungen gelten für die Offenlegung. Es ist lediglich die verkürzte Bilanz und der zusätzlich verkürzte Anhang offenzulegen. Die Unterlagen sind zur Veröffentlichung lediglich dem Handelsregister einzureichen und die Einreichung der Unterlagen ist im Bundesanzeiger bekanntzumachen (Registerpublizität).

Noch weitergehende Erleichterungen gelten für **kleine GmbH:**

- Aufstellung einer stark verkürzten Bilanz (§ 266 HGB)
- Aufstellung eines stark verkürzten Anhangs (§ 288 HGB)
- Es entfallen (§ 274a HGB): Aufstellung eines Anlagengitters, Erläuterung bestimmter Forderungen im Anhang, Erläuterung bestimmter Verbindlichkeiten im Anhang, der gesonderte Ausweis eines Disagios, Erläuterungen der Kosten für Ingangsetzung und Erweiterung des Geschäftsbetriebes, Erläuterungen zu außerordentlichen Aufwendungen und Erträgen
- Keine Abschlussprüfung
- ein Lagebericht ist **nicht** aufzustellen
- Die Gewinn- und Verlustrechnung ist **nicht** offenzulegen (§ 326 HGB)
- es besteht lediglich Registerpublizität

Beispiel: Bilanz der kleinen GmbH nach § 266 Abs. 1 Satz 3 HGB

Aktiva	Passiva
A. Anlagevermögen	A. Eigenkapital
I. Immaterielle Vermögensgegenstände	I. Gezeichnetes Kapital
II. Sachanlagen	II. Kapitalrücklage
III. Finanzanlagen	III. Gewinnrücklagen
B. Umlaufvermögen	IV. Gewinnvortrag/Verlustvortrag
I. Vorräte	V. Jahresüberschuss/Jahresfehlbetrag
II. Forderungen und sonstige Vermögensgegenstände	B. Rückstellungen
III. Wertpapiere	C. Verbindlichkeiten
IV. Kassenbestand, Bundesbank-Guthaben, Guthaben bei Kreditinstituten und Schecks	D. Rechnungsabgrenzungs-posten
C. Rechnungsabgrenzungsposten	

Der Anhang Der Anhang hat die Aufgabe, ergänzende Angaben zur Bilanz und zur Gewinn- und Verlustrechnung zu machen (§§ 284 – 288 HGB). Die Gliederung des Anhangs ist gesetzlich nicht vorgeschrieben. In der Praxis hat sich folgende Darstellung bewährt und durchgesetzt:

- Allgemeines
- Bilanzierungs- und Bewertungsgrundsätze
- Erläuterungen zur Bilanz
- Erläuterungen zur Gewinn- und Verlustrechnung
- sonstige Angaben

2.4 Was Sie über das Zielunternehmen wissen müssen

Die Einzeldarstellung ist in der Praxis Aufgabe der Fachabteilung bzw. des Steuerberaters, der die Bilanz erstellt. Als Geschäftsführer besteht Ihre Aufgabe darin, die wesentlichen Grundlagen zu prüfen und sich die Vollständigkeit und Richtigkeit der Angaben und Erläuterungen bestätigen zu lassen. Wichtig für Sie: Lassen Sie sich darstellen, warum welche Bilanzierungswahlrechte genutzt bzw. nicht genutzt wurden.

Der Lagebericht Nach § 264 Abs. 1 HGB haben mittelgroße und große GmbH neben der Bilanz, der Gewinn- und Verlustrechnung und dem Anhang einen Lagebericht aufzustellen. Sie müssen den Lagebericht in den ersten drei Monaten des Geschäftsjahres für das vorangegangene Geschäftsjahr erstellen. Kleinen GmbH ist es freigestellt, einen Lagebericht aufzustellen.

Erstellen Sie einen Lagebericht, verlängert sich die Aufstellungsfrist für den Jahresabschluss auf sechs Monate nach Ablauf des Geschäftsjahres. Lagebericht und Anhang dürfen nicht miteinander verwechselt werden. Während der Anhang die Aufgabe hat, Bilanz und Gewinn- und Verlustrechnung durch zusätzliche Angaben zu erläutern, soll der Lagebericht den Geschäftsverlauf und die Lage der GmbH abbilden. Gemäß § 289 HGB muss der Lagebericht den Geschäftsverlauf und die Lage der GmbH so darzustellen, dass ein den tatsächlichen Verhältnissen entsprechendes Bild vermittelt wird. Außerdem muss der Lagebericht eingehen auf:

- Vorgänge von besonderer Bedeutung, die nach Schluss des Geschäftsjahres eingetreten sind (sofern vorhanden)
- die voraussichtliche Entwicklung der GmbH
- den Bereich Forschung und Entwicklung (sofern vorhanden)
- bestehende Zweigniederlassungen der GmbH (sofern vorhanden).

Wie Sie den Lagebericht formell gestalten ist Ihnen überlassen. Allerdings muss er klar und übersichtlich sein. Hier ein Überblick über die möglichen Einzelangaben zu den fünf Berichtsbereichen:

Angaben zum Geschäftsverlauf der GmbH Bei der Beschreibung des Geschäftsverlaufs soll dargestellt werden, wie sich die GmbH im Laufe des Geschäftsjahres entwickelt hat und welche Umstände zu dieser Entwicklung geführt haben.

Dazu bietet es sich an, zunächst einen allgemeinen Überblick über die Historie der GmbH zu geben, wobei auch die Geschäftsfelder der GmbH aufgeführt werden sollten. In diesen kurzen allgemeinen Überblick können auch gesamtwirtschaftliche Rahmendaten des Geschäftsjahres mit einbezogen werden. Anschließend ist dann über den konkreten Ablauf des Geschäftsjahres zu informieren, wobei es beispielsweise möglich ist, sich an den einzelnen Schritten der Leistungserstellung in der GmbH zu orientieren. Entsprechend können sich die Angaben erstrecken auf:

- Auftragseingang und Auftragsbestand mit Vergleichen zu den Vorjahren
- der Beschaffungssektor. Entwicklung der Beschaffungspreise, Versorgungslage bei Roh-, Hilfs- und Betriebsstoffen sowie zur Lagerhaltung
- der Produktionsbereich: Kapazitätsauslastung, Rationalisierungsmaßnahmen, das Produktionsprogramm sowie Veränderungen
- der Absatzbereich. die Entwicklung der Absatzmengen, der Umsätze oder Marktanteile
- Investitionen und Finanzierung. begonnene Investitionsmaßnahmen, Kapitalbeschaffung, Kreditpolitik und Entwicklung des Zinsniveaus und der Zinsbelastung
- Personal- und Sozialwesen. Mitarbeiterzahl und -fluktuation, Lohn- und Gehaltsentwicklung, Arbeitszeit, betriebliche Altersversorgung, Tarifregelungen, Aus- und Weiterbildungsmaßnahmen usw.
- besondere Einzelaspekte während des Geschäftsverlaufs, z. B. Gründungen von Zweigniederlassungen, Ereignisse bei verbundenen Unternehmen u. ä.

Angaben zur Lage der GmbH Angaben zur Lage der GmbH beziehen sich vor allem auf deren Vermögens-, Finanz- und Ertragslage. Sachlogisch schließen diese Angaben unmittelbar an die Entwicklung im vorangegangenen Geschäftsjahr an. Angaben zur Lage der GmbH können sich beziehen auf:

- die Bilanzstruktur, wobei auf wesentliche Veränderungen in den Relationen von Anlage- zu Umlaufvermögen und von Eigen- zu Fremdkapital eingegangen werden kann
- die Eigenkapitalausstattung, die Fremdkapitalausstattung und die Rentabilität
- die Liquidität, den Verschuldungsgrad und den Cashflow
- schwebende Geschäfte und noch nicht abgeschlossene Projekte
- wichtige Planungen und Vorhaben

Insgesamt soll es aufgrund dieser Daten möglich sein, eine Gesamtbeurteilung der Situation der GmbH vorzunehmen.

Angaben zu Vorgängen von besonderer Bedeutung nach Schluss des Geschäftsjahres Diese Angaben betreffen Vorgänge, die zwischen dem Abschlussstichtag und dem Zeitpunkt der Berichterstattung eingetreten sind. Dabei ist nur auf wesentliche Vorgänge einzugehen, die z. B. für die Beurteilung der Existenz der GmbH und für ihre zukünftigen Erfolgsaussichten erheblich sind, zum Beispiel:

- Umsatzeinbußen oder erhebliche Preissteigerungen auf Beschaffungsmärkten
- sinkende Preise auf Absatzmärkten
- Kündigungen oder Abschlüsse von wichtigen Verträgen
- erhebliche Verluste, z. B. aus Konkursen von Kunden, verlorenen Schadensersatzprozessen oder Veränderungen auf wichtigen Märkten
- Anschaffungen oder Verkäufe von Grundstücken oder Beteiligungen usw.

2.4 Was Sie über das Zielunternehmen wissen müssen

Ob solche Vorgänge tatsächlich von besonderer Bedeutung sind, kann nur im Einzelfall beurteilt werden. Beachten Sie jedoch, dass sich die Pflicht zur Berichterstattung sowohl auf positive als auch auf negative Ereignisse bezieht.

Angaben zur voraussichtlichen Entwicklung der GmbH Auch hier schreibt das Gesetz nicht vor, welche Angaben im Einzelnen zu machen sind. Daher kommt es auf die Einschätzung der GmbH-Geschäftsführung an, wie die künftige Entwicklung der GmbH gesehen wird. Diese Prognose kann sich auf folgende Bereiche beziehen: die Entwicklungstendenzen innerhalb der GmbH, z. B. hinsichtlich Produktion, Absatz, Personal, Fertigungsanlagen, Forschung und Entwicklung oder auf die Entwicklungstendenzen außerhalb der GmbH, z. B. auf Absatz- und Beschaffungsmärkten usw.

Angaben zu Forschung und Entwicklung Diese können sich darauf beziehen, welche Forschungseinrichtungen die GmbH unterhält, wie viele Mitarbeiter in diesem Bereich eingesetzt werden und mit welchen Zielsetzungen die Forschung und Entwicklung betrieben wird. Angaben über die Höhe der Aufwendungen für Forschung und Entwicklung sind **nicht** erforderlich.

2.4.2 Informationen über das Zielunternehmen aus anderen Quellen

Im elektronischen Unternehmensregister (www.unternehmensregister.de) kann sich der potenzielle Geschäftsführer detailliert über seinen zukünftigen Arbeitgeber informieren Zur Nutzung müssen Sie sich registrieren. Die Abrufe sind kostenfrei. Sie haben damit Zugriff und Einsicht auf alle seit 2007 eingereichten Unterlagen des Zielunternehmens, das sind z. B. – je nach Größe des Unternehmens – der eingereichte Jahresabschluss, die Gewinn- und Verlustrechnung, der Anhang oder der Lagebericht des Unternehmens.

Damit haben Sie in der Regel zwar nur Zugriff auf die Daten des vor-vorigen Geschäftsjahres (Beispiel: Zum 31.12.2019 muss der Abschluss 2018 veröffentlicht sein). Dennoch: Aus der Zeitreihen-Analyse erhalten Sie wichtige und sehr detaillierte Informationen über die Geschäftslage, über Geschäftsfelder und geplante Geschäftsausrichtungen, aber auch über Konkurrenz- bzw. Vergleichs-Unternehmen.

> **Beispiel: Auszug aus dem elektronischen Unternehmensregister**
> Georg Fischer Geschäftsführungs – GmbH
> Singen (Hohentwiel)
> Jahresabschluss zum Geschäftsjahr vom 01.01.2009 bis zum 31.12.2009
> Bilanz
> AKTIVA

	Euro	Gesamtjahr/Stand Euro	Euro	Vorjahr Euro
A. Anlagevermögen				
I. Immaterielle Vermögensgegenstände				
II. Sachanlagen				
III. Finanzanlagen				
B. Umlaufvermögen				
I. Vorräte				
II. Forderungen und sonstige Vermögensgegenstände	EUR	137665,20	EUR	139499,10
III. Wertpapiere				
IV. Kassenbestand, Bundesbankguthaben, Guthaben bei Kreditinstituten und Schecks				
C. Rechnungsabgrenzungsposten				
Summe Aktiva	EUR	137665,20	EUR	139499,10
PASSIVA				
	Euro	Gesamtjahr/Stand Euro	Euro	Vorjahr Euro
A. Eigenkapital				
I. Gezeichnetes Kapital	EUR	130000,00	EUR	130000,00
II. Kapitalrücklage				
III. Gewinnrücklagen				
IV. Gewinnvortrag/Verlustvortrag	EUR	−1931,69	EUR	−9292,29
V. Jahresüberschuss/Jahresfehlbetrag	EUR	−5428,70	EUR	7.360,60
B. Rückstellungen				
C. Verbindlichkeiten	EUR	15025,59	EUR	11430,79
D. Rechnungsabgrenzungsposten				
Summe Passiva	EUR	137665,20	EUR	139499,10

Anhang für das Geschäftsjahr 2009
A. Allgemeine Angaben
Die Georg Fischer Geschäftsführungs-GmbH, Singen, gehört zur Georg Fischer-Gruppe mit der Georg Fischer AG, Schaffhausen/Schweiz, als Obergesellschaft. Gesellschafter ist die Georg Fischer AG, Schaffhausen.

2.4 Was Sie über das Zielunternehmen wissen müssen

Die Georg Fischer Geschäftsführungs-GmbH ist eine der beiden persönlich haftenden Gesellschafter der Georg Fischer AG & Co., Singen, und führt deren Geschäfte.

Der vorliegende Jahresabschluss der Georg Fischer Geschäftsführungs-GmbH zum 31. Dezember 2009 ist nach den Vorschriften des Handelsgesetzbuches und des GmbH-Gesetzes aufgestellt worden. Die Gewinn- und Verlustrechnung ist nach dem Gesamtkostenverfahren gemäß § 275 Abs. 2 HGB gegliedert.

B. Bilanzierungs- und Bewertungsmethoden und Erläuterungen
Die **Forderungen und sonstigen Vermögensgegenstände** sind zum Nennwert angesetzt.

Unter **Forderungen gegen verbundene Unternehmen** ist ein Darlehen in Höhe von TEUR 130 ausgewiesen.

Der Wertansatz der **sonstigen Rückstellungen** berücksichtigt alle erkennbaren Risiken auf der Grundlage vorsichtiger kaufmännischer Beurteilung.

C. Allgemeine Angaben
Die Georg Fischer Geschäftsführungs-GmbH wird in den Konzernabschluss der Georg Fischer AG, Schaffhausen/Schweiz, einbezogen.
Der Konzernabschluss als Bestandteil des Geschäftsberichts ist beim Sitz der Konzernobergesellschaft erhältlich.
Singen, den 15. Januar 2010
Georg Fischer Geschäftsführungs-GmbH

Gezeichnet: Die Geschäftsführer
Daneben bieten die Internet-Websites zusätzliche Informationen über das jeweilige Unternehmen. Sie finden hier Hinweise zur Positionierung, zum Sortiment, zur Preis- und Service-Politik des Unternehmens. Hier finden Sie zusätzliche Hinweise zu Sponsoring und sozialem Engagement – alle Informationen, die Ihnen im Bewerbungsgespräch und im Umgang mit den Gesellschaftern und deren Repräsentanten nützlich sein können.

Gestaltung und Abschluss des Geschäftsführer-Anstellungsvertrages 3

Die Rahmenbedingungen für die Tätigkeit des Geschäftsführers ergeben sich neben den gesetzlichen Vorgaben aus den vertraglichen Vereinbarungen des Konzerns (Konzernvertrag), aus dem Gesellschaftsvertrag des Tochterunternehmens, aus – sofern vorhanden – Geschäftsordnungen und aus dem Anstellungsvertrag des Geschäftsführers. Der angehende Geschäftsführer ist gut beraten, sich vor der Unterzeichnung des Anstellungsvertrages sämtliche seine Position betreffenden Vertragswerke und vertragsähnliche Dokumente vorlegen zu lassen und diese ggf. durch einen versierten Rechtsanwalt im Hinblick auf deren Bedeutung für seine zukünftige Tätigkeit prüfen zu lassen.

Das betrifft z. B. die folgenden Aspekte:

- Vergütungsfragen (Festgehalt, Tantieme)
- Laufzeit des Vertrages
- Kündigungsvereinbarungen
- Zuständigkeiten und Verantwortlichkeiten
- zustimmungspflichtige Geschäfte.
- Berichtspflichten
- haftungsrelevante Fragen,
- Wettbewerbsverbote
- nachvertragliche Verpflichtungen

Als Geschäftsführer ohne eigene Beteiligung an der GmbH haben Sie nur begrenzte Möglichkeiten zur Ausgestaltung Ihres Anstellungsverhältnisses. In der Regel werden die vertraglichen Modalitäten vor der Bestellung in Absprache mit Ihrem neuen Arbeitgeber festgelegt. Das erhöht die Rechtssicherheit für alle Beteiligten. Oft hilft im Zweifel bereits ein Blick in den Anstellungsvertrag und die Rechtslage ist klar, ohne dass erst kostspielig ein Anwalt hinzugezogen werden muss.

▶ **Für die Praxis** Als Fremd-Geschäftsführer ohne eigene Beteiligung haben Sie nur einen begrenzten Verhandlungsspielraum bei der Gestaltung der Vertragsmodalitäten. Dennoch: Lassen Sie sich den vollständigen Wortlaut des Entwurfes vorlegen. Lesen Sie den Vertrag unbedingt vollständig durch. Besprechen Sie einzelne Vertragsklauseln, die Sie nicht beurteilen können, mit einem Rechtsberater und prüfen Sie die Klauseln anhand unserer kommentierten Musterformulierungen. Erarbeiten Sie ein Vertragsprotokoll, bestehend aus: Vertragsinhalt, Ihren Anmerkungen und Ihrem Gegenvorschlag. Besprechen Sie dieses Protokoll mit dem Vertragspartner Punkt für Punkt, bevor Sie unterschreiben.

Es ist hilfreich und erleichtert den Abstimmungsprozess mit Ihrem künftigen Arbeitgeber, wenn Sie für die von Ihnen nicht akzeptierten Vertragsklauseln konkrete **Alternativ-Formulierungen** vorschlagen. Damit zwingen Sie sich selbst zu einer Konkretisierung der von Ihnen angestrebten Vertragsinhalte. Außerdem tragen Sie so dazu bei, dass ein für beide Seiten akzeptabler Vertrag schneller zustande kommt.

Werden leitende Mitarbeiter zum Geschäftsführer bestellt, kann man oft feststellen, dass der – vom Justiziar oder der Personalabteilung – inhaltlich ausgestaltete Geschäftsführer-Anstellungsvertrag in dieser Form unverändert akzeptiert wird. Besser ist es, die einzelnen Bestimmungen des Vertrages in der rechtlichen Tragweite abzuschätzen und mit der eigenen Interessenlage abzugleichen. Das ist oft nur mit Hilfe und Aufklärung eines Rechtsberaters möglich.

Checkliste: Darauf müssen Sie im Geschäftsführer-Anstellungsvertrag besonders achten

Formvorschriften	Sie sollten vom Verbot des Selbstkontrahierens befreit sein (§ 181 BGB). Der Anstellungsvertrag muss von den Gesellschaftern (oder einem bevollmächtigtem Gesellschafter) auf der Grundlage eines wirksamen Gesellschafterbeschlusses unterschrieben sein. Änderungen oder Zusatzvereinbarungen sind nur mit Gesellschafter-Beschluss verbindlich
Vertretung	Sind mehr als 2 Geschäftsführer vorgeschrieben, um die GmbH rechtswirksam zu vertreten, führt das regelmäßig zu Verzögerungen
Zustimmungspflichtige Geschäfte	Bestehen Sie darauf, dass der Katalog zustimmungspflichtiger Geschäfte (d. h., Sie müssen vorher die Zustimmung der Gesellschafter einholen) auf wenige, klar definierte Geschäfte beschränkt bleibt. Für Geschäfte außerhalb oder am Rande des Gegenstands der GmbH benötigen Sie ohnehin die Zustimmung der Gesellschafter

Vertragsdauer	Legen Sie Wert auf einen unbefristeten Vertrag, der nur aus wichtigem Grund gekündigt werden kann. Können Sie das nicht durchsetzen, können Sie einen befristeten Vertrag abschließen, der die Option auf Vertragsverlängerung beinhaltet, sofern keine wichtigen Gründe einer Verlängerung entgegenstehen. Ist auch das nicht durchzusetzen, sollten Sie ausdrücklich eine längere Kündigungsfrist vereinbaren; etwa 6 Monate zum Jahresende. Aus wichtigem Grunde können Sie ohnehin jederzeit und ggf. fristlos gekündigt werden
Entlastung	Vereinbaren Sie ausdrücklich, dass Sie jährlich mit der Feststellung des Jahresabschlusses und dem Beschluss über die Gewinnverwendung einen Rechtsanspruch auf einen Beschluss zu Ihrer Entlastung haben
Ressortverantwortung	Achten Sie darauf, dass Verantwortungsbereiche, Kompetenzen und Personalverantwortung als Bestandteil des Anstellungsvertrages vereinbart werden (Organigramm). Änderungen sind dann nur mit Ihrer Zustimmung möglich
Geschäftsführer-Gehalt	Bestehen Sie darauf, dass Ihr Gehalt jährlich der Höhe nach geprüft wird, und vereinbaren Sie einen Rechtsanspruch auf Anpassung der Bezüge (Indexierung). Als Gesellschafter-Geschäftsführer (auch mit einer Mini-Beteiligung) müssen Sie die Grundbezüge an der steuerlichen Angemessenheit orientieren; d. h.: Ergeben sich während des Geschäftsjahres Änderungen, müssen Sie Ihr Gehalt prüfen (zusätzliche Geschäftsführer, Sie werden zusätzlich in einer Konzern-Tochter als GF berufen, deutliche Verschlechterung der wirtschaftlichen Lage)
Geschäftsführer-Tantieme	Für den Gesellschafter-Geschäftsführer sollte die Tantieme anhand des Gewinns, nicht aber anhand des Umsatzes festgelegt werden.
Firmenwagen und Spesen	Legen Sie wert darauf, dass hierzu eine klare Regelung vereinbart wird (Art des Firmenwagens, Besteuerung, Kostenübernahme, Versicherung, Privatnutzung, nachvertragliche Regelung, Höhe und Nachweis der Spesen). Vereinbaren Sie, dass Sie beim Ausscheiden den Wagen zum Buchwert übernehmen bzw. in den Leasing-Vertrag einsteigen
Versorgungsleistungen	Zu einem vollständigen Versorgungspaket gehören: Gehaltsfortzahlung, Krankentagegeld, Unfallversicherung, Pensionszusage inkl. Hinterbliebenenversorgung, und eine Direktversicherung/Riester-Rente, Abfindungsregel zum vorzeitigen Ausscheiden.
Nachvertragliche Pflichten	Für den Fall des Ausscheidens vor Erreichen der Altersgrenze sollten Sie ein Wettbewerbsverbot nur gegen ausdrückliche Zahlung einer Karenzentschädigung akzeptieren. Das Wettbewerbsverbot darf Sie nicht wie ein Berufsverbot an der Ausübung Ihrer erlernten Tätigkeit behindern

3.1 Wechsel des Angestellten in die Stellung des Geschäftsführers

Wer durch außergewöhnliche Leistungen auffällt, bekommt die Chance, in die Geschäftsführung eines Unternehmens aufzusteigen. Aber Vorsicht: Die neue Herausforderung ist anspruchsvoll, hat zahlreiche neue Facetten und nicht weniger viele Risiken. Nur wer gut vorbereitet ist und jederzeit das „Ganze" im Auge hat, wird auch zum erfolgreichen Geschäftsführer. In vielen Unternehmen steht die Entscheidung für oder gegen einen neuen Geschäftsführer schnell fest.

- So lässt sich die Unternehmensleitung bereits seit Jahren extern beraten. Viele Geschäftsführungs-Positionen werden in der Praxis mit ehemaligen externen Beratern besetzt.
- In kleinen oder mittleren Unternehmen innerhalb eines Konzern-Verbundes haben leitende Angestellte gute Chancen, bei der Vergabe einer Geschäftsführungs-Position vorab berücksichtigt zu werden (insbesondere Techniker, aber auch in Vertrieb und Marketing).

Aus Sicht der Konzernleitung hat dieses Vorgehen den Vorteil, dass es sich bei den Bewerbern in der Regel um Personen handelt, mit denen man bereits seit Jahren vertrauensvoll und erfolgreich zusammenarbeitet. Das Risiko einer Fehlbesetzung ist gering. Das Ausschreibungsverfahren wird dennoch durchgeführt, damit

- nicht der Eindruck einer Beziehungs-Besetzung entsteht (und damit die Führungskompetenz bereits in diesem Stadium infrage gestellt wird),
- das übliche betriebliche Vergabeverfahren nicht von den Organen der Unternehmensleitung unterlaufen wird (Vorbildfunktion),
- und die Loyalität des neuen Geschäftsführers gegenüber den Unternehmensgrundsätzen gelebt wird.

Für den Angestellten birgt die Chance auf eine Karriere als Geschäftsführer arbeitsrechtliche Risiken. So hat das Bundesarbeitsgericht (BAG)[1] abschießend klargestellt, dass mit Abschluss eines schriftlichen Geschäftsführer-Anstellungsvertrages ein vorausgehend bestehendes Arbeitsverhältnis endet. Soll dieses Arbeitsverhältnis nach Beendigung des Geschäftsführer-Amtes weiter bestehen, dann muss das ausdrücklich vereinbart werden.

> ▶ **Für die Praxis** Besteht die Gefahr, dass der Mitarbeiter nur zum Geschäftsführer berufen wird, um ihn anschließend einfacher kündigen zu können, ist darauf zu achten, dass die Wiedereinstellungsoption als Bestandteil im schriftlichen Geschäftsführer-Anstellungsvertrages aufgenommen wird. Diese Option sollte aber auch für alle anderen Aufsteiger so vereinbart werden[2].

---

[1] BAG, Beschluss vom 03.02.2009, 5 AZB 100/08.
[2] Formulierung für den Anstellungsvertrag siehe unter Abschn. 3.8.

Auch auf eine andere rechtliche Besonderheit im Geschäftsführer-Anstellungsvertrag muss an dieser Stelle hingewiesen werden[3] : Enthält der Geschäftsführer-Anstellungsvertrag die Verpflichtung, dass dem Geschäftsführer nach einer eventuellen Abberufung eine andere Funktion zugewiesen werden kann, bedeutet das: Er ist weiterhin für die Laufzeit des Vertrages an den Arbeitgeber gebunden. Ist ein nachvertragliches Wettbewerbsverbot vereinbart, beginnt das erst mit endgültigem Ablauf des Vertrages.

> **Beispiel**
>
> Der Anstellungsvertrag endet zum 31.12.2020. Anschließend greift ein 2-jähriges nachvertragliches Wettbewerbsverbot. 2019 wird der GF abberufen und aufgrund des Anstellungsvertrages als Leiter einer Zweigniederlassung eingesetzt. Der Vertrag endet fristgemäß zum 31.12.2020– das nachvertragliche Wettbewerbsverbot gilt dann noch bis zum 31.12.2022. Damit sind Sie „aus dem Verkehr gezogen" und können sich rechtlich nicht einmal dagegen wehren.

▶ **Für die Praxis** Zwar gibt eine solche Weiterbeschäftigungsklausel eine gewisse finanzielle Sicherheit für die 2 Jahre nach dem Ausscheiden – aber eine solche Klausel sollte aus dem Vertrag herausgenommen werden, eventuell auch nachträglich im beiderseitigen Einvernehmen.

3.2 Bestellung zum Allein-Geschäftsführer

Wird nur **ein** Geschäftsführer bestellt, so vertritt dieser die GmbH regelmäßig alleine im Außenverhältnis, also gegenüber Gläubigern, Kunden, Ämtern und Behörden gerichtlich und außergerichtlich[4].

Unzulässig ist, die Vertretungsbefugnis des einzigen Geschäftsführers durch Gesellschaftsvertrag oder Weisungen einzuschränken. Nur im **Innenverhältnis** wirken weitergehende Beschränkungen der Vertretungsmacht, etwa im Hinblick auf bestimmte Rechtsgeschäfte (z. B. Miet- und Pachtverträge) oder betragsmäßige Beschränkungen (z. B. bis 50.000 €). Im **Außenverhältnis** gelten solche Geschäfte als wirksam. Die GmbH kann daraus resultierende **Schadensersatzforderungen** gegen den Geschäftsführer geltend machen, der interne Beschränkungen verletzt.

▶ **Für die Praxis** Prüfen Sie vor Abschluss des Geschäftsführer-Anstellungsvertrages, welche Art der Vertretungsbefugnis im Gesellschaftsvertrag besteht und welche Regelung im Anstellungsvertrag vorgesehen ist. Sind im Innenverhältnis Einschränkungen zu beachten, müssen Sie sich daran genau halten,

---

[3]RA Christoph Bergwitz in GmbH-Rundschau 2006, Seite 1129 ff.
[4]§ 35 Abs. 1 GmbHG.

selbst wenn einzelne Gesellschafter anderslautende Anweisungen geben. Nur wenn die Weisung auf der Grundlage eines Gesellschafterbeschlusses ergeht, können Sie handeln, ohne befürchten zu müssen, dass Sie zur Haftung herangezogen werden.

Die Änderung der Vertretungsbefugnis ist eine Änderung des Gesellschaftsvertrages und mit der dafür erforderlichen Mehrheit (einfache Mehrheit) zu beschließen. Enthält der Gesellschaftsvertrag eine Ermächtigung, wonach ein Gesellschafter dem oder den Geschäftsführer(n) Alleinvertretungsbefugnis erteilen kann, ist keine Änderung des Gesellschaftsvertrages erforderlich. Eine Änderung der Vertretung muss im Handelsregister bekannt gemacht werden. Die Vertretungsbefugnis kann nicht durch den/die Gesellschafter per Vollmacht auf Dritte übertragen werden.

▶ **Für die Praxis** Ist die Vertretungsbefugnis Bestandteil des Anstellungsvertrages, ist eine Änderung der Vertretungsbefugnis nur als Änderungskündigung – also nur mit Ihrer Zustimmung – durchsetzbar. Überzeugen Sie die Gesellschafter davon, dass Sie es aus Gründen der Rechtssicherheit für wichtig halten, die Vertretungsbefugnis in den Anstellungsvertrag aufzunehmen. Im Konfliktfall haben Sie damit die rechtlich besseren Karten – bei einer Kündigung/-sandrohung und beim Verhandeln um eine höhere Abfindung.

3.3 Bestellung zum ressortverantwortlichen Geschäftsführer

Sind mehrere Geschäftsführer bestellt, müssen diese zusammen handeln – sie handeln in Gesamtvertretung[5], sofern nicht bestimmt wurde, dass eine Erklärung und Zeichnung durch sämtliche Geschäftsführer nicht erforderlich ist. Das betrifft alle Erklärungen der GmbH nach außen bzw. an Dritte (Aktivvertretung). Umgekehrt genügt die Erklärung eines Dritten (Geschäftspartner, Gericht) an einen Geschäftsführer, um Willenserklärungen gegenüber einer GmbH wirksam auszusprechen (Passivvertretung).

Im Gesellschaftsvertrag können davon abweichende Regelungen vereinbart werden. Das ist sinnvoll, um die Handlungsfähigkeit der GmbH zu erhöhen bzw. schnelles Reagieren zu ermöglichen. Üblich und in der Praxis hilfreich sind:

- Bei drei Geschäftsführern müssen jeweils zwei gemeinsam zeichnen/handeln
- Bei zwei und mehr Geschäftsführern kann jeweils einer zusammen mit einem Prokuristen handeln (unechte Gesamtvertretung)
- Möglich ist auch: Ein Geschäftsführer hat Einzelvertretungsbefugnis, die anderen vertreten jeweils zu zweit.

---

[5] § 35 Abs. 2 Satz 2 GmbHG.

3.4 Sozialversicherung und Steuer

3.4.1 Sozialversicherungsrechtliche Stellung des Konzern-Geschäftsführers

Die Sozialversicherung – Deutsche Rentenversicherung (DR) – orientiert sich bei ihrer Einschätzung der sozialversicherungsrechtlichen Stellung des GmbH-Geschäftsführers daran, in welcher Form der Geschäftsführer selbst Einfluss auf die unternehmerische Ausrichtung des Unternehmens nehmen kann.

Grundsätzlich gilt: Ist der Geschäftsführer an der Konzern-Tochtergesellschaft selbst mit 50 % und mehr beteiligt (beherrschende Beteiligung) oder kann der Gesellschafter aufgrund seiner Beteiligung Beschlüsse verhindern (Sperrminorität zu 25 % + 1 Stimme oder 33 % + 1 Stimme), liegt kein abhängiges Beschäftigungsverhältnis und damit keine Sozialversicherungspflicht vor.

> **Beispiel**
>
> Diese Konstellation ergibt sich z. B. dann, wenn der Allein-Gesellschafter-Geschäftsführer einen Anteil seiner GmbH an einen Konzern verkauft, und die Geschicke des Unternehmens nicht ganz aus der Hand geben will bzw. selbst noch eine Zeit lang mit im Unternehmen tätig bleiben will. Diese Konstellation kann sich aber auch dann ergeben, wenn in einer GmbH mit vielen Gesellschaftern ein oder mehrere ihren Anteil an eine Konzern-Obergesellschaft verkaufen.

Ist der Geschäftsführer nur gering an der GmbH oder – wie der Fremd-Geschäftsführer – überhaupt nicht an der GmbH beteiligt, ist er in der Regel sozialversicherungspflichtig. Dennoch ist nach den Gesamtumständen zu prüfen, ob er aufgrund anderer Merkmale sozialversicherungsfrei zu stellen ist. Indizien dafür sind:

- die Befreiung vom Verbot des Selbstkontrahierens nach § 181 BGB,
- der Geschäftsführer ist zwar Minderheits-Gesellschafter, verfügt aber als einziger Gesellschafter über die Branchenkenntnisse, die zur Führung des Geschäftes notwendig sind,
- der Geschäftsführer ist in keiner Weise faktisch weisungsgebunden,
- es handelt sich um eine Familien-GmbH,
- es handelt sich um eine Umgründung eines Einzelunternehmens in eine GmbH und/oder
- der Geschäftsführer trägt selbst erhebliches Unternehmerrisiko – etwa indem er zur Finanzierung des Unternehmens außerhalb eines Gesellschafts-Verhältnisses eingebunden wird (stille Beteiligung, Darlehen)

Nach neuerer Rechtsprechung des Bundessozialgerichts (BSG) besteht in solchen Fällen auch für den Fremd-Geschäftsführer die Möglichkeit, sich von der Sozialversicherungspflicht freistellen zu lassen, z. B. wenn er als nicht weisungsgebundener Unternehmer tätig ist. Danach gilt: Ein Geschäftsführer, der nicht an der GmbH beteiligt ist, kann als sozialversicherungsfreier Unternehmer gelten, wenn dieser nicht den Weisungen der GmbH in Bezug auf Zeit, Dauer und Ort der Arbeitsbelastung unterliegt und seine Leistung nicht in einer vorgegebenen und überprüften Ordnung erfolgt[6].

Das LSG Hessen hat dazu entschieden, dass ein Geschäftsführer ohne eigene Beteiligung an der GmbH (Fremd-Geschäftsführer) kein Zwangs-Mitglied der gesetzlichen Sozialversicherung ist[7]. Für viele Geschäftsführer bedeutet das: Sie brauchen nicht mehr in die teure Rentenversicherung einzahlen, sondern können u. U. besser und effektiver vorsorgen (Pensionszusage, Riester-Rente, sonstige Vermögensanlagen). Ein Ausstieg aus der Pflichtversicherung ist danach möglich,

- wenn der Geschäftsführer beherrschenden Einfluss auf das Unternehmen hat,
- wenn er faktisch weder in organisatorischer und finanzieller noch administrativer Hinsicht einem Weisungsrecht unterliegt,
- und wenn er als Einziger das notwendige Fachwissen zur Führung der Geschäfte hat.

Im Urteil ging es um den Geschäftsführer einer Vermögensanlage-Beratungs-GmbH. Die im Urteil genannten Kriterien treffen aber auch für viele andere Branchen zu, und zwar immer dann, wenn der Fremd-Geschäftsführer besonderes Fachwissen hat. Etwa in technischen Branchen, in denen die GmbH-Erben z. B. einen Ingenieur als Geschäftsführer eingestellt haben und die Gesellschafter den Betriebsablauf fachlich nicht mehr nachvollziehen und beurteilen können. Das gilt aber auch z. B. für IT-Unternehmen, in denen der Geschäftsführer die technische Entwicklung koordiniert oder in spezialisierten Branchen, in denen die Gesellschafter lediglich investieren, sich aber aus der Führung der Geschäfte weitestgehend heraushalten. Begründung: Es ist der erste Fall, in dem über einen Geschäftsführer **ohne Beteiligung am Stammkapital und ohne familiäre Bindung zu den Gesellschaftern** geurteilt wurde. Das Bundessozialgericht (BSG) muss dazu noch abschließend Stellung nehmen.

> **Für die Praxis** Der Fremd-Geschäftsführer, der weitgehend selbst bestimmt tätig wird und aus der Deutschen Rentenversicherung ausscheiden will, sollte den Gesellschafts- und den Anstellungsvertrag zusammen mit dem offiziellen Feststellungsbogen[8] zur rechtsverbindlichen Prüfung des sozialversicherungsrechtlichen Status seiner Krankenkasse zur Prüfung vorlegen. Diese ist dann verpflichtet, eine rechtsverbindliche Einstufung vorzunehmen und

---

[6]BSG, Urteil vom 14.12.1999, B 2 U 48/98 R.
[7]LSG Hessen, Urteil vom 23.11.2006, L 1 KR 763/03.
[8]Den offiziellen Feststellungsbogen der Deutschen Rentenversicherung gibt es unter > http://www.gmbh-gf.de/wp-content/uploads/Sozialversicherungspflicht-Beurteilungsbogen.pdf.

mitzuteilen. Die DR ist dann in Zukunft – sofern sich an den faktischen Verhältnissen, die der Einstufung zugrunde lagen, nicht geändert hat – an diesen Bescheid gebunden. Verweisen Sie auf das oben genannte BSG-Urteil. Zu prüfen ist zusätzlich, inwieweit bereits geleistete Beiträge zurückerstattet werden müssen – die Verjährungsfrist beträgt vier Jahre.

GmbH-Geschäftsführer **ohne eigene Beteiligung** an der GmbH sind aber in der Regel sozialversicherungspflichtige Arbeitnehmer. Sie zahlen Pflichtbeiträge in die Sozialkasse und haben dafür Anspruch auf deren Leistungen (Rente, Arbeitslosengeld usw.). Dieser Leistungsanspruch betrifft auch den Fall der Insolvenz der GmbH – der sozialversicherungspflichtige GmbH-Geschäftsführer hat grundsätzlich Anspruch auf Zahlung von Insolvenzgeld durch die Bundesagentur für Arbeit.

3.4.2 Besteuerung der Einkünfte des Konzern-Geschäftsführers

Der Fremdgeschäftsführer ist bei Vorliegen eines Anstellungsvertrages lohnsteuerpflichtig. Seine Einkünfte werden als unselbstständige Einkünfte gemäß § 25 EStG behandelt. Eine lohnsteuerpflichtige Tätigkeit auf der Grundlage eines Anstellungsvertrages liegt u. a. vor, wenn der Geschäftsführer weisungsgebunden ist, über keine freie Arbeitszeiteinteilung verfügt oder verpflichtet ist, persönliche Leistungen zu erbringen. Das trifft in der Regel für den Geschäftsführer der Tochtergesellschaft zu.

Wird ein freier Dienstvertrag geschlossen, sind die Einkünfte des Geschäftsführers als Einkünfte aus selbstständiger Tätigkeit gemäß § 22 Abs. 2 EStG zu versteuern.

Bei Geschäftsführern, die mit mehr als 25 % an der Gesellschaft beteiligt sind, sind zwei Arten selbstständiger Erwerbstätigkeit möglich:

- Einkünfte aus selbstständiger Arbeit gemäß § 22 Abs. 2 EStG und/oder
- Einkünfte aus Gewerbebetrieb gemäß § 23 EStG.

Wenn die Tätigkeit hauptsächlich Vermögen verwaltenden Charakter hat, sind die Einkünfte des Geschäftsführers aus selbstständiger Tätigkeit. Wenn die gewerbliche oder produktive Tätigkeit im Vordergrund steht, handelt es sich um Einkünfte als Gewerbebetrieb. Die Einkünfte aus selbstständiger Arbeit und die Einkünfte aus Gewerbebetrieb müssen durch Steuererklärung beim Finanzamt gemäß § 4 und 42 EStG bekannt gegeben werden.

3.5 Sondervereinbarung zum Kündigungsschutz

Für den GmbH-Geschäftsführer gibt es keinen gesetzlichen Kündigungsschutz – so der Bundesgerichtshof (BGH) in seiner laufenden Rechtsprechung zur arbeitsrechtlichen Stellung des GmbH-Geschäftsführers. Das gilt in der Regel auch für den Fremd-Geschäftsführer ohne Beteiligung an der GmbH. Auch für ihn ist kein besonderer Kündigungsschutz vorgesehen.

Laut neuester Bundesgerichtshof-Rechtsprechung kann der Geschäftsführer einer GmbH mit seinem Arbeitgeber vereinbaren, dass die Vorschriften des Kündigungsschutzgesetzes für den Dienstvertrag gelten. Vorteil für den Geschäftsführer: Die langen gesetzlichen Kündigungsfristen müssen eingehalten werden, u. U. besteht Anspruch auf eine Abfindungszahlung[9].

▶ **Für die Praxis** Bisher gingen die Gerichte davon aus, dass der Kündigungsschutz für den Geschäftsführer vertraglich **nicht** vereinbart werden kann[10]. Mit der neuen BGH-Rechtsprechung bieten sich aber jetzt bessere Schutzmöglichkeiten für Arbeitnehmer, die aus einer leitenden Stellung zum Geschäftsführer berufen werden oder auch für Geschäftsführer in Konzern-Tochtergesellschaften. Hier kann nun im Vertragspoker mit dem Arbeitgeber ausdrücklich auch ein Kündigungsschutz verhandelt werden – wer den durchsetzt, ist gut abgesichert.

3.6 Das Gehalt des Geschäftsführers im Konzern

Der Geschäftsführer ist Angestellter der GmbH. Die Parteien können Höhe und Art der Vergütung bzw. der einzelnen Vergütungsbestandteile frei bestimmen. Für den Geschäftsführer einer GmbH ohne eigene Beteiligung an der GmbH (Fremd-Geschäftsführer) gibt es keine gesetzlichen Vorschriften oder andere Einschränkungen (Tarif), die Mindest- oder Höchstgrenzen bestimmen.

In der Regel gelten im Konzern einheitliche Regeln zur Bestimmung der Gehälter. In der Praxis sind dies aber keine starren Vorgaben. Darin werden lediglich die Rahmenbedingungen festgelegt, die in den Vertragsverhandlungen mit dem Geschäftsführer verhandelt und vereinbart werden. Dabei hat jeder Konzern je nach Branchenausrichtung seine eigenen Schwerpunkte, z. B. bei starker Vertriebsorientierung oder je nach Wettbewerbssituation des Unternehmensverbundes im globalen Markt. Solche Rahmenvorgaben regeln z. B.

- die Höhe des Geschäftsführer-Gehaltes in Relation zum durchschnittlich im Unternehmensverbund gezahlten Gehalt (z. B. höchstens das 20-fache des durchschnittlichen Gehalts, beträgt das Durchschnittsgehalt 25.000 €, erhält der Geschäftsführer max. 500.000 €).
- Vorgaben zur Relation von Festbezügen und erfolgsbezogenen Vergütungsbestandteilen (z. B. 75 zu 25 %).
- die im Konzern gewährten Zusatzleistungen (Altersversorgung, Risikoversorgung, Abfindungen).

---

[9]BGH, Urteil vom 10.5.2010, II ZR 70/09.
[10]z. B. OLG Frankfurt, Urteil vom 24.02.2009, 5 U 193/07.

3.6 Das Gehalt des Geschäftsführers im Konzern

In welche Höhe das Gehalt zwischen dem Geschäftsführer und der Konzernleitung tatsächlich ausgehandelt wird, hängt auch vom Vor-Verdienst des Geschäftsführers und der gesamten wettbewerblichen Situation ab. Wie viel zahlen Konkurrenzunternehmen? Wie gut kann sich der potenzielle Geschäftsführer „verkaufen"? Neben diesen Vorgaben bestimmt sich das Gehalt des Geschäftsführers nach objektiven Kriterien.

Wie hoch die Vergütung für den Geschäftsführer im Einzelfall ist, hängt danach von einer Vielzahl von Faktoren ab, und zwar

- von der **Unternehmensgröße**, gemessen am Umsatz, der Bilanzsumme oder der Mitarbeiterzahl. Dies ist die wichtigste Größe, denn mit der Größe des Unternehmens steigen die Anforderungen an den Geschäftsführer und damit seine Verantwortlichkeit.
- die **Branche**, in der die GmbH tätig ist. Branchen mit hohem technologischen Standard und entsprechend guten Ertragsaussichten zahlen tendenziell höhere Gehälter.
- der **Ertragslage** der GmbH. Eine überdurchschnittliche Ertragslage schlägt sich selbstverständlich auch im Gehaltsanspruch des Geschäftsführers nieder.
- der **gesellschaftsrechtlichen Stellung** des Geschäftsführers als Unternehmer, der zugleich Besitzer des Unternehmens ist. Das Gehalt eines Fremdgeschäftsführers liegt regelmäßig unter dem eines vergleichbaren Gesellschafter-Geschäftsführers, dieses wiederum unter dem eines Gesellschafter-Geschäftsführers mit beherrschendem Einfluss (mehr als 50 % der Anteile).
- der Größe und der **Stellung des Geschäftsführers** innerhalb des Geschäftsführergremiums. Entsprechend sind die Bezüge eines Alleingeschäftsführers, der Entscheidungen für alle Bereiche der GmbH trifft, zumeist höher als die eines Geschäftsführers, der nur ein bestimmtes Ressort, z. B. den kaufmännischen oder technischen Bereich, Personal oder Vertrieb, betreut.
- und Faktoren in der Person des Geschäftsführers. Das betrifft Ausbildung und Alter und auch Dauer und Erfahrung in der Geschäftsführungstätigkeit.

Zum Vergleich von Geschäftsführer-Gehältern wird in der Regel die **Gesamtvergütung** herangezogen. Das ist die geldwerte Summe aller dem Geschäftsführer zugesagten Leistungen. Das sind:

- Jahresfestgehalt (monatliches Festgehalt)
- erfolgsabhängige Bezüge (Tantieme, Prämien)
- Zusatz- und Sozialleistungen (Weihnachtsgeld, Urlaubsgeld, Zuwendungen usw.)
- Pkw-Überlassung
- sonstige Nebenleistungen (Leistungen zur Alters- und Gesundheitsvorsorge, wie z. B. Pensionszusagen, Direktversicherungen, Unfallversicherungen, Gehaltsfortzahlungen im Krankheits- oder Todesfall, Invaliditäts- und Hinterbliebenenrenten, Beihilfen zur privaten Krankenversicherung bzw. Zahlung der Arbeitgeberanteile zur Sozialversicherung bei nicht versicherungspflichtigen Geschäftsführern)

- Übernahme von Aufwendungen für Weiterbildung, Telefonate, Steuerberatung, Berufsverbände, Fahrten zwischen Wohnung und Arbeitsstätte
- sonstige Sozialleistungen wie Heirats- oder Geburtsbeihilfen
- Abfindungen für den Fall Ihres Ausscheidens und
- Entschädigungen für ein Wettbewerbsverbot

Als Orientierungshilfe für das Gehaltsgespräch können die offiziellen Gehaltstabellen der Finanzbehörden zugrunde gelegt werden. Danach bemessen die Finanzbehörden das „angemessene" Gehalt eines Gesellschafter-Geschäftsführers – also des Geschäftsführers, der an der GmbH beteiligt ist. Dabei handelt es sich um mittlere durchschnittliche Branchenwerte, die je nach Einzelfall abweichen können, z. B. in Branchen mit außergewöhnlicher Ertragslage oder bei außergewöhnlichem Einsatz und Leistungsbereitschaft der Person des Geschäftsführers.

Der Fremd-Geschäftsführer muss von den unten stehenden Zahlen einen Abschlag von ca. 10 % hinnehmen – das ist der Unterschied, der sich zwischen der Bezahlung von Fremd-Geschäftsführern und angestellten Geschäftsführern ohne Beteiligung an der GmbH eingependelt hat. Dagegen kann er jährlich mit einem Aufschlag um 3 % rechnen.

> **Beispiel: Geschäftsführer in der IT-Branche, Unternehmensumsatz: 7 Mio. €**
> Laut Tabelle verdient der Geschäftsführer in dieser Branche und bei diesem Umsatz ca. 210.000 €/Sonstige Dienstleistung, Größenklasse 5–25 Mio. €). Abschlag für Fremd-Geschäftsführer 10 %: 210.000 − 21.000 = ca. 190.000 EUR. Jahreszuschlag für 2013: 4 × 3 % Aufschlag 12 %: 190.000 × 0,12 = 22.800 + 190.000 € = insgesamt ca. 212.800 €.

Die offiziellen Vergleichszahlen zur Angemessenheit von GmbH-Geschäftsführer-Gehältern[11]

Branche	Umsatz bis 2,5 Mio. € und bis zu 20 Mitarbeitern (gerundet)	Umsatz von 2,5 bis 5,0 Mio. € und 20 bis 50 Mitarbeiter (gerundet)	Umsatz von 5 bis 25 Mio. € und 51 bis 100 Mitarbeiter (gerundet)	Umsatz von 25 bis 50 Mio. € und 101 bis 500 Mitarbeiter (gerundet)
Industrie (€)	140.000 bis 180.000	180.000 bis 230.000	230.000 bis 260.000	280.000 bis 440.000
Großhandel (€)	160.000 bis 200.000	170.000 bis 240.000	200.000 bis 260.000	260.000 bis 450.000
Einzelhandel (€)	120.000 bis 150.000	130.000 bis 180.000	180.000 bis 210.000	210.000 bis 440.000

---

[11]OFD Karlsruhe vom 04.03.2009, S 2742/84– St 221 Karlsruher Tabelle (2009).

3.6 Das Gehalt des Geschäftsführers im Konzern

Branche	Umsatz bis 2,5 Mio. € und bis zu 20 Mitarbeitern (gerundet)	Umsatz von 2,5 bis 5,0 Mio. € und 20 bis 50 Mitarbeiter (gerundet)	Umsatz von 5 bis 25 Mio. € und 51 bis 100 Mitarbeiter (gerundet)	Umsatz von 25 bis 50 Mio. € und 101 bis 500 Mitarbeiter (gerundet)
Freie Berufe (€)	160.000 bis 230.000	230.000 bis 270.000	270.000 bis 320.000	280.000 bis 480.000
Sonstige Dienstleistung (€)	140.000 bis 180.000	190.000 bis 230.000	210.000 bis 270.000	240.000 bis 460.000
Handwerk (€)	100.000 bis 150.000	140.000 bis 190.000	180.000 bis 240.000	200.000 bis 360.000

Statistisch zuverlässiges Zahlenmaterial zur Geschäftsführer-Vergütung, das auch zur gutachterlichen Beurteilung herangezogen gibt es bei:

BBE-Studie Geschäftsführer-Vergütung 2019
Studie 220 Seite inkl. CD-ROM
BBE Media GmbH & Co. KG
Bestellung über http://www.bbe-media.de

Kienbaum-Studie: Gehaltsreport zur Vergütung der Geschäftsführer – Gehaltsvergleich 2018
Preis: 1400 € + MwSt.

Ohne besondere Regelung im Anstellungsvertrag hat der Geschäftsführer keinen Anspruch auf Gehaltserhöhung. Eine Ausnahme gilt aber u. U. für den Fremd-Geschäftsführer oder den nur unwesentlich an der GmbH beteiligten Geschäftsführer (bis 25 %). Erhalten alle Mitarbeiter höheres Gehalt, kann der Fremd-Geschäftsführer einen Anspruch auf Anpassung durchsetzen[12].

Achtung Wenn der Gesellschafter-Geschäftsführer sein Gehalt regelmäßig – z. B. bei Eintritt einer bestimmten Preissteigerung – erhöhen will, kann er die unten aufgeführten Wertsicherungs- oder Anpassungsklauseln in Ihren Geschäftsführer-Anstellungsvertrag übernehmen.

▶ **Musterformulierung** „Der Geschäftsführer hat Anspruch auf eine angemessene Gehaltserhöhung, soweit wesentliche Veränderungen der gegenwärtigen Gehaltsverhältnisse eintreten, insbesondere wenn das hier vereinbarte Gehalt in einem groben Missverhältnis zu den Gehältern und den Steigerungen der Gehälter der übrigen leitenden Angestellten steht".

---

[12] so z. B. BGH, Urteil vom 14.05.1990, II ZR 122/89.

Auch sog. **Spannungsklauseln** sind zulässig. Sie orientieren sich an den Veränderungen eines Beamten- oder Tarifgehalts. Allerdings sollten Sie darauf achten, dass eine Gehaltsanpassung nach oben und unten möglich ist – je nach gesamtwirtschaftlichen Verhältnissen.

▶ **Musterformulierung** „Das Grundgehalt verändert sich in dem Maße und zu dem Zeitpunkt, zu dem sich die Gehälter in der < Branche > aufgrund eines Tarifvertrags ändern".

Achtung Wird eine Anpassungsklausel verwendet, dann muss klar und eindeutig ersichtlich sein, welche Gehaltsbestandteile erhöht werden sollen. Zu prüfen ist, ob bei der gewählten Formulierung Urlaubs- und Weihnachtsgeld eingeschlossen werden.

Ob als Fremd-, Minderheits- oder Mehrheits-Gesellschafter-Geschäftsführer: Die (arbeitgebenden) Gesellschafter sind nicht leicht von einer Gehaltserhöhung zu überzeugen. Hier zählen nur gute Argumente und wirtschaftliche Fakten. Hier eine Liste mit den erfolgreichsten Argumentationshilfen.

Checkliste: Argumente für das Gehalts-Gespräch

Zu klären …	Argument
Der richtige Zeitpunkt für eine Gehaltserhöhung	Bestimmung des richtigen Zeitpunktes: Beschluss über die Feststellung des Jahresabschlusses und der Gewinnverwendung/ Entlastung des Geschäftsführers – TOP für die Gesellschafterversammlung
Erhöhung ab …	Für den Gesellschafter-Geschäftsführer… zum Beginn des folgenden Geschäftsjahres, damit das im Voraus-Gebot und damit die steuerliche Anerkennung für das gesamte Geschäftsjahr sichergestellt ist
	Für den Fremd-Geschäftsführer… ab dem nächsten Quartal, weil damit der Erfolg des letzten Geschäftsjahres zeitnah gewürdigt wird
Erhöhung um …	Konkretisieren Sie Ihre Ansprüche: 3,5 % (weil der Lebenshaltungsindex um 3,5 % gestiegen ist, weil in der Branche 3,5 % mehr verdient wurde, weil ein Wachstum um 3,5 % erzielt wurde, weil der Ertrag um 3,5 % gesteigert wurde, weil die Mitarbeiter 3,5 % mehr Lohn beziehen, weil Ihnen ein Konkurrenzangebot vorliegt)
	Zusätzlich: Urlaubsgeld, Weihnachtsgeld (weil statusüblich, weil Sie nur ausnahmsweise in der Probezeit darauf verzichtet haben, weil im Betrieb an alle Mitarbeiter gezahlt)
	Zusatz: Lebensversicherung (weil die gesetzliche Altersvorsorge nichts bringt)
	Sonstige neue Leistungen (Vorsorge-Check, Handynutzung, Firmenwagen mit höherem Status)

Zu klären …	Argument
Besser, …	Weil dies … anders als im letzten Jahr ist (Lebenshaltungskostenindex, neue Aufgaben, mehr Arbeitszeit, mehr Personalverantwortung, höhere Fluktuation, mehr Ertrag, mehr Umsatz, mehr Wachstum, Kooperationen, neue Produkte)
	Weil diese Aufgaben neu hinzugekommen sind (Controlling, regelmäßige Personalgespräche, Erweiterung des Planungshorizontes)
	Weil wir unterdessen 500 viele Mitarbeiter haben
	Weil der Geschäftsführer 50 Tage jährlich auf Geschäftsreise war
	… (Ihre persönlichen Belastungen) …
Sie erhalten doch eine Tantieme…	… die macht aber nur 5 % der Gesamtvergütung aus und kann damit die allgemeinen Steigerungen der Lebenshaltungskosten nicht ausgleichen
Überzogen	Gehen Sie Kompromisse ein – machen Sie Abstriche bei den Forderungen, die Ihnen nicht viel bedeuten

3.7 So machen Sie Ihren Anstellungsvertrag „kündigungsfest"

Bei Abschluss des Geschäftsführer-Anstellungsvertrages sind Sie gut beraten, nicht nur auf die für Sie neuen und großzügigen Vertragskonditionen zu achten. Genauso wichtig ist es, die Klauseln genau zu prüfen, welche Konditionen für den Fall Ihrer Abberufung bzw. der Beendigung des Anstellungsvertrages festgeschrieben sind.

Diese Vorgaben sind verbindlich und sind in einem späteren Konfliktfall in der Regel nicht verhandelbar. Die meisten Klauseln der von den Konzern-Unternehmen verwendeten Standard-Verträge sind auf die Bedürfnisse des Konzern-Unternehmens ausgerichtet – hier ist wichtig, dass für das Unternehmen keine ungeplanten Folgekosten entstehen. Sofern Sie sich über die Tragweite einzelner Klauseln nicht im Klaren sind, sollten Sie sich unbedingt versierten anwaltlichen Rat einholen.

Aber auch schon vor Unterzeichnung des Vertrages sind Sie gut beraten, über die aus Ihrer Sicht nicht akzeptablen und von Ihnen gewünschten Regelungen zu verhandeln. Auch hier gilt: Am besten können Sie Einfluss auf die Ausgestaltung des Vertrages nehmen, wenn Sie konkrete Formulierungen vorschlagen, die in den übrigen Vertrag aufgenommen werden.

In der Checkliste unten haben wir die wichtigsten und üblichen Regelungsinhalte zur Beendigung des Geschäftsführer-Anstellungsvertrages zusammengestellt. In den anschließenden Musterformulierungen finden Sie Anregungen zur für Sie optimalen Gestaltung der Vertragsvereinbarungen.

Checkliste: der „kündigungsfeste" Anstellungsvertrag

Vereinbarung zu …	Zulässige und mögliche Ausgestaltung …
Ordentliche Kündigung	Die Abberufung führt nicht automatisch zur Kündigung des Anstellungsvertrages. Dieser muss gesondert gekündigt werden
	Vereinbarung von „langen" Kündigungsfristen (6, 12 Monaten und nur zum Jahresende)
	Vereinbaren des gesetzlichen Kündigungsschutzes für Arbeitnehmer (Verlängerung der Frist mit zunehmender Tätigkeitsdauer)
Außerordentliche Kündigung	Es wird vereinbart, dass der Anstellungsvertrag nur aus wichtigem Grund gekündigt werden kann
	Die wichtigen Gründe werden im Anstellungsvertrag vollständig aufgelistet
Anspruch auf Freistellung	Nach einer Abberufung hat der Geschäftsführer Anspruch auf sofortige Freistellung unter Fortführung sämtlicher im Anstellungsvertrag vereinbarten Leistungen (Bezüge, Tantieme, Firmenwagen) und zwar bis zur vertraglichen Beendigung des Anstellungsvertrags (gemäß ordentlicher Kündigung) bzw. zum vereinbarten Vertragsende
Abfindung	Üblich ist eine Abfindung gestaffelt nach Tätigkeitsjahren. Achtung: Vereinbaren Sie – sofern eine ordentliche Kündigung gemäß gesetzlicher Fristen möglich ist – eine „Mindest-Abfindung", z. B. in Höhe von 5 Tätigkeitsjahren
	Geschäftsführer und GmbH können vereinbaren, wann die Abfindung gezahlt wird (z. B. erst im Folgejahr, um die Steuerprogression im Folgejahr zu nutzen)
Nachvertragliches Wettbewerbsverbot	Der GmbH sollte **nicht** einseitig das Recht zum (jederzeitigen) Rücktritt vom Wettbewerbsverbot eingeräumt werden
	Kommt das Wettbewerbsverbot einem „Berufsverbot" gleich, kann das relativ leicht juristisch ausgehebelt werden
Sonstige Ausscheidensregelungen	Klausel zur Übernahme des Firmenwagens zum Buchwert/ Sicherung der anteiligen Tantieme bei der Kündigung während des Geschäftsjahres
	Vereinbarung eines Rückbehaltungsrechts für Geschäftsunterlagen im Falle einer rechtlichen Auseinandersetzung mit der GmbH (Kündigungsschutzprozess, Klärung des Abfindungsanspruchs, Klärung der Reichweite eines nachvertraglichen Wettbewerbsverbotes)

Vereinbarung zu …	Zulässige und mögliche Ausgestaltung …
	Vereinbarung zur Zuständigkeit des Arbeitsgerichtes für rechtliche Streitigkeiten zwischen dem Geschäftsführer und der GmbH (möglich für Fremd-Geschäftsführer oder Geschäftsführer mit einer geringen Beteiligung an der GmbH)
	Abfindung eines ausstehenden Urlaubsanspruchs gegen anteiliges Gehalt
	Vereinbarung zur Weiterbeschäftigung im Unternehmen in einer leitenden Funktion

3.8 Vertragsmuster mit fallbezogenen Formulierungen

Geschäftsführer-Anstellungsvertrag

zwischen der

(GmbH)

In (Adresse)

vertreten durch ihre Gesellschafter – im Folgenden „Gesellschaft" genannt -

und

Herr/Frau

(Vorname, Name des Geschäftsführers)

in (Adresse)

- im folgenden „Geschäftsführer" – wird der folgende Vertrag geschlossen:

§ 1 Aufgaben und Tätigkeitsbereich

1. Der Geschäftsführer ist einzelvertretungsberechtigt und von den Beschränkungen des § 181 BGB befreit, auch wenn weitere Geschäftsführer bestellt werden.
2. Dem Geschäftsführer ist bekannt, dass ein weiterer/weitere Geschäftsführer bestellt ist/sind. Die Verteilung der Aufgaben zwischen den Geschäftsführern wird von der Gesellschafterversammlung beschlossen oder im Rahmen einer Geschäftsordnung geregelt.
3. Der Geschäftsführer ist in der Gestaltung seiner Arbeitszeit frei.
4. Der Geschäftsführer führt die Geschäfte nach Maßgabe der Gesetze, des Gesellschaftsvertrages, einer Geschäftsordnung für die Geschäftsführung und nach den schriftlichen Weisungen der Gesellschafterversammlung.

5. Zu allen Geschäften, die über den gewöhnlichen Geschäftsbetrieb hinausgehen, muss die vorherige Zustimmung der Gesellschafterversammlung eingeholt werden. Dazu gehören insbesondere:

Beispiele
- Die Veräußerung von Teilen des Unternehmens,
- Die Errichtung oder Aufgabe von Zweigniederlassungen, die Gründung, der Erwerb oder die Veräußerung anderer Gesellschaften sowie Beteiligungen an solchen; die Aufnahme oder Aufgabe eines Geschäftszweiges und die Aufnahme bzw. Aufgabe vorhandener Tätigkeitsgebiete, die Verlegung des Verwaltungssitzes.
- Der Erwerb, die Veräußerung oder Belastung von Grundstücken oder grundstücksgleichen Rechten.
- Der Abschluss, die Beendigung oder Änderung von Unternehmensverträgen, der Abschluss, die Beendigung oder Änderung von Verträgen über Erwerb oder Veräußerung von Urheberrechten, gewerblichen Schutzrechten, Lizenzen, Know-how oder verwandten Rechten.
- Investitionen, soweit sie im Einzelfall 100.000 € bzw. zusammengerechnet im Jahr mehr als 500.000 € übersteigen oder außerhalb der Jahresplanung liegen.
- Dauerschuldverhältnisse, die zu einer monatlichen Belastung von mehr als 50.000 € oder zu einer Jahresbelastung von mehr als 100.000 € führen.
- Der Abschluss, die Änderung oder die Beendigung von Miet-, Pacht- oder Leasing-Verträgen mit einer Laufzeit von mehr als zwei Jahren oder einer Kündigungsfrist von mehr als sechs Monaten oder einer jährlichen Verpflichtung von mehr als 50.000 €.
- Der Abschluss, die Beendigung oder Änderung von Dienstverträgen mit Mitarbeitern (seien es Angestellte oder freie Mitarbeiter), denen eine monatliche Vergütung von mehr als 5000 € und eine jährliche Vergütung von mehr als 75.000 € brutto zusteht, denen eine längere Kündigungsfrist als die gesetzliche eingeräumt worden ist, die am Gewinn oder Umsatz des Unternehmens beteiligt sind;
- Die Anstellung des Ehegatten oder solcher Personen, mit denen der Geschäftsführer verwandt oder verschwägert ist;
- Die Vereinbarung einer betrieblichen Altersversorgung, die Zusage von Altersruhegeldern.
- Die Erteilung von Prokuren und Generalvollmachten bzw. deren Entzug.
- Das Eingehen von Wechselverbindlichkeiten, die Übernahme von Bürgschaftsverpflichtungen sowie die Abgabe von Garantieerklärungen soweit letztere nicht für einen bestimmten geschäftlichen Vorgang im Rahmen des gewöhnlichen Geschäftsbetriebes erforderlich sind.
- Die Inanspruchnahme oder Gewährung von Darlehen, wenn diese nicht im Finanzplan vorgesehen sind oder im Einzelfall den Betrag von 50.000 € übersteigen.

- Die Einleitung gerichtlicher oder schiedsgerichtlicher Verfahren sowie deren Beendigung durch Rücknahme oder Vergleich sowie die Aufnahme eines Rechtsstreites gegen die Gesellschaft, deren Streitwert mehr als 50.000 € beträgt.

6. Dienstsitz ist (Ort).

§ 2 Entlastung
Die Gesellschaft ist verpflichtet, durch die Gesellschafterversammlung jährlich, spätestens zum Zeitpunkt der Feststellung des Jahresabschlusses, einen Beschluss über eine Entlastung des Geschäftsführers für die vorangegangene Tätigkeit zu fassen.

§ 3 Wettbewerb und Nebentätigkeit

1. Der Geschäftsführer verpflichtet sich, seine ganze Arbeitskraft, seine fachlichen Kenntnisse und Erfahrungen ausschließlich der Gesellschaft zur Verfügung zu stellen.
   1. Alternativ: Der Geschäftsführer wird bei der Gesellschaft nebenberuflich tätig. Ihm ist gestattet, sein Einzelunternehmen im bisherigen Umfang auszuüben. Darüber hinaus ist dem Geschäftsführer die Tätigkeit als Geschäftsführer in der (Firma) gestattet. Die Befreiung vom Wettbewerbsverbot ist unentgeltlich, da der Geschäftsführer diese Tätigkeiten bereits vor Begründung des Anstellungsvertrages mit der Gesellschaft ausgeübt hat.
2. Die Aufnahme einer Nebentätigkeit, die Beteiligung an anderen Unternehmen und die Mitgliedschaft in Organen fremder Gesellschaften bedürfen der vorherigen Zustimmung der Gesellschafterversammlung.
3. Der Geschäftsführer verpflichtet sich, für die Dauer von zwei Jahren nach Beendigung des Anstellungsvertrages nicht in Wettbewerb zur Gesellschaft zu treten. Und zwar weder durch entgeltliche oder unentgeltliche Tätigkeit noch durch Errichtung oder Erwerb eines derartigen Unternehmens oder durch mittelbare und unmittelbare Beteiligung an einem derartigen Unternehmen, es sei denn im Rahmen des an der Börse notierten Aktienhandels der privaten Vermögensvorsorge. Das Wettbewerbsverbot erstreckt sich auf das Gebiet der Bundesrepublik Deutschland. Für die Dauer des nachvertraglichen Wettbewerbsverbotes verpflichtet sich die Gesellschaft, dem Geschäftsführer eine Entschädigung in Höhe von 50 % der zuletzt durchschnittlichen bezogenen monatlichen Vergütung zu zahlen. Die Entschädigung ist zum Ende eines Kalendermonates fällig. Auf diese Entschädigung sind Einkünfte anzurechnen, welche der Geschäftsführer während der Dauer des nachvertraglichen Wettbewerbsverbotes aus jeder Erwerbstätigkeit erzielt oder zu erzielen unterlässt. Der Geschäftsführer ist verpflichtet, auf Verlangen der Gesellschaft entsprechende Auskunft über die Höhe seiner Einkünfte zu erteilen. In jedem Fall der Zuwiderhandlung gegen das Wettbewerbsverbot hat der Geschäftsführer eine Vertragsstrafe in Höhe von 5000 € zu zahlen. Zugleich entfällt für den entsprechenden Monat des Verstoßes die Verpflichtung zur Zahlung der Entschädigung durch die Gesellschaft. Etwaige

Schadensersatzansprüche der Gesellschaft bleiben unberührt wie auch der Anspruch auf Unterlassung.

§ 4 Vertragsdauer und Beendigung

1. Der Vertrag beginnt am (Datum) und wird auf unbestimmte Zeit abgeschlossen.
2. Der Vertrag kann von jeder Partei mit einer Frist von sechs Monaten zum Ende eines Kalenderjahres gekündigt werden.
3. Das Vertragsverhältnis endet, ohne dass es einer gesonderten Kündigung bedarf, mit dem Ablauf des Monates, in dem der Geschäftsführer das 67. Lebensjahr vollendet.
4. Die Kündigung hat schriftlich zu erfolgen.
5. Im Falle der Kündigung des Vertrages durch die Gesellschaft, gleich ob im Wege der ordentlichen oder außerordentlichen Kündigung, sowie im Falle der Kündigung des Vertrages durch den Geschäftsführer aus wichtigem Grund, ist die Gesellschaft verpflichtet, an den Geschäftsführer eine Abfindung in Höhe von 1/8 (1/12) der Gesamtbezüge des Vorjahres für jedes Jahr der Zugehörigkeit des Geschäftsführers zur Gesellschaft zu zahlen, wobei frühere Dienstverhältnisse mit der Gesellschaft im Anstellungsverhältnis mitgerechnet werden und angefangene Jahre als volle Jahre berechnet werden.
6. Ansprüche aus dem Beschäftigungsverhältnis und dem Organverhältnis sind von den Vertragsparteien innerhalb von sechs Monaten nach Fälligkeit bzw. im Falle der Beendigung des Dienstverhältnisses innerhalb von drei Monaten schriftlich geltend zu machen. Geschieht dies nicht, erlöschen solche Ansprüche. Das gilt auch, wenn nach erfolgloser Geltendmachung eine gerichtliche Durchsetzung binnen zwei Monaten unterbleibt.

§ 5 Bezüge

1. Der Geschäftsführer erhält als Vergütung für seine Tätigkeit ein Jahresgehalt von € (Betrag) brutto.
2. Die Bezüge werden in zwölf gleichen Teilbeträgen zum Ende eines jeden Kalendermonats ausgezahlt.
3. Der Geschäftsführer erhält neben seinen Festbezügen eine Tantieme in Höhe von (Zahl) % des laut Steuerbilanz nach Verrechnung mit Verlustvorträgen und vor Abzug der Körperschaft- und Gewerbesteuer Gewinns. Die Tantieme ist einen Monat nach Feststellung des Jahresabschlusses durch die Gesellschafterversammlung fällig. Nachträgliche Änderungen der Bilanz, insbesondere aufgrund abweichender steuerlicher Veranlagung, sind bei deren Bestandskraft zu berücksichtigen. Zuviel gezahlte Beträge hat der Geschäftsführer zu erstatten.
4. Die Bezüge des Geschäftsführers werden von der Gesellschafterversammlung im Abstand von zwei Jahren auf Angemessenheit und Vergleichbarkeit mit den Bezügen von Geschäftsführern anderer Unternehmen überprüft.

§ 6 Versorgungszusage

1. Zum Zwecke der Altersvorsorge erhält der Geschäftsführer bei Ausscheiden aus den Diensten der Gesellschaft nach Vollendung des 66./67. Lebensjahres oder in Folge Berufsunfähigkeit im Sinne des § 43 SGB VI nach fünfjähriger Dienstzeit ein lebenslängliches monatliches Ruhegeld. Die Höhe der monatlichen Bezüge richtet sich nach den anrechnungsfähigen Ruhegeldbezügen und der anrechnungsfähigen Dienstzeit.
2. Anrechnungsfähige Ruhegeldbezüge sind die in den letzten sechs Monaten vor dem Ausscheiden des Geschäftsführers bezogenen Monatsgehälter nach § 5 Abs. 2 dieses Vertrages.
3. Als anrechnungsfähige Dienstzeit gilt die Zeit, die der Geschäftsführer bis zum vollendeten 67. Lebensjahr ununterbrochen in den Diensten der GmbH steht. Der Geschäftsführer erhält mit dem ersten abgeleisteten Dienstjahr Anspruch auf 2,5 % der anrechnungsfähigen Ruhegeldbezüge, für jedes weitere Jahr wird eine jährliche Steigerung in Höhe von 2,5 % gewährt, höchstens jedoch 75 % der ruhegeldfähigen Bezüge.
4. Im Falle der Berufsunfähigkeit wird ein einmaliger Aufschlag um 25 % gewährt; höchstens jedoch insgesamt 75 % der ruhegeldfähigen Bezüge.
5. Die GmbH verpflichtet sich, die Ruhegeldzusage entsprechend den steuerlichen Vorschriften mittels einer Rückdeckungsversicherung zu decken. Die Rechte aus diesem Vertrag stehen ausschließlich der GmbH zu. Der Geschäftsführer ist verpflichtet, für den Abschluss des Versicherungsvertrages notwendigen Angaben zu machen, insbesondere sich einer ärztlichen Untersuchung zu unterziehen.

Achtung: Nur für Fremd-Geschäftsführer ohne eigene Beteiligung an der GmbH

6. Scheidet der Geschäftsführer vor Vollendung des 65./66./67. Lebensjahres, aber erst nach Vollendung des 63./64./65. Lebensjahres aus den Diensten der GmbH aus, erhält er eine lebenslängliches Ruhegeld, wenn er nachweist, dass er ab Beendigung des Dienstverhältnisses ein Altersruhegeld aus der gesetzlichen Rentenversicherung bezieht.
7. Im Falle des Todes des Geschäftsführers erhält seine Witwe bzw. seine mit ihm in eheähnlicher Gemeinschaft lebende, testamentarisch bedachte Lebensgefährtin eine Witwenrente in Höhe von 60 % des Ruhegeldes, das der Geschäftsführer im Zeitpunkt des Todes erhalten hätte. Die Witwenrente erlischt mit Ablauf des Monats, in dem die Witwe stirbt.
8. Leibliche Kinder und eheliche Kinder des Geschäftsführers erhalten nach dem Tod des Geschäftsführers eine Waisenrente in Höhe von 10 % des Ruhegeldes. Die Waisenrente wird bis zum vollendeten 18. Lebensjahr gezahlt.
9. Scheidet der Geschäftsführer vor Eintritt des Versorgungsfalles aus den Diensten der GmbH aus und hat zu diesem Zeitpunkt die Versorgungszusage mindestens 10 Jahre

bestanden, erhält der Geschäftsführer eine Abfindung in Höhe des Rückstellungsbetrages in der Schlussbilanz, die seinem Ausscheiden vorhergeht oder mit seinem Ausscheiden zusammenfällt. Besteht eine Rückdeckungsversicherung, so besteht die Abfindung in der Übertragung der Ansprüche aus der Rückdeckungsversicherung auf den Geschäftsführer

10. Die Ruhegeldansprüche können ohne vorherige Einwilligung durch die Gesellschaft weder abgetreten noch verpfändet werden.
11. Die Gesellschaft ist berechtigt, im Fall schwerwiegender Vergehen des Geschäftsführers die Ruhegeldzusage zu widerrufen.
12. Die Gesellschaft behält sich Kürzungen der Ruhegeldzusage vor, wenn sich die betrieblichen Verhältnisse nachhaltig so verschlechtern, dass eine Erfüllung der Ruhegeldzusage zu einer objektiven Belastung der Gesellschaft führen, die dieser nicht mehr zugemutet werden kann. Die Gesellschaft ist in diesem Fall verpflichtet, die dafür maßgebenden Umstände zu belegen.
13. 1Die laufenden Rentenzahlungen erhöhen sich alljährlich mit Wirkung vom 1. Januar um 3 % der Vorjahresrente.
14. Die Ruhegelder werden jeweils bis zum dritten Werktag eines jeden Monats ausgezahlt.

§ 7 Gehaltsfortzahlung

1. Ist der Geschäftsführer an der Ausübung seiner Dienste durch Krankheit oder durch andere unverschuldete Umstände verhindert, so behält er den Anspruch auf seine Bezüge gemäß § 5 Abs. 1 für die Dauer von sechs Wochen nach Eintritt des Verhinderungsfalles.
2. Nach Ablauf von sechs Wochen zahlt die Gesellschaft einen Krankengeldzuschuss für längstens zwölf Monate. Der Krankengeldzuschuss soll die Differenz zwischen Krankengeld und dem monatlichen Nettogehalt ausgleichen. Die Gesellschaft behält sich die Anrechnung von Ersatzansprüchen des Geschäftsführers gegenüber Dritten vor. Die Lohn- und gegebenenfalls Kirchensteuer auf die Differenzzahlung trägt die Gesellschaft.
3. Besteht kein Anspruch auf Krankengeld, wird als Krankengeld im Sinne dieses Vertrages der Betrag zugrunde gelegt, den der Geschäftsführer durch eine seinem Einkommen gemäße Versicherung bei der zuständigen Ortskrankenkasse erhalten hätte. Beim Tod des Geschäftsführers wird den Hinterbliebenen, denen er zu Lebzeiten aufgrund gesetzlicher Unterhaltspflicht Unterhalt geleistet hat, neben dem Gehalt für den Sterbemonat Sterbegeld in Höhe des Gehaltes für drei weitere Monate gezahlt. Die Gesellschaft ist berechtigt, diese Zahlung mit befreiender Wirkung für und gegen alle Hinterbliebenen an denjenigen zu leisten, der seine Hinterbliebeneneigenschaft gemäß Satz 1 glaubhaft gemacht hat. Sind unterhaltsberechtigte Hinterbliebene nicht vorhanden, so werden lediglich die bis zum Todestag fällig gewordenen Gehaltsbezüge an die Erben des Verstorbenen ausgezahlt.

§ 8 Urlaub

1. Dem Geschäftsführer steht jährlich ein Erholungsurlaub in Höhe von 30 Werktagen in der Fünf-Tage-Woche zu. Der Urlaub ist bis zum 31.03. des folgenden Jahres zu nehmen. Kann der Urlaub in einem Kalenderjahr aus betrieblichen Gründen nicht genommen werden, so erhält der Geschäftsführer eine Urlaubsabgeltung in Höhe eines anteiligen Festgehaltes für jeden nicht genommenen Urlaubstag.
2. Der Geschäftsführer hat den Urlaubszeitpunkt und die Urlaubsdauer unter Berücksichtigung seiner Aufgabenstellung und der Belange und Interessen der Gesellschaft zu wählen. Urlaubszeitpunkt und Dauer hat der Geschäftsführer mit seinen Mitgeschäftsführern abzustimmen.

§ 9 Firmenwagen, Reisekosten und Spesen

1. Dem Geschäftsführer wird für seine Tätigkeit im Rahmen dieses Vertrages ein Firmenwagen vom Typ (Marke) zur Verfügung gestellt, der auch zu privaten Zwecken genutzt werden kann. In der monatlichen Gehaltsabrechnung wird der geldwerte Vorteil der privaten Nutzung entsprechend den Bestimmungen der Lohnsteuerrichtlinien versteuert. Die Gesellschaft trägt sämtliche Betriebskosten. Das Fahrzeug ist Vollkasko zu versichern. Der Anspruch auf ein neues Firmenfahrzeug entsteht jeweils nach einer regelmäßigen Nutzungszeit von vier Jahren.
2. Die Erstattung von Aufwendungen, die dem Geschäftsführer in Ausübung seiner Aufgaben im Rahmen der Dienste für die Gesellschaft entstehen, einschließlich Reise- und Bewirtungskosten, richtet sich nach den jeweils geltenden internen Richtlinien der Gesellschaft.

§ 10 Sonstige Leistungen

1. Die Gesellschaft übernimmt die Kosten für eine jährliche Untersuchung durch einen Arzt nach Wahl des Geschäftsführers, soweit diese Kosten nicht durch eine Krankenversicherung getragen werden. Der Geschäftsführer ist verpflichtet, sich jährlich einer entsprechenden ärztlichen Untersuchung zu unterziehen und hat das Ergebnis der Gesellschaft mitzuteilen.
2. Der Geschäftsführer ist auf Kosten der Gesellschaft bei einer von ihm auszuwählenden Versicherungsgesellschaft nach deren Versicherungsbedingungen gegen Unfall zu versichern, und zwar
   - für den Fall des Todes und der dauernden Vollinvalidität mit 250.000 €
   - für den Fall der dauernden Teilinvalidität mit einem entsprechenden Prozentsatz dieser Summe.

   Die Gesellschaft wird für den Geschäftsführer auf ihre Kosten eine Lebensversicherung mit einer Deckungssumme von 250.000 € abschließen. Die Leistungen der Unfallversicherung bzw. Lebensversicherung werden dem Geschäftsführer oder den

aufgrund des Versicherungsverhältnisses anspruchsberechtigten Hinterbliebenen im Versicherungsfall ungekürzt ausgezahlt. Die Gesellschaft wird auf ihre Kosten für den Geschäftsführer eine Berufsunfähigkeitsversicherung mit einer Deckungssumme von € 200.000 abschließen, die für den Fall der Berufsunfähigkeit dem Geschäftsführer zugutekommt.
3. Die Gesellschaft übernimmt die Gebühren für zwei Kreditkarten nach Wahl des Geschäftsführers.
4. Leistet der Geschäftsführer für die Gesellschaft eine Bürgschaft, so erhält er hierfür als Entgelt eine Avalprovision von 4 % jährlich, wobei die Vergütung zum jeweiligen 31. Dezember eines Jahres zu zahlen ist. Die Avalvergütung beginnt im Zeitpunkt der Abgabe der Bürgschaft und endet mit Freigabe der Bürgschaft. Bei Ausscheiden des Geschäftsführers aus den Diensten der Gesellschaft hat die Gesellschaft den Geschäftsführer von der Inanspruchnahme aus der Bürgschaft unverzüglich freizustellen und die Freistellung ihm gegenüber innerhalb von vier Wochen nach Beendigung des Vertrages nachzuweisen.
5. Der Geschäftsführer ist verpflichtet, etwaige Erfindungen im Sinne des Gesetzes über Arbeitnehmererfindungen der Gesellschaft unverzüglich schriftlich anzubieten. Die Gesellschaft ist berechtigt, innerhalb einer Frist von drei Monaten nach dieser Mitteilung zu erklären, ob und in welchem Umfang sie die Erfindung in Anspruch zu nehmen beabsichtigt. Für den Fall der Inanspruchnahme der Erfindung erhält der Geschäftsführer eine Vergütung entsprechend den Bestimmungen des Gesetzes über Arbeitnehmererfindungen und der hierzu ergangenen Vergütungsrichtlinien.

§ 11 Geheimhaltung

1. Der Geschäftsführer ist verpflichtet, über alle Angelegenheiten der Gesellschaft, die nicht Gegenstand öffentlicher Kenntnis sind, strengstes Stillschweigen zu bewahren und solche geheim zu haltenden Informationen weder direkt noch indirekt zu seinen eigenen Gunsten oder zugunsten dritter Personen zu benutzen. Diese Verpflichtung besteht auch nach Ausscheiden des Geschäftsführers aus den Diensten der Gesellschaft.
2. Mit Ausscheiden aus den Diensten der Gesellschaft oder bei Freistellung von seinen Funktionen ist der Geschäftsführer verpflichtet, sämtliche Schriftstücke, Aufzeichnungen und Entwürfe, die Angelegenheiten der Gesellschaft betreffen und sich noch in seinem Besitz befinden ebenso wie sämtliches anderes Eigentum der Gesellschaft zu übergeben und etwaige Daten, die er in seiner privaten EDV-Anlage gespeichert hat und welche die Gesellschaft betreffen, zu löschen.

§ 12 Rechtswahl und Sprache

1. Der Vertrag unterliegt ausschließlich deutschem Recht. Sollte der Vertrag in mehreren sprachlichen Fassungen erstellt werden, so ist die deutsche Fassung maßgeblich.

§ 13 Schlussbestimmungen

1. Dieser Vertrag ersetzt alle bestehenden mündlich oder schriftlich getroffenen Vereinbarungen zwischen den Parteien.
2. Änderungen oder Ergänzungen dieses Vertrages bedürfen für ihre Wirksamkeit der Schriftform.
3. Sollten einzelne Bestimmungen dieses Vertrages unwirksam sein oder werden, so berührt dies nicht die Wirksamkeit der übrigen Bestimmungen. Anstelle der unwirksamen oder nichtigen Bestimmungen soll eine angemessene Regelung treten, die dem wirtschaftlichen Zweck der unwirksamen Klausel am nächsten kommt.

_____

Gesellschaft,

vertreten durch ihre

Gesellschafter

Ort, Datum

_____

Geschäftsführer

Ort, Datum

Zusätzliche Klausel für den vorteilhaften Anstellungsvertrag des Geschäftsführers im Konzern-Unternehmen

Zu § 1 Abs. 2/Aufgaben und Tätigkeitsbereich Alternativ: Der Geschäftsführer ist zusammen mit einem weiteren Geschäftsführer bzw. mit einem Prokuristen vertretungsberechtigt. Er hat alle Geschäftsführungsaufgaben mit der Sorgfalt eines ordentlichen Geschäftsmannes zu erledigen. Der Geschäftsführer ist von den Beschränkungen des § 181 BGB befreit.

Zu § 1 Abs. 4/Aufgaben und Tätigkeitsbereich Alternativ: Der Geschäftsführer hat eine regelmäßige Arbeitszeit von 44 h wöchentlich, wobei die Arbeitszeiten zwischen 8.00 und 18.00 Uhr einschließlich einer einstündigen Mittagspause einzuhalten sind. Davon unberührt bleibt die betriebsbedingte notwendige Abwesenheit.

Zu § 3/Wettbewerbsverbot Die Gesellschaft hat jederzeit das Recht, auf Einhaltung des vereinbarten nachvertraglichen Wettbewerbsverbotes zu verzichten. Verzichtet die Gesellschaft auf Einhaltung des Wettbewerbsverbotes verpflichtet sich die Gesellschaft ab dem Datum der Beendigung des Anstellungsvertrages für einen Zeitraum von 12 (6) Monaten eine Entschädigung in der oben vereinbarten Höhe zu zahlen.

Zu § 4 Abs. 1/Beendigung und Ausscheiden Alternativ: Der Vertrag wird auf fünf Jahre fest abgeschlossen und endet am (Datum)

Alternativ: Es wird eine Probezeit von sechs Monaten vereinbart. Während der Probezeit kann jede Partei den Vertrag mit einer Frist von zwei Wochen zum Monatsende kündigen. Kündigt keine der Parteien, so wird der Vertrag auf unbestimmte Zeit fortgesetzt.

Zu § 4 Abs. 2/Beendigung und Ausscheiden Alternativ: In den ersten fünf Jahren der Laufzeit dieses Vertrages kann er von beiden Parteien mit einer Frist von sechs Monaten zum Ende eines Kalenderjahres gekündigt werden. Nach Ablauf von fünf Jahren verlängert sich diese Frist auf zwölf Monate zum Ende eines Kalenderjahres, nach zehn Jahren (also nach weiteren fünf Jahren) auf 18 Monate zum Ende eines Kalenderjahres. Nach 15 Jahren Vertragslaufzeit insgesamt verzichtet die Gesellschaft auf ihr Recht, den Geschäftsführer ordentlich zu kündigen.

Zu § 4 Abs. 5/Beendigung und Ausscheiden Legt der Geschäftsführer wegen der Abberufung oder wegen des Ausscheidens ein Rechtsmittel ein, wird die Abfindung erst mit Erledigung der Rechtssache fällig.

Zu § 4 Abs. 7/Beendigung und Ausscheiden Mit Beendigung des Anstellungsvertrages hat der Geschäftsführer Anspruch auf Beschäftigung innerhalb der Konzern-Gruppe als Leitender Angestellter zu den üblichen Vertragskonditionen. Kann eine solche Stelle nicht angeboten werden, erhält der Geschäftsführer eine Abfindung in der unter § … Vereinbarten Höhe.

Zu § 5 Abs. 2/Bezüge Alternativ: Der Geschäftsführer erhält eine monatliche Brutto-Vergütung von €…,–. Darüber hinaus wird dem Geschäftsführer ein Urlaubsgeld und ein Weihnachtsgeld jeweils in Höhe eines Monatsgehaltes gewährt, das jeweils am 30.05. bzw. 31.11. eines jeden Jahres ausgezahlt wird.

Zu § 5 Abs. 3/Bezüge Scheidet der Geschäftsführer während des Geschäftsjahres aus seinem Amt aus, hat er Anspruch auf zeitanteilige Tantieme.

Zu § 9 Abs. 1/Firmenwagen Der Geschäftsführer ist bei seinem Ausscheiden aus den Diensten der Gesellschaft berechtigt, den Firmenwagen zu übernehmen.

3.9 Rechtsschutz

Läuft es im Geschäft nicht rund, kommt es zwischen den Konzern-Gesellschaftern und dem/den Fremd-Geschäftsführer/n oft zu Spannungen und Konflikten, die erst gerichtlich entschieden werden. **Für Geschäftsführer gibt es dafür eine spezielle Rechtsschutzversicherung für Rechtsstreitigkeiten, die sich auf den Geschäftsführer-Anstellungs-**

3.9 Rechtsschutz

vertrag beziehen. Das betrifft alle im Vertrag vereinbarten geldwerten Ansprüche, aber auch sonstige Ansprüche, die Ihnen aus Ihrem Anstellungsverhältnis zustehen, auch wenn diese nicht ausdrücklich Vertragsbestandteil sind – z. B. eine Einigung auf der Grundlage einer – im Vertrag nicht vorgesehenen – Abfindungszahlung.

Alle großen Versicherer (HDI-Gerling Konzern, http://hdi-gerling.de, Allianz AG, http://www.allianz.de) bieten entsprechende Versicherungen an. Der Abschluss einer solchen Versicherung ist zu empfehlen, wenn Sie als Geschäftsführer in einer besonders dynamischen Branche (IT, Internet) tätig sind oder wenn bekannt ist, dass Ihr Vorgänger vorzeitig gekündigt wurde oder ein gerichtliches Verfahren mit ihm anhängig ist.

Übersicht: Rechtsschutz-Versicherung für Geschäftsleiter

Wer ist versichert	Versichert werden können sämtliche ehemaligen, gegenwärtigen und künftigen Mitglieder des Vorstandes, der Geschäftsführung, des Aufsichtsrates oder Beirates eines Unternehmens
Was ist versichert	Der Versicherungsschutz umfasst die gesamte Tätigkeit als Mitglied eines dieser Gremien: Vorstand, Geschäftsführung, Aufsichtsrat und Beirat
Leistungsumfang	Der Versicherer übernimmt die Prüfung der Sach- und Rechtslage, befriedigt begründete Ansprüche und wehrt unbegründete ab, und übernimmt die Kosten des Verfahrens

In der Regel lässt sich der Abschluss einer Rechtsschutzversicherung im Anstellungsvertrag verankern. Nicht ganz so einfach ist es für den Fremd-Geschäftsführer, eine sog. Vermögens-Schadensversicherung (D & O – Versicherung) im Anstellungsvertrag verbindlich zu vereinbaren. Danach sind zusätzlich zum Rechtsschutz alle Schadensfälle aus der Tätigkeit des Geschäftsführers abgedeckt – sofern es sich nicht um strafrechtliche Vorgänge handelt. Die Prämien für diese Versicherung sind sehr hoch und die meisten Gesellschafter sehen nicht ein, warum sie den von ihnen eingestellten Geschäftsführer auch noch auf eigene Kosten versichern sollten.

Mit der Directors & Officers – kurz D & O – Versicherung können sich Geschäftsführer, Vorstände und leitende Angestellte für den Haftungsfall absichern. Typische, strafrechtlich relevante Verantwortungsfelder, die leicht unterschätzt werden, jedoch in fast jedem Unternehmen eine Rolle spielen können und für die Geschäftsführer verantwortlich gemacht warden, sind:

- Die Produktentwicklung muss nach dem allgemeinen Stand der Technik auf Basis der einschlägigen Normenkataloge erfolgen (ISO 9000/9001).
- Der Herstellungsprozess ist ständig auf Fehlabläufe unter dem Aspekt mangelhafter Herstellung zu beobachten.

Straf-Rechtsschutz-Versicherungen decken daraus entstehende Risiken nur zu einem geringen Teil. Außerdem ist die Deckung meist untauglich, da eine Kostenerstattung nach den gesetzlich vorgesehenen Regelungen geboten wird. Passender für Geschäftsführer im mittelständischen und in größeren Unternehmen ist die D & O – Versicherung – ein spezieller Versicherungstyp gegen die speziellen Haftungsrisiken von Geschäftsführern. Entsprechende Policen werden von vielen, auch deutschen Versicherern angeboten.

▶ **Für die Praxis** Vergleichen Sie mehrere Angebote: Holen Sie sich die Angebote verschiedener unabhängiger Versicherungsmakler ein. Preise und Leistungen der einzelnen Angebote sind sehr unterschiedlich und passen oft nicht zum Geschäftsführer oder zum Unternehmen

Checkliste: Mit dem Versicherungsmakler müssen Sie folgende Punkte klären:

Frage	Antwort/Bemerkung
Welche Deckungssummen werden angeboten?	
Welche Deckungssumme empfiehlt sich für meine Gesellschaft?	
Wie ist der Kreis der versicherten Personen?	
Sind auch Mandate in verbundenen Gesellschaften oder Fremdmandate in anderen nicht zur Versicherungsnehmerin gehörigen Gesellschaften mitversichert?	
Werden Selbstbehalte vereinbart?	
Wie ist die Laufzeit des Vertrages?	
Sind nur Vermögensschäden ohne vorhergehende Personen- oder Sachschäden versichert oder werden unter bestimmten Umständen auch Vermögensschäden versichert, die sich aus Sach- und Personenschäden herleiten?	
Wie sind die Ausschlüsse geregelt?	
Gibt es den Ausschluss unzureichenden Versicherungsschutzes?	
Gibt es den Ausschluss des angloamerikanischen Rechtskreises?	
Gilt die Insolvenzklausel?	
Existiert ein Ausschluss für Umweltschäden?	
Ist der Versicherungsschutz für wissentliche Pflichtverletzungen ausgeschlossen oder sind sogar weitergehend auch vorsätzliche Pflichtverletzungen nicht versichert?	
Wie ist der zeitliche Geltungsbereich?	
Welche Nachmeldefristen lassen sich vereinbaren?	

Übersicht: Vermögensschaden-Versicherung für Geschäftsleiter

Wer ist versichert	Versichert werden können sämtliche ehemaligen, gegenwärtigen und künftigen Mitglieder des Vorstandes, der Geschäftsführung, des Aufsichtsrates oder Beirates eines Unternehmens
Was ist versichert	Der Versicherungsschutz umfasst die gesamte Tätigkeit als Mitglied eines dieser Gremien: Vorstand, Geschäftsführung, Aufsichtsrat und Beirat
Leistungsumfang	Der Versicherer übernimmt die Prüfung der Sach- und Rechtslage, befriedigt begründete Ansprüche und wehrt unbegründete ab. Dies umfasst die Führung und Übernahme der Kosten eines Rechtsstreits
Beispiele	Der Erwerb einer ungeeigneten EDV-Anlage macht kostspielige Nachbesserungen nötig
	Infolge unzureichender Marktanalysen wird die Herstellung schwer absetzbarer Produkte veranlasst
	Das Ausgliedern von Funktionen führt zu steuerlichen Mehrbelastungen

3.10 Häufige Fragen zum Geschäftsführer-Anstellungsvertrag

„Wie viel verdienen Sie in Ihrer jetzigen Position?" Wenn Sie das wahrheitsgemäß beantworten wollen, steht dem Nichts im Wege. Es geht aber auch so: In dem Unternehmen, das ich dann verlasse, hat man mir zugesagt, dass ich für weitere Aufgaben vorgesehen bin. Insofern ist mein jetziges Gehalt keine realistische Ausgangsgröße. Dazu würde ich vorschlagen, dass wir uns an branchenüblichen Vergleichsgrößen orientieren – etwa der Kienbaum-Vergütungsstudie oder der BBE-Studie Geschäftsführer-Vergütung.

„Kann ich den mir vorgelegten Vertrag „verhandeln?" JA – aber Sie sollten schon gut vorbereitet sein und gute Argumente haben, warum Sie eine Sonderregelung für sich beanspruchen. Nicht gerne gesehen wird, wenn Sie Neuregelungen bis in Detailregelungen vorschlagen. Beschränken Sie sich auf die aus Ihrer Sicht wichtigsten Punkte des Vertragswerkes. Achten Sie darauf, dass Ihre Gegenvorschläge nicht diametral ausgerichtet sind, sondern bereits Ihre Kompromissbereitschaft erkennen lassen.

„Kann ich einen kompletten Gegenentwurf zu dem mir vorgelegten Vertragsentwurf vorlegen?" NEIN – das sollten Sie auf keinen Fall tun. Damit signalisieren Sie, dass Sie den Justiziar/die Personalverantwortlichen „Ihres" Unternehmens für inkompetent oder schlecht beraten halten. Das ist kein guter Einstieg. Sind Sie mit dem vorgelegten Vertrag völlig unzufrieden, sollten Sie vorab ein Vier-Augen-Gespräch mit dem Vorstand der Muttergesellschaft suchen und austaxieren, inwieweit nach Aufnahme der Geschäftstätigkeit nachträgliche Anpassungen vertraglich zugesichert werden können.

Der Amtsantritt in der Tochtergesellschaft 4

4.1 Die Anmeldung zum Handelsregister

Der Geschäftsführer wird durch die Gesellschafter bestellt und abberufen[1]. Bei der Bestellung des Geschäftsführers durch die Gesellschafterversammlung müssen Sie folgende Rechtshandlungen zu unterscheiden:

- die Bestellung des Geschäftsführers als **Erklärung der Gesellschafter durch Beschluss der Gesellschafterversammlung,**
- die **Anstellung** des Geschäftsführers durch internen Vertrag.

Bei der Beschlussfassung zur Bestellung sind grundsätzlich alle Gesellschafter stimmberechtigt, auch der Gesellschafter, der zum Geschäftsführer bestellt wird. Das gilt auch für den Geschäftsführer mit einer Mini-Beteiligung an dem Konzern-Tochterunternehmen.

Die Bestellung zum Geschäftsführer ist dem Handelsregister anzumelden. Die Anmeldung erfolgt durch den/die vertretungsberechtigten Geschäftsführer. Der neu bestellte Geschäftsführer muss bei der Anmeldung mitwirken. Er muss versichern, dass keine Umstände vorliegen, die seiner Bestellung entgegenstehen[2], und dass er über seine Auskunftspflicht gegenüber dem Gericht belehrt wurde. Er hat seine Unterschrift zur Aufbewahrung beim Handelsregister zu leisten[3]. Dazu werden die Formulare des Notars/Registergerichts verwendet.

---

[1] § 46 Abs. 5 GmbHG.

[2] § 6 GmbHG – etwa ein vorheriger Verstoß gegen die Insolvenzantragspflicht, sonstige strafbare Handlungen.

[3] § 39 Abs. 4 GmbHG.

© Springer Fachmedien Wiesbaden GmbH, ein Teil von Springer Nature 2020
L. Volkelt, *Geschäftsführer im Konzern*, https://doi.org/10.1007/978-3-658-29055-9_4

Der Beschluss zur Bestellung des Geschäftsführers erfolgt mit **einfacher Mehrheit**. Im Gesellschaftsvertrag kann eine abweichende Regelung getroffen werden. Das ist sinnvoll in den Fällen, in denen ein Minderheitenschutz angestrebt wird.

Beschluss zur Bestellung des Geschäftsführers

Der Vorsitzende stellt fest:

1. Die heutige Gesellschafterversammlung ist durch Einschreiben der Geschäftsführung vom 01.07.2012 an alle Gesellschafter unter Mitteilung der Tagesordnung fristgerecht einberufen worden.
2. Das Stammkapital der Gesellschaft von 50.000 EUR ist in Höhe von 40.000 EUR mit 40.000 Stimmen vertreten. Die Versammlung ist somit beschlussfähig (§ 51 GmbHG).

Herr Max Mustermann, geboren am 01.01.1980, wohnhaft in 12345 Musterstadt, Musterstr. 1 wird zum Geschäftsführer der Firma Muster-GmbH bestellt.

Der Geschäftsführer vertritt die Gesellschaft alleine, wenn er ihr einziger Geschäftsführer ist. Sind mehrere Geschäftsführer bestellt, so wird die Gesellschaft durch zwei Geschäftsführer oder durch einen Geschäftsführer zusammen mit einem Prokuristen vertreten.

Die Gesellschafter können den Geschäftsführern oder einzelnen Geschäftsführern Alleinvertretungsbefugnis erteilen und sie von den Beschränkungen des § 181 befreien.

Ort, Datum
Unterschrift des Versammlungsleiters
Unterschrift der Gesellschafter

Versicherung des Geschäftsführers, dass keine Bestellhindernisse vorliegen Der Geschäftsführer versichert, dass keine Umstände vorliegen, die einer Bestellung nach § 6 Abs. 2 Satz 2 Nr. 2 und 3 sowie Satz 3 entgegenstehen, und dass er über die unbeschränkte Auskunftspflicht gegenüber dem Gericht belehrt worden sind.[4]

Als Geschäftsführer einer GmbH werden Sie von den Gesellschaftern der GmbH zum Geschäftsführer bestellt. Damit sind Sie gesetzlicher Vertreter der GmbH. Sie alleine handeln im Außenverhältnis rechtsverbindlich für die Kapitalgesellschaft. Gleichzeitig sind Sie Arbeitnehmer dieser GmbH. Im Rahmen Ihres Anstellungsvertrages werden Ihre Aufgaben, Ihre Rechte und Pflichten festgelegt.

Checkliste: Amtsantritt

Betrifft…	Check
Ihr Anstellungsverhältnis	Die Eckdaten des Anstellungsvertrages sind geklärt (Gehalt, Kündigung, Abfindung)
	Der Sozialversicherungsrechtliche Status ist geklärt
	Ihre Zukunftssicherung (Direktversicherung, Pensionszusage usw.) ist geklärt

---

[4] Die ausführliche Aufzählung aller einzelnen möglichen Straftatbestände ist laut neuester BGH-Rechtsprechung nicht mehr notwendig, BGH, Urteil vom 17.05.2010, II ZB 5/10.

Betrifft…	Check
Ihren Tätigkeitsbereich	Die Vertretungsbefugnis ist geklärt Die Stellenbeschreibung „Ressort" liegt vor Eine Geschäftsordnung liegt vor Sind Sie im Handelsregister korrekt gemeldet und eingetragen
Ihre Basis-Informationen	Sie kennen den Gesellschaftsvertrag der GmbH Sie kennen alle Verträge zu verbundenen Unternehmen und mit den Gesellschaftern Sie kennen die Jahresabschlüsse der letzten 3 Jahre Sie kennen das innerbetriebliche Berichtswesen Sie kennen das System zur innerbetrieblichen Leistungserfassung (Kosten- und Leistungsrechnung, Deckungsbeitragsrechnung) Sie kennen die Arbeitsverträge der leitenden Mitarbeiter Sie kennen die kurz-, mittel- und langfristige Planungen der GmbH Sie kennen die Unternehmensgrundsätze des Hauses.
Kunden/Zulieferer	Sie kennen alle wichtigen Kunden und Zulieferer der GmbH
Mitarbeiter	Sie haben alle Gesellschafter und Organmitglieder (Beirat, Geschäftsführer-Kollegen, auch: Berater der GmbH) persönlich kennen gelernt Sie kennen Ihr Team (Sekretariat, Assistenz) Sie kennen alle leitenden Angestellten persönlich

4.2 Amtsantritt

4.2.1 Erwartungen und Erfolgsfaktoren

Was für den Neu-Einsteiger in die Geschäftsführung wie der Beginn einer Tätigkeit aussieht, bedeutet für die Mitarbeiter des Unternehmens lediglich einen Wechsel der Führung. Der „Neue" muss sich am ausgeschiedenen Geschäftsführer messen.

Die Neu-Besetzung einer Geschäftsführer-Position stellt aber nicht nur eine personelle Veränderung dar. Damit verbunden sind Ansprüche der Unternehmensleitung, aber auch die der Mitarbeiter nach bisher nicht eingelösten beruflichen Vorstellungen, nach Veränderung, nach Innovation. Amerikanische Studien zeigen, welche Faktoren zur Bewältigung dieser Ansprüche ausschlaggebend sind:

- Brancheninsider sind erfolgreicher als Branchenfremde.
- Der schnelle Führungswechsel ist kaum möglich. Strukturelle und personelle Veränderungen erstrecken sich über einen Zeitraum von bis zu zwei Jahren.
- Entscheidend für den Wechsel ist, wie es dem Neuen gelingt, die Arbeitsbeziehungen zu den entscheidenden Mitarbeitern auszuprägen.
- Der Neue verständigt sich mit seinen Mitarbeitern über Arbeitsmethodik und Führungsstil.
- Der Neue vermittelt den Mitarbeitern Sicherheit und Vertrauen.

Vertun Sie also möglichst wenig Zeit damit, sich in der Chefetage einzurichten und sich mit sich selbst zu beschäftigen. Gehen Sie auf die Mitarbeiter zu. Signalisieren Sie Gesprächsbereitschaft. Nehmen Sie sich die Zeit für Gespräche.

Fragen Sie die Mitarbeiter, Kunden, Zulieferer auf allen Ebenen nach ihren Erwartungen an die neue Führung. Bündeln Sie diese Erwartungen und machen Sie sie zum Bestandteil Ihrer Veränderungs-Strategie, keinesfalls aber zum Mittelpunkt Ihrer Sichtweise.

Befragen Sie die Mitarbeiter nach folgenden Themen:

- Was machen Sie im Unternehmen? Was läuft nicht gut?
- Was würden Sie an ihrem eigenen Arbeitsablauf verändern?
- Wer ist zuständig für die Änderung von Arbeitsabläufen? (Key-Beziehungen)
- Welche Änderungen wurden in den letzten Jahren eingeführt?
- Welche Änderungen haben sich nicht bewährt?
- Welche Änderung halten Sie für sinnvoll, welche nicht?
- Wichtig: Dokumentieren Sie die Aussagen der Mitarbeiter. Werten Sie diese aus und lassen Sie die Ergebnisse in Ihre Planungen und Vorgaben einfließen.

Hindernisse bei einem Führungswechsel

Der Aufsteiger	Der Seiteneinsteiger
Kann keinen Veränderungsdruck erzeugen	Reserviertheit und Ablehnung
Vorbelastete Schlüsselbeziehungen	Kein Rückgriff auf Kontakte zu Kollegen und
Weiß schon zu viel – fragt zu wenig	ehemaligen Mitarbeitern (Netzwerk)
	Zu viele Ziele
	Zu schnell
	Ressourcenverweigerung

4.2.2 Betriebsbesichtigung und Präsentation

Machen Sie Ihren ersten Arbeitstag im neuen Unternehmen zu einem Ritual: Lassen Sie alle Mitarbeiter wissen, dass heute Ihr erster Arbeitstag ist. Zeigen Sie, dass Sie da sind, sich nicht in Ihrem Office verstecken, dass Sie sich nicht nur um die „Großkopfeten" kümmern, sondern dass Sie für das Unternehmen als Ganzes und für alle Mitarbeiter da sind.

Informieren Sie die Teamleiter darüber, dass Sie sich im Rahmen einer Betriebsbesichtigung jedem Team persönlich vorstellen werden. Nehmen Sie sich einen Tag lang Zeit, um sich in allen Teams des Betriebes zu zeigen. Gehen Sie auf die Menschen zu. Wirkungsvoll ist:

- Kündigen Sie lediglich die Reihenfolge an, in der Sie die einzelnen Teams aufsuchen werden (Spontaneität).
- Stellen Sie sich jeweils dem gesamten Team vor. Sagen Sie etwas zu Ihrem beruflichen Werdegang, zu Ihrer Person. Botschaft: „Ich bin für Sie da!". Schaffen Sie Vertrauen! (Vertrauen)

4.2 Amtsantritt

- Lassen Sie sich erklären, was das Team tut und welche Erwartungen das Team an die neue Führung hat (Teamorientierung).
- Verschrecken Sie die Team-Mitarbeiter nicht mit der (vorschnellen) Ankündigung von Veränderungen – kündigen Sie aber an, „dass wir alle gemeinsam noch besser sein können"! (Visionen)

Nutzen Sie diese Gelegenheit schon zu ersten neuen Mitarbeiter-Kontakten. In solchen informellen Vorstellungsrunden ist es möglich, besonders engagierte und meinungsbildende Mitarbeiter zu erkennen und zu erreichen. Signalisieren Sie, dass Sie geschäftliche Belange jederzeit auch außerhalb der Hierarchie interessieren.

4.2.3 Ziele und Zielvorgaben

Als zukünftiger Geschäftsführer ist es Ihre Aufgabe, die Ziele der Unternehmung vorzugeben, diese den Mitarbeitern zu kommunizieren, die Ressourcen bereitzustellen, die Umsetzung zu kontrollieren und ggf. korrigierende Maßnahmen einzuleiten.

Voraussetzung: Alle Mitarbeiter müssen die Ziele des Unternehmens kennen. Das ist nur möglich, wenn

- die Mitarbeiter über alle Informationen verfügen, die Sie zu Ihrem Beitrag für die Zielerreichung kennen müssen und
- die Ziele von allen in gleicher Weise verstanden und getragen werden.

Als Geschäftsführer ist es Ihre Aufgabe, den Mitarbeitern das Wissen und alle Informationen bereitzustellen, die die Mitarbeiter brauchen, um ihre Aufgaben im Hinblick auf die gesetzten Ziele erledigen zu können. Das sind:

Checkliste: Zielvorgaben

Gegenstand	Begriff	Fragen an die Mitarbeiter…
Berichtswesen	Unter dem Begriff betriebliches Berichtswesen (Reporting) versteht man die Einrichtungen, Mittel und Maßnahmen eines Unternehmens zur Erarbeitung, Weiterleitung, Verarbeitung und Speicherung von Informationen über den Betrieb und seine Umwelt in Form von Berichten. Als Berichte versteht man im Hinblick auf das Unternehmensziel zusammengefasste Informationen (Data-Warehouse).	Wie oft erhalten Sie Berichte? Verstehen Sie die Berichte? Sprechen Sie mit den Mitarbeitern Ihrer Abteilung über die Zahlen? Brauchen Sie mehr Informationen zur Erledigung Ihrer Arbeit? Brauchen Sie andere Informationen zur Erledigung Ihrer Arbeit?

Gegenstand	Begriff	Fragen an die Mitarbeiter…
Unternehmenskultur	Jede Organisation bildet eine spezifische Kultur heraus, die das organisatorische Verhalten maßgeblich prägt. Sie ergibt sich aus dem Zusammenspiel von Werten, Normen, Denkhaltungen und Paradigmen, welche die Mitarbeiter teilen und damit das Zusammenleben im Unternehmen sowie das Auftreten nach außen hin ausmachen. Durch diese Kultur wird die Corporate Identity und das Erscheinungsbild (Corporate Design) des Betriebes geprägt.	Wie denken die Mitarbeiter über das Unternehmen? Wie denken die Mitarbeiter über die Kunden? Wie denken die Mitarbeiter über die eigenen Produkte? Wie denken die Mitarbeiter über andere Abteilungen?
Arbeitsmethodik	Teamarbeit: Arbeiten mit Zielvereinbarungen, d. h. es werden grundsätzlich konkrete Vorgaben zu Inhalt und Termin von Tätigkeiten und Maßnahmen vereinbart und abgefragt. Die Ergebnisse werden im Personalgespräch analysiert.	Hilft Ihnen die Arbeit im Team bei der Umsetzung Ihrer Tätigkeit im Unternehmen? Was gefällt Ihnen nicht bei der Arbeit im Team? Was würden Sie besser machen?
Eigene Produkte	Portfolio bezeichnet eine Kollektion von Produkten, Dienstleistungen oder Waren, die von einer Unternehmung angeboten werden. Für den Aufbau eines entsprechenden Portfolios werden verschiedene Analysetechniken genutzt: B.C.G. Analysis, Deckungsbeitragsanalyse, Multifaktorenanalyse und Quality Function Deployment. In der Regel versuchen Firmen, sowohl eine Diversifikation als auch ein ausgewogenes Verhältnis von Angeboten in ihrem Portfolio zu erreichen.	Kennen Sie alle Produkte unseres Unternehmens? Welches ist für Sie das beste, welches das schlechteste? Was würden Sie besser machen? Gibt es Produkte, die unsere Kunden nur oder bevorzugt bei einem anderen Unternehmen einkaufen?
Kundenorientierung	Unter Kundenorientierung werden die Anteile einer Prozessorientierung und Marketingausrichtung verstanden, mit Hilfe derer die Abhängigkeit der Unternehmen vom Kunden in den Mittelpunkt unternehmerischer Entscheidungen gestellt werden. Die Ursachen für mangelnde Kundenorientierung liegen häufig in der Unternehmenskultur der Struktur und in wenig effektiven oder intransparenten Prozessen des Unternehmens (Customizing).	Was wollen die Kunden von uns? Gibt es regelmäßige Meetings mit Ihren Ansprechpartnern beim Kunden?

4.2 Amtsantritt

Gegenstand	Begriff	Fragen an die Mitarbeiter…
Wettbewerber	Vermitteln Sie Informationen über die Produkte, Arbeitsweise, Vertrieb und Marketing Ihrer Konkurrenten. Auch Informationen über die Unternehmenskultur, über Mitarbeiter und Qualifizierungsprogramme (Benchmarking).	Wen unserer Wettbewerber halten Sie für besser, wen für schlechter? Was können wir von unseren Wettbewerbern lernen? Bei welchem Wettbewerber könnten Sie sich vorstellen zu arbeiten, aus welchen Gründen?
Markt	Verankern Sie Marktforschung, Marktbeobachtung und Marktanalyse in Ihrem Unternehmen. Das sind Informationen über neue Produkte, über Käufer und Wettbewerber, aber auch über demographische, politische und globale Entwicklungen, die Absatz und Beschaffung auf Ihrem Markt betreffen.	Wo möchten Sie in 5, 10 oder 15 Jahren stehen? Welche Weiterbildung haben Sie geplant? Können Sie sich vorstellen, im Ausland tätig zu sein?

Alle Mitarbeiter, die Schlüssel-Positionen im Unternehmen haben, müssen über diese Themen fundiert informiert sein. Erwarten Sie das von Ihren Mitarbeitern und sagen Sie dies den Mitarbeitern immer wieder, dass Sie das von ihnen nicht nur erwarten, sondern einfordern.

Leiten Sie aus dieser Matrix und den quantifizierbaren Größen (Ertrag, Umsatz, Kosten) aus dem Controlling Ihre neuen kurz-, mittel- und langfristige Zielhierarchie für das Unternehmens ab und gleichen Sie diese mit der vorliegenden mittel- und langfristigen Unternehmensplanung in den verantwortlichen Gremien (Gesellschafter, externe Berater) ab.

Im Unternehmen arbeiten Menschen unterschiedlicher Herkunft, unterschiedlicher Ausbildung und meist auch in allen Altersstufen. Die Menschen haben verschiedene Werte- und Sprachmuster, unterschiedliche kulturelle Hintergründe usw. Dennoch müssen die Ziele und die Arbeitsweise des Unternehmens von allen in gleicher Weise verstanden und mitgetragen werden. Hilfreich ist:

- Formulieren Sie nur die die wesentlichen Ziele des Unternehmens – was aber nicht heißt, dass es keine Teil- und Unterziele gibt.
- Formulieren Sie die Ziele einfach und verständlich.
- Visualisieren Sie Ihre Zielvorgaben.
- Weisen Sie immer wieder auf die Zielvorgaben hin, z. B. wenn Sie eine Maßnahme begründen, eine Vorgabe machen oder es aus einem anderen Zusammenhang notwendig ist.

Damit nutzen Sie eine Arbeitsmethode, die etablierte Berater-Unternehmer systematisch einsetzen. Die Berater wissen, dass die Kommunikation mit den Menschen im Betrieb ein wichtiger – wenn nicht der wichtigste – Faktor für Veränderungen ist.

4.2.4 Zusammenarbeit mit weiteren Geschäftsführern

Besteht in der Unternehmung ein Geschäftsführungs-Gremium mit mehreren Ressort-Verantwortlichen Geschäftsführern ist das Zusammenwirken in der Regel im Rahmen der Zuständigkeiten anhand der Stellenbeschreibung und einer Geschäftsordnung geregelt. Folgende Regeln sind für eine systematische und zielbezogene Zusammenarbeit hilfreich:

Arbeiten Sie grundsätzlich mit Zielvereinbarungen. In der Zielvereinbarung legen alle Gesellschafter/Geschäftsführer gemeinsam fest, wer welche Ziele bis wann mit welchen Ressourcen erreichen will. Sobald ein Gesellschafter/Geschäftsführer Anzeichen dafür hat, dass er ein vereinbartes Ziel nicht erreichen kann, hat er die Pflicht, seine Mit-Gesellschafter/Geschäftsführer darüber zu informieren.

Alle Zielvereinbarungen werden in einem Katalog zusammengefasst, laufend aktualisiert und allen Gesellschaftern/Geschäftsführern zur Verfügung gestellt.

Ziel/Budget	Status	Zuständig	Termin
Personalbeschaffung 30.000 €	Stellenanzeige Schalten	Hans Mustermann	30.06.2010
Neue Kunden 2500 €	Besuche bei Firma Meier und Firma Schulze	Meier	31.07.2010

Grundsätze der Zusammenarbeit von Geschäftsführern

Klare Abgrenzung von Zuständigkeiten Achten Sie darauf, dass die Aufgabenbereiche der tätigen Gesellschafter-Geschäftsführer klar abgegrenzt sind. Orientieren Sie sich an der fachlichen Qualifikation der Gesellschafter/Geschäftsführer, aber auch an der betriebswirtschaftlich gängigen Verteilung der Ressorts (kaufmännische Leitung, Produktion/Entwicklung, Marketing/Vertrieb, Personal, IT).

Als Gesellschafter/Geschäftsführer sind Sie dabei für alle üblicherweise im Ressort anfallenden Aufgaben zuständig. Zu Ihrer Aufgabe gehört es auch, Ihr Ressort ständig an die sich ändernden Bedürfnisse der Gesamtorganisation anzupassen.

Transparenz und Offenheit Sorgen Sie dafür, dass Ihre Mit-Gesellschafter über Ihr Ressort so gut wie möglich informiert sind. Sprechen Sie offen über Probleme, die in Ihrem Ressort auftreten und holen Sie den Rat Ihrer Mit-Gesellschafter/Geschäftsführer dazu ein.

Informieren Sie lieber „zu viel" als „zu wenig". Stellen Sie Informationen grundsätzlich immer in den dazugehörenden Informationszusammenhang, damit Ihr Mit-Gesellschafter/ Geschäftsführer jederzeit die Reichweite eine punktuelle Information richtig bewerten kann.

Vollständige Dokumentation aller Absprachen und Vereinbarungen Auch wenn es einigen Aufwand bedeutet, sollten Sie grundsätzlich alle geschäftsbezogenen Absprachen und Vereinbarungen zwischen den Gesellschafter/Geschäftsführern vollständig und inhaltlich nachvollziehbar dokumentieren. Das betrifft Gesellschafterversammlungen, Ressortsitzungen, aber auch Abteilungen und abteilungsübergreifende Projektarbeit.

Damit stellen Sie sicher, dass im Konfliktfall oder bei späteren gerichtlichen Auseinandersetzungen auf eine lückenlose Dokumentation der betrieblichen Abläufe zurückgegriffen werden kann. Fehlende Protokolle geben Hinweise auf Pflichtversäumnisse und eine fehlerhafte Ausübung des Amtes.

Arbeitstechnik ständig verbessern Ruhen Sie sich nicht auf einer einmal gewohnten Arbeitstechnik aus. Die technische Entwicklung (Internet, Intranet, Digitalisierung) ermöglicht laufend neue Kommunikations- und Arbeitstechniken im Betrieb.

Machen Sie das Thema Arbeitstechnik zu Ihrem persönlichen Weiterbildungsthema. Beziehen Sie grundsätzlich auch alle Mitarbeiter Ihres Ressorts/Ihrer Abteilung in diesen Prozess mit ein.

Kontrollen einbauen Zielvereinbarungen dürfen und müssen gegenseitig kontrolliert werden können. Diese sind kein Ausdruck von Misstrauen, sondern wichtiger Bestandteil gemeinsamen Handelns.

Kontrollen beinhalten Verständnisfragen, gezielte Zusatzfragen, aber auch Einsicht in Unterlagen und Dokumente, die für die eigene Meinungsbildung wichtig sind. Beachten Sie aber, dass überzogene Kontrollen als Gängelung verstanden werden können und immer im Verhältnis zum damit verbundenen Aufwand gesehen werden müssen.

Konflikte offen ansprechen Meinungsverschiedenheiten gehören zur Arbeits- bzw. Ressortteilung. Wichtig ist, dass diese zeitnah, direkt und ohne Polemik angesprochen werden. Dazu gehört auch, Fehler und Pannen offen anzusprechen und Maßnahmen zur Abhilfe vorzuschlagen.

Die meisten Konflikte lassen sich entschärfen, indem sie von allen Beteiligten gemeinsam und offen – also im Gremium – angesprochen und gelöst werden. Gruppen- und Untergruppenbildung sollte erst gar nicht aufkommen.

Bei Bedarf externe Berater einschalten Sind sich die Gesellschafter bei der Beurteilung einer Sachfrage nicht einig, ist es hilfreich externe Fachleute und Berater in die Entscheidungsfindung einzubeziehen. Das können Mitglieder des Beirates, aber auch ausgewiesene Spezialisten außerhalb der GmbH sein.

Nicht zwingend ergibt sich daraus, die Konsequenzen einer externen Beratung zwingend in der GmbH umzusetzen. Erfahrungsgemäß wird damit aber die Qualität der Entscheidung für die GmbH deutlich erhöht.

Einwilligung in ein Mediationsverfahren Bevor Konflikte zwischen den Gesellschaftern/ Geschäftsführern gerichtlich entschieden werden, sollten sich die Gesellschafter/

Geschäftsführer darauf verständigen, schlichtende Einigungsgespräche unter externer Supervision durchzuführen (Mediationsverfahren).

Das Verfahren ist in der Regel kostengünstiger als die sofortige gerichtliche Auseinandersetzung und führt zu vergleichbaren Ergebnissen. Erst wenn hier keine Lösung einvernehmliche gefunden werden kann, sollte eine gerichtliche Klärung zugelassen sein.

Teamgeist bewusst fördern Gesellschafter/Geschäftsführer arbeiten im Team und sollten sich ganz bewusst Zeit dazu nehmen, Teamgeist und Teamfähigkeiten zu verbessern. Dazu geeignet sind gemeinsame Brainstorming Wochenenden, an denen auch einmal die GmbH übergreifende Themen angesprochen werden können.

Ganz praktisch sind Team-Erfahrungen wie sie von Eventagenturen angeboten werden. Solche Maßnahmen sind nicht nur für angestellte Mitarbeiter oder Abteilungen wertvoll. Auch die Qualität der Tätigkeit des Gesellschafter/Geschäftsführer-Gremiums kann dadurch nachhaltig verbessert werden.

4.2.5 Umgang mit Mitarbeitern

In einer kleineren Tochtergesellschaft mit einer überschaubaren Anzahl von Teamleitern und Mitarbeitern gelingt es schnell, dauerhafte, persönliche und vertrauensvolle Beziehungen aufzubauen. Die beteiligten Personen treffen sich im turnusgemäßen Abstand. Geschäftliche Anlässe haben meist auch persönliche Aspekte.

In aller Regel erwarten diese Personen von ihrem neuen Geschäftsführer lediglich, dass er sich in die gewachsenen Abläufe einfügt und sich persönlich einbringt. Das gilt auch für den Umgang mit den Beratern der Gesellschafter (Steuerberater, Wirtschaftsprüfer, Unternehmensberater, Hausanwalt). Hier handelt es sich um eine kleine Gruppe von Personen, die sich in der Regel schon seit Jahren kennen, vertraulich zusammenwirken und ggf. freundschaftliche Beziehungen miteinander pflegen.

Als „neuer" in diesem Kreis sollten Sie Zeit und Geduld aufbringen, sich unaufdringlich, kontinuierlich und mit Fingerspitzengefühl für gewachsene zwischenmenschliche Beziehungen einbringen zu können. Vermeiden Sie:

- den schnellen Schulterschluss mit einer Partei,
- sich auf eine Seite ziehen zu lassen,
- in Konfliktgesprächen einseitig Partei zu nehmen,
- polemische oder ironische Redebeiträge.

In mittelgroßen und größeren Unternehmen besteht deutlich mehr Konfliktpotenzial. Oft haben diese Unternehmen zur Harmonisierung solcher Konflikte zusätzlich einen Beirat eingesetzt, der die Interessen des Konzerns steuert.

Der Geschäftsführer muss sich einem zusätzlichen Gremium gegenüber verantworten. Je nach rechtlicher Ausgestaltung des Beirats (Kontrollfunktion) kann das so weit gehen, dass dieser eine Empfehlung für die Abberufung bzw. Weiterbeschäftigung des Geschäftsführers aussprechen kann.

Oft sind ehemalige Berater der Gesellschafter in den Beirat berufen – etwa Steuerberater oder Wirtschaftsprüfer. In der Praxis führt das dazu, dass der beratende Beirat im Interessenkonflikt als Organ des Unternehmens bzw. als freiberuflicher Auftragsempfänger des Unternehmens steht. Für den Geschäftsführer ist das eine kaum zu lösende Aufgabe. Selbst nach langjähriger vertrauensvoller Zusammenarbeit mit den Gremien, kommt es in solchen Konstellationen oft zu schwerwiegenden Meinungsverschiedenheiten, die in der Regel auf Kosten der Geschäftsführer gelöst werden. Sie sind das schwächste Glied.

Praktische Grundlagen der Geschäftsführung

5.1 Rechte, Pflichten, Unternehmensgrundsätze, Informationsverpflichtung

5.1.1 Ressortübergreifende Verantwortung jedes einzelnen Geschäftsführers

Machen sich die Geschäftsführer gegenüber dem Unternehmen schadensersatzpflichtig, haften diese als Gesamtschuldner[1]. Danach kann eine GmbH nach Ihrer Wahl von jedem Geschäftsführer – insgesamt jedoch nur einmal – Ausgleich des Schadens verlangen kann. Wird ein Geschäftsführer für den vollen Schaden in Anspruch genommen, so kann dieser die übrigen dafür zum Ausgleich in Anspruch nehmen[2].

Pflicht zur Erhaltung des Stammkapitals: Als Geschäftsführer sind Sie verantwortlich dafür, dass das Vermögen, das zur Erhaltung des Stammkapitals erforderlich ist, nicht an die Gesellschafter ausgezahlt wird (z. B. § 43 Abs. 3 GmbHG, § 30 GmbHG). Auszahlungen sind danach nur zulässig, solange das Reinvermögen der GmbH (= Summe der Aktiva – Fremdkapital+Rückstellungen) größer ist als die ausgewiesene Stammkapitalziffer. Bei Verstoß entsteht eine Rückzahlungsverpflichtung des Gesellschafters (§ 31 GmbHG). Damit haftet der Gesellschafter-Geschäftsführer persönlich – er muss die ausgezahlten Beträge an die GmbH aus seinem Privatvermögen zurückerstatten. Hat der GmbH-Gesellschafter eine Auszahlung gutgläubig erhalten, so muss er nur den zur Befriedigung der Gläubiger notwendigen Teil zurückzahlen. Kann ein Gesellschafter nicht zahlen, dann haften die übrigen Gesellschafter im Verhältnis ihrer Geschäftsanteile. Bei Verschulden wegen fehlerhafter Auszahlung des Geschäftsführers kann der so beanspruchte Gesellschafter den Geschäftsführer in die Haftung nehmen.

---

[1] z. B. § 43 Abs. 2 GmbHG, §§ 421 ff. BGB.
[2] § 426 Abs. 2 BGB.

Haftung beim Erwerb eigener Anteile: Als Geschäftsführer sind Sie verantwortlich dafür, dass eine GmbH keine eigenen Geschäftsanteile erwirbt, auf die die Einlagen nicht vollständig eingezahlt sind (z. B. § 43 Abs. 3 GmbHG, § 33 GmbHG). Außerdem müssen Sie beachten, dass der erworbene Anteil nicht aus Mitteln der GmbH gezahlt wird, die zur Erhaltung des Stammkapitals notwendig sind (offene Rücklagen). Verstoßen Sie als Geschäftsführer gegen diese Vorschrift, haften Sie mit Ihrem privaten Vermögen, soweit der Gesellschaft dadurch ein Schaden entsteht bzw. ungerechtfertigt Vermögen entzogen wird. Erteilen die Gesellschafter Weisungen entsprechend zu handeln, darf er diese Weisung nicht ausführen, ohne dass er rechtliche Nachteile befürchten muss. Bei entsprechender Weisung, weigern Sie sich diese auszuführen, weisen auf die Rechtslage hin und drohen u. U. mit der Niederlegung des Amtes. Führen die Gesellschafter ihre Anweisung eigenhändig durch, sollten Sie sofort Ihr Amt niederlegen.

Haftung des Geschäftsführers für Zahlungen nach Vorliegen eines Insolvenzgrundes: Als Geschäftsführer haften Sie für Zahlungen, die nach Vorliegen eines Insolvenzgrundes (Zahlungsunfähigkeit, drohende Zahlungsunfähigkeit, Überschuldung) geleistet werden. Diese Ersatzpflicht entsteht unabhängig davon, ob ein konkreter Schaden entsteht. Ausnahme: Sie können darlegen, dass die Zahlung nicht zu einer Masseschmälerung geführt hat.

Beispiele für nicht Masse schmälernde Zahlungen:

- Zahlungen an bevorrechtigte Gläubiger
- Zahlungen, die Verträge erfüllen, die wirtschaftlich für die GmbH von Vorteil sind
- laufende Lohn-, Pacht- oder Leasingzahlungen, mit denen unmittelbarer, größerer Schaden von der GmbH abgewendet werden kann

Haftung bei Insolvenzverschleppung: Als Geschäftsführer sind Sie verpflichtet, bei Vorliegen eines Insolenzgrundes (Zahlungsunfähigkeit, drohende Zahlungsunfähigkeit oder Überschuldung) Insolvenzantrag zu stellen (Insolvenzantragspflicht gemäß § 64 Abs. 1 GmbHG). Laut § 64 GmbH-Gesetz sind Sie als Geschäftsführer verantwortlich dafür, rechtzeitig Insolvenzantrag zu stellen (sog. Insolvenzantragspflicht). Danach sind Sie verpflichtet zu handeln, wenn **Überschuldung** bzw. **Zahlungsunfähigkeit** vorliegt oder droht.

Geschäfte im eigenen Vorteil: Daneben haftet der Geschäftsführer für Geschäfte, die er im wirtschaftlichen Eigeninteresse abschließt, etwa weil er sich persönlich davon einen Vorteil verspricht, wenn dieses Geschäft zustande kommt. Das ist zum Beispiel der Fall, wenn Schmiergelder an den Geschäftsführer gezahlt werden oder ein anderer persönlicher Vorteil (Protektion) für die Person des Geschäftsführers mit einem Geschäftsabschluss verbunden ist. Eine persönliche Haftung des Geschäftsführers entsteht auch im Zusammenhang z. B. mit der Gründung bzw. Eintragung einer weiteren GmbH. Macht der Geschäftsführer hierzu **falsche Angaben,** kann er mit seinem privaten Vermögen zur Haftung herangezogen werden (§ 9a GmbHG). Häufigster Fall in der Praxis: Fehlerhaften Angaben zu den eingezahlten Einlagen. Sind diese nicht in der angegebenen Höhe eingezahlt oder werden diese in engem zeitlichen Zusammenhang (sechs Monate) an die Gesellschafter zurückgezahlt, dann haftet der Geschäftsführer aus fehlerhaften Angaben.

Haftung für Steuern und Abgaben: Der Geschäftsführung ist verantwortlich für die Erfüllung der steuerlichen Pflichten des Unternehmens (z. B. § 43 GmbHG, § 69 AO). Das betrifft die Abgabe der Steuererklärungen und die Bezahlung der Steuern.

Als Geschäftsführer haften Sie persönlich bei vorsätzlichen oder fahrlässigen Verstößen gegen diese steuerlichen Verpflichtungen, wenn dadurch Steuern nicht rechtzeitig festgesetzt oder entrichtet werden und dadurch Steuerausfälle verursacht werden. Werden die Steuern erstattet oder erlischt die Steuerschuld (etwa durch FG-Urteil) erlischt Ihre Haftungsschuld.

In diesen Fällen können Sie persönlich in die Haftung genommen werden:

- Nichtabgabe von Steuererklärungen
- Nichtabgabe von Umsatzsteuer- und Lohnsteuer-Voranmeldungen
- falsche oder unvollständige Angaben zu Steuererklärungen
- Nicht-Zahlung oder verspätete Zahlung von Steuern
- die Verletzung von Buchführungs- und Aufzeichnungspflichten

Als Geschäftsführer haften Sie auch bei **Steuerhinterziehung,** also vorsätzlicher Nicht-Erfüllung steuerlicher Pflichten (§ 71 AO), insbesondere bei Zahlungsunfähigkeit der GmbH. In der Praxis delegiert der Geschäftsführer diese Aufgaben an die Fachabteilung bzw. an den Steuerberater, so dass Sie Ihre Überwachungs- und Kontrollpflichten erfüllen müssen.

Buchführung und Jahresabschluss: Als Geschäftsführer sind Sie dazu verpflichtet, für die ordnungsgemäße Buchführung des Unternehmens zu sorgen. Sie haben den Jahresabschluss und den Lagebericht der Gesellschaft unverzüglich nach Aufstellung den Gesellschaftern zum Zwecke der Feststellung vorzulegen (z. B. § 41, 42a GmbHG). Ist der Jahresabschluss durch einen Abschlussprüfer zu prüfen, haben die Geschäftsführer den geprüften Jahresabschluss zusammen mit dem Lagebericht und dem Prüfungsbericht unverzüglich vorzulegen. Hat die Firma einen Aufsichts-/Beirat, dann sind diese auch diesem Gremium vorzulegen.

Hat ein Abschlussprüfer den Jahresabschluss geprüft, so hat dieser auf Verlangen der Gesellschafter an den Verhandlungen über die Feststellung des Jahresabschlusses teilzunehmen. Ist die Gesellschaft zur Aufstellung eines Jahresabschlusses und eines Konzernlageberichtes verpflichtet, so ist dieser entsprechend vorzulegen.

Die GmbH ist zur doppelten Buchführung verpflichtet. Dies ergibt sich aus der Pflicht zur Aufstellung eines Jahresabschlusses. Die Verantwortlichkeit für die Erfüllung dieser Pflichten obliegt allen Geschäftsführern, sie können nicht durch Gesellschaftsvertrag, Ressortverteilung oder Geschäftsordnung an einen Geschäftsführer delegiert werden.

Häufig wird diese Aufgabe einem Geschäftsführer zur Erledigung übertragen werden. Dann hat der ressortfremde Geschäftsführer sich darüber zu vergewissern und regelmäßig

Kontrollen vorzunehmen, ob der damit beauftragte Geschäftsführer dieser Verpflichtung nachkommt – ausführlich dazu unten.

Bei Zweifeln an der ordnungsgemäßen Buchführung muss sich jeder Geschäftsführer selbst um die ordnungsgemäße Erfüllung der Buchführungspflicht zu kümmern und ggf. sachverständige Dritte einzuschalten. Pflichtverletzungen können Schadensersatzansprüche auslösen und Grund zur Abberufung aus wichtigem Grund sein.

Die Geschäftsführer müssen die Bücher nicht selbst führen, sie haben lediglich für die ordnungsgemäße Erledigung zu sorgen. Es genügt, durch den zuständigen Geschäftsführer eine Buchhaltung einzurichten und personell zu besetzen. Die Mitarbeiter sind anzuleiten und zu überwachen. Als Geschäftsführer müssen Sie jederzeit in der Lage sein, in die Buchführung einzugreifen und Mängel abzustellen. Diese Grundsätze gelten auch, wenn die Buchführung außerhalb – etwa durch einen Steuerberater – erledigt wird. Dieser hat regelmäßig zu berichten und auf Probleme bei der Erledigung dieser Aufgaben hinzuweisen. Handelsbücher, Inventare, Eröffnungsbilanzen, sowie Jahresabschlüsse und Lageberichte sind zehn Jahre geordnet aufzubewahren, Buchungsbelege sechs Jahre.

Wie für die Buchführungspflicht sind die Geschäftsführer insgesamt für die Erstellung, Prüfung und Vorlage des Jahresabschlusses verantwortlich. Bei ihnen liegt die Entscheidung darüber, welcher Vorschlag zum Jahresabschluss den Gesellschaftern vorgelegt wird und wie Bilanzierungswahlrechte ausgeübt werden.

Alle Geschäftsführer müssen den erweiterten Jahresabschluss (JA, GuV, Lagebericht) unterzeichnen. Sind Sie als Geschäftsführer nicht von der ordnungsgemäßen Vorlage überzeugt, müssen Sie sich weigern, den Jahresabschluss zu unterzeichnen.

Verantwortung des Ressort-Geschäftsführers bei Delegation der administrativen Geschäfte auf den kaufmännischen Geschäftsführer: In der Praxis können Buchführung, Rechnungswesen, Steuerabwicklung und Bilanzerstellung **einem Geschäftsführer zur Erledigung übertragen werden** (in der Regel: der kaufmännische Geschäftsführer). Dann hat der ressortfremde Geschäftsführer sich von der ordnungsgemäßen Erledigung zu überzeugen und regelmäßige Kontrollen vorzunehmen, ob der damit beauftragte Geschäftsführer dieser Verpflichtung nachkommt.

Als Geschäftsführer müssen Sie den Jahresabschluss nicht selbst erstellen, Sie haben lediglich für die ordnungsgemäße Erledigung zu sorgen. Dazu genügt es, wenn der zuständige Geschäftsführer (in der Regel: der kaufmännische Geschäftsführer) eine Bilanzbuchhaltung einrichtet und personell besetzt, diese anleitet und überwacht. Der dafür verantwortliche Geschäftsführer muss jederzeit in der Lage sein, in die Bilanzierung einzugreifen und Mängel abzustellen. Diese Grundsätze gelten auch, wenn die – was in der Praxis üblich ist – Bilanzierung, Vorbereitung und Erstellung des Jahresabschlusses außerhalb – etwa durch einen Steuerberater – erledigt wird. Dieser hat regelmäßig zu berichten und auf Probleme hinzuweisen, die bei der Erledigung dieser Aufgaben entstehen.

Weisen Sie Mitarbeiter, die mit dem Steuerberater zu tun haben, an, alle Vorgänge mit sachlichem Inhalt (Kontierungsfragen, Bilanzierungsfragen, Steuerfragen) schriftlich zu dokumentieren. Der Steuerberater haftet für Fehlauskünfte und daraus entstehende Zusatzkosten bzw. Schäden.

5.1 Rechte, Pflichten, Unternehmensgrundsätze, Informationsverpflichtung

Die Geschäftsführer tragen insgesamt die Verantwortung für die Erstellung, Prüfung und Vorlage des Jahresabschlusses. Bei ihnen liegt die Entscheidung darüber,

- welcher Vorschlag zum Jahresabschluss den Gesellschaftern vorgelegt wird und
- wie Bilanzierungswahlrechte ausgeübt werden.

Alle Geschäftsführer müssen den Jahresabschluss (Bilanz, Gewinn- und Verlustrechnung, Lagebericht) unterzeichnen. Ist der Geschäftsführer nicht von der ordnungsgemäßen Vorlage überzeugt, muss er sich weigern, den Jahresabschluss zu unterzeichnen. Die Verantwortlichkeit für die Erfüllung dieser Pflichten obliegen allen Geschäftsführern, diese kann nicht durch Gesellschaftsvertrag, Ressortverteilung oder Geschäftsordnung auf einen Geschäftsführer übertragen werden.

Bei Zweifeln an der ordnungsgemäßen Erstellung des Jahresabschlusses hat sich jeder Geschäftsführer selbst um die ordnungsgemäße Erfüllung dieser Pflichten zu kümmern und gegebenenfalls sachverständige Dritte einzuschalten. Pflichtverletzungen können Schadensersatzansprüche auslösen und Grund zur Abberufung aus wichtigem Grund sein.

Checkliste: So erfüllen Sie Ihre Gesamtverantwortung für die Buchführung und Bilanzierung der GmbH

Vorgang	Prüfen
Ressortaufteilung	Ist die Verantwortlichkeit aus §§ 41, 42a GmbHG dem kaufmännisch verantwortlichen Geschäftsführer eindeutig zugewiesen? – wenn **Nein:** Es liegt keine echte Ressortdelegation vor, Sie sollten sich selbst um die Erledigung dieser Aufgaben kümmern (Gespräch mit dem Steuerberater, Bericht durch den Abteilungsleiter Rechnungswesen usw.)
Es besteht echte Ressortdelegation	Regelmäßige Berichterstattung über das Rechnungswesen durch den kaufmännisch verantwortlichen Geschäftsführer an die anderen Geschäftsführer (Buchführung, Bilanzierung, Steuerangelegenheiten)
	Auch wenn keine berichtenswerten Besonderheiten vorliegen, lassen Sie dies regelmäßig im Geschäftsführungs-Protokoll vermerken („TOP ReWe": Keine besonderen Sachverhalte und Vorkommnisse)
	Offene TOPs dazu systematisch ansprechen und – bei Nicht-Erledigung – terminieren und vortragen
	Haben Sie den Eindruck, dass die Aufgabe nicht ordnungsgemäß erledigt wird, sollten Sie – nach Rücksprache mit den anderen Kollegen und Vortrag in der GF-Sitzung – das Gespräch mit dem Abteilungsleiter, Steuerberater suchen
	Informieren Sie die Gesellschafter, dass Sie Anzeichen für eine nicht-ordnungsgemäße Erledigung der Verpflichtungen aus §§ 41, 42a GmbHG haben
	Werden Ihre Bedenken nicht ausgeräumt, schalten Sie – nach Rücksprache mit ihren GF-Kollegen – einen externen Sachverständigen ein und beauftragen Sie diesen mit der Prüfung der offenen Sachverhalte

Vorgang	Prüfen
Erstellung und Vorlage des Jahresabschluss	Lassen Sie sich vom kaufmännisch verantwortlichen Geschäftsführer/Abteilungsleiter den gesamten JA ausführlich erörtern
	Bei Prüfungspflicht: Warum wird welcher Prüfer vorgeschlagen
	Lassen Sie sich zusätzlich den Jahresabschluss von Ihrem Steuerberater (Prüfer) erörtern
	Vergleichen Sie das Zahlenwerk unmittelbar mit den Vorjahres- und Planzahlen und lassen sich Abweichungen und ungeplante Veränderungen erläutern – positive wie negative
	Gleichen Sie den Vorschlag über die Gewinnverwendung mit Ihren Ressortplänen ab

5.1.2 Vorkehrungen gegen die Haftung des Geschäftsführers

Die Bezeichnung „GmbH" – Gesellschafter mit beschränkter Haftung – täuscht: In der Praxis beschränkt sich die Haftung der GmbH nur dann auf das Stammkapital, wenn sämtliche **gesetzlichen Vorschriften** und aus der **Rechtsprechung resultierende Verhaltensregeln** eingehalten werden. Als Geschäftsführer der GmbH werden insbesondere Sie – auch persönlich, also u. U. mit Ihrem privaten Vermögen – in die Haftung genommen, wenn Sie Fehler machen oder gesetzliche Bestimmungen ganz einfach übersehen.

Dabei droht Ihnen als Geschäftsführer „Haftung" von unterschiedlicher Seite:

- Sie können von Ihrer **GmbH** in die Haftung genommen werden, wenn Sie die Interessen des Ihnen anvertrauten Unternehmens „GmbH" verletzen.
- Sie können von den Eignern der GmbH, **den Gesellschaftern,** in die Haftung genommen werden, wenn Sie deren Vermögensinteressen verletzen.
- Sie können von **Dritten** (Fiskus, Sozialversicherungsträger, Gläubiger) stellvertretend für die GmbH in die Haftung genommen werden, wenn Sie Ihre Pflichten verletzen oder fahrlässig Fehler machen.

Ihre Haftung kann dabei so weit reichen, dass Sie mit Ihrem privaten Vermögen einstehen müssen. Bei großer Fahrlässigkeit oder vorsätzlichen Verstößen drohen Ihnen sogar strafrechtliche Sanktionen wie Geldstrafen oder sogar Haftstrafen.

Will die GmbH Schadensersatzansprüche gegen Sie als Geschäftsführer durchsetzen, dann ist das nur möglich, wenn ein entsprechender Beschluss der Gesellschafter gefasst wird. Dazu genügt es nicht, dass ein allgemeiner Beschluss zur Aufnahme eines Schadensersatzverfahrens gegen den Geschäftsführer formuliert wird. Vielmehr muss der

Beschluss die Ihnen vorgeworfene Pflichtverletzung und die betreffende Angelegenheit hinreichend genau bezeichnen[3].

Es genügt also z. B. nicht, lediglich die Entlastung zu verweigern. Zwar hält sich die Gesellschaft mit der Verweigerung der Entlastung vor, Schadensersatzansprüche geltend zu machen. Ein konkreter Anspruch ist damit noch nicht geltend gemacht. Im Beschluss muss aufgeführt sein:

- Name und Position des Beschuldigten und
- die Art der Pflichtverletzung (ungenehmigte Kredite; Verstoß gegen Verschwiegenheitspflichten u. Ä.),
- die Höhe des entstandenen Schadens,
- der wahrscheinliche Zeitpunkt der Pflichtverletzung,
- und die Zahlungsaufforderung.

Also erst wenn ein solcher Beschluss vorliegt, ist es an Ihnen als eventuell betroffener Geschäftsführer aktiv zu werden und der Zahlungsaufforderung nachzukommen oder dagegen vorzugehen. Umgekehrt darf sich der beschuldigte Geschäftsführer keine Hoffnung auf vorzeitige Einstellung eines entsprechenden Verfahrens machen: Solche Formfehler lassen sich heilen und ändern nichts an der Tatsache, dass Schadensersatzansprüche geltend gemacht und durchgesetzt werden.

Im GmbH-Gesetz ist in eine 5-jährige Verjährungsfrist für Pflichtverletzungen des GmbH-Geschäftsführers gegenüber der GmbH vorgesehen. Aber Vorsicht: Diese kurze Verjährungsfrist gilt in vollem Umfangs nur für den Fremd-Geschäftsführer. Für den Gesellschafter-Geschäftsführer dagegen kommt die 5-jährige Verjährungsfrist dann nicht zum Tragen, wenn in der schuldhaften Verletzung der Geschäftsführer- und Organpflichten zugleich ein Verstoß gegen die gesellschafterliche Treuepflicht liegt. Es gilt dann die verlängerte Verjährungsfrist aus § 195 BGB von 30 Jahren[4].

> **Beispiel**
>
> Der Gesellschafter-Geschäftsführer vergibt einen Auftrag der GmbH (Architektenleistung) an seinen Ehegatten, ohne die dafür erforderliche Genehmigung der Gesellschafterversammlung einzuholen. Er wird als Geschäftsführer abberufen und scheidet auch als Gesellschafter aus der GmbH aus. Das Bauvorhaben wurde nicht mehr realisiert, die Architektenleistung nicht abgerufen. Die GmbH musste im Vergleich einen großen Teil der vereinbarten Vertragssumme zahlen. Hierfür

---

[3]OLG Düsseldorf, Urteil vom 18.08.1994, 6 U 185/93.
[4]BGH, Urteil vom 14.09.1998, II ZR 175/97.

verlangte Sie Schadensersatz vom früheren Gesellschafter-Geschäftsführer. Zwar waren nach dem Vertragsschluss bereits 5 Jahre vergangen. Da der Geschäftsführer aber auch Gesellschafter der GmbH war, sah das Gericht hier eine Verjährung von 30 Jahren.

Als Fremd-Geschäftsführer sollten Sie sich **jährlich die Entlastung** erteilen lassen. Damit verzichtet die GmbH auf Ersatzansprüche für die Vergangenheit gegen Sie. Unabhängig davon bleibt die Haftung der GmbH gegenüber Dritten auf jeden Fall bestehen. Scheiden Sie als Gesellschafter-Geschäftsführer aus der GmbH aus, sollten Sie ebenfalls einen entsprechenden Entlastungsbeschluss herbeiführen.

▶ **Für die Praxis** Sind Sie sich als Geschäftsführer nicht sicher, ob Sie ein Geschäft überhaupt ohne die Zustimmung der Gesellschafter durchführen können, sollten Sie sich absichern. Konkret: Informieren Sie die Gesellschafter über das bestehende Geschäft. Lassen Sie sich die Zustimmung der Gesellschafter zu diesem Geschäftsabschluss im Rahmen einer Gesellschafterversammlung geben.

Als Geschäftsführer – und zwar auch als Gesellschafter-Geschäftsführer – Ihrer GmbH müssen Sie strikt zwischen **Privat- und GmbH-Vermögen trennen.** Nehmen Sie von GmbH-Konten Zahlungen vor, bei denen nicht von vorne herein klar ist, ob sie privat oder betrieblich veranlasst sind, dann können diese

- steuerlich als verdeckte Gewinnausschüttungen gewertet werden und
- von den Mit-Gesellschaftern auch noch als Unterschlagung gegenüber der GmbH – und damit am Gesellschafter-Vermögen – gewertet werden. Zumindest dann, wenn vertragliche Vereinbarungen („Leistungen an die Gesellschafter bedürfen eines entsprechenden Beschlusses") verletzt wurden.

Verzichten Sie deshalb unbedingt

- auf unzulässige Zahlungen und Gehaltsüberweisungen ohne vertragliche Vereinbarung,
- die Abwicklung von privaten Finanzgeschäften über die GmbH, Darlehensvergaben ohne Gesellschafter-Zustimmung usw.

▶ **Für die Praxis** Haben Sie als Hinweise darauf, dass ein Geschäftsführer-Kollege betriebliche und private Geschäfte vermischt, sind gut beraten, unverzüglich die Geschäftsleitung des Mutterunternehmens zu informieren und einen externen Prüfer einzuschalten, und zwar in aller Regel einen neutralen Dritten (WP, StB), der bislang noch keinen Einblick in das Geschäftsgebaren der GmbH hatte.

Haftungsrisiko: Kunden und Lieferanten

Als GmbH-Geschäftsführer haften Sie persönlich, wenn Sie Geschäftspartnern gegenüber nicht ausdrücklich darauf hinweisen, dass Sie für eine GmbH, also eine Rechtsform mit nach außen beschränkter Haftung, handeln und Sie so den Eindruck erwecken, als stehen Sie mit Ihrer Person und Ihrem Vermögen für einen ordnungsgemäßen Geschäftsablauf[5].

Die Rechtsscheinhaftung des Gesellschafters bei einem Verstoß gegen § 35a GmbH-Gesetz setzt voraus, dass der Geschäftspartner der GmbH die wahren Verhältnisse weder gekannt hat noch hätte erkennen müssen, und das er im Vertrauen auf die unbeschränkte Haftung seine Leistung erbracht hat[6].

Damit reicht das Versäumnis der **fehlenden Angaben** allein für die Haftung nicht aus. Jedoch – so das LG einschränkend – obliegt die Darlegungs- und Beweislast dafür, dass der Vertragspartner die wahren Verhältnisse gekannt hat, dem Gesellschafter.

Hier hilft dann nur eine Dokumentation des gesamten Geschäftsverkehrs. Einfacher ist es jedoch, alle nach außen gehenden schriftlichen Mitteilungen als solche der GmbH kenntlich zu machen. Hier reicht u. U. schon ein einfaches Abstempeln mit dem GmbH-Stempel (elektronische Signatur) aus, um zumindest die Gutgläubigkeit des Geschäftspartners auszuschließen.

Haftungsrisiko: Schmiergelder und Provisionsannahme

Als Geschäftsführer eines Unternehmens sind Sie der maßgebliche Mann dafür, wenn es darum geht, die letzte Entscheidung über eine Geschäftsbeziehung zu treffen. Und zwar ganz unabhängig davon, welche Stellungnahme und welche Empfehlungen die betroffene Fach-Abteilung vorgibt.

> **Beispiel**
>
> Mit welchem Software-Haus verwirklichen Sie Ihren Internet-Auftritt, welche Branchen-Software soll installiert werden usw. Die Liste der Beispiele lässt sich beliebig verlängern. Klar ist auch, dass Sie im Mittelpunkt stehen, wenn es darum geht, ein Geschäft mit Schmiergeldern oder Provisionen zu beeinflussen. Wie verhalten Sie sich hier richtig?

Der Gesellschafter-Geschäftsführer lässt sich in seiner geschäftlichen Entscheidung wahrscheinlich am wenigsten durch Zugaben beeinflussen, da er sich ohnehin am geschäftlich Optimalen orientiert. Eine „Zugabe" ist in erster Linie ein steuerliches Problem, da die Vergünstigung der GmbH zusteht und bei Übergang an den Gesellschafter-Geschäftsführer entsprechend zu versteuern ist.

---

[5] § 35a GmbHG.
[6] LG Heidelberg, Urteil vom 31.05.1996, 8 O 2/96.

Problematischer stellt sich die Provisions- bzw. Schmiergeldannahme für den Minderheits-Gesellschafter-Geschäftsführer bzw. für den Fremd-Geschäftsführer dar. Hier gilt grundsätzlich: Dem Geschäftsführer ist es aufgrund seiner Loyalitätspflicht untersagt, persönliche Vorteile aus der geschäftlichen Tätigkeit der Gesellschaft für sich abzuleiten. Nimmt er beim Abschluss von Rechtsgeschäften Provisionen oder Schmiergelder an, hat er diese an die Gesellschaft weiterzugeben[7].

Darüber hinaus ist der Geschäftsführer schadensersatzpflichtig. Er muss also für den Schaden, der z. B. für überhöhte Preise, Schlechtleistung usw. entsteht, aufkommen. Zu beachten ist: Das gilt prinzipiell auch für die Tätigkeit, die der Geschäftsführer einer GmbH & Co. KG leistet. Nimmt der Geschäftsführer der Komplementär-GmbH Provisionen und Schmiergelder für die KG an, sind die gleichen rechtlichen Grundsätze zu beachten.

Beihilfe zur Untreue im Zusammenhang mit Schmiergeld-Zahlungen: Die Verstrickungen um die Kölner Müllentsorgung sind juristisch endgültig abgeschlossen. Der Bundesgerichtshof (BGH) bestätigte die Haftstrafen gegen die Geschäftsführer einer Tochtergesellschaft, die vom Landgericht Köln verhängt worden waren. Begründung: Bei den Überweisungen in schwarze Kassen vorbei an den Minderheits-Gesellschaftern handelt es sich um Beihilfe zur Untreue gegenüber der Gesellschaft und den Gesellschaftern. Die Geschäftsführer haften dann und sind strafbar – selbst wenn sie die Überweisungen auf Weisung des Hauptgesellschafters veranlasst haben. Im entschiedenen Fall bestätigte der BGH Haftstrafen von bis zu 3 Jahren gegen einen der beteiligten Geschäftsführer[8].

▶ **Für die Praxis** Die Angeklagten waren Geschäftsführer von zwei Tochtergesellschaften des Trienekens-Konzerns, an dem seit 1989 neben der Familie Trienekens in etwa gleichem Umfang auch ein Unternehmen der RWE-Gruppe beteiligt war. Nach den Feststellungen des LG veranlassten sie in den Jahren 1998 bis 2001 jeweils auf Weisung Trienekens Zahlungen auf Scheinrechnungen in einer Gesamthöhe von über 9 Mio. DM in eine „schwarze Kasse". Trienekens hatte diese, von ihm selbst als „Kriegskasse" bezeichnet, ab etwa 1993 zur Finanzierung sog. nützlicher Aufwendungen, die nicht über die Bücher laufen sollten, bei einem Briefkastenunternehmen in der Schweiz eingerichtet. Wie den Angeklagten bekannt war, verschleierte er gegenüber den verantwortlichen Organen der zum RWE-Konzern gehörenden Mitgesellschafterin die wahren Hintergründe der Zahlungen.

---

[7]OLG Düsseldorf, Urteil vom 25.11.1999, 6 U 146/98.
[8]BGH, Urteil vom 27.08.2010, 2 StR 111/09.

▶ **Für die Praxis** Die Rechtslage für die beteiligten Geschäftsführer ist damit klar. Sie hätten die rechtswidrige Weisung des Haupt-Gesellschafters nicht ausführen dürfen. Das Dilemma liegt aber in der Praxis darin, dass der Geschäftsführer im Tochterunternehmen in der Regel keine tatsächliche Möglichkeit hat, eine solche Weisung nicht auszuführen, ohne dass er seine Abberufung früher oder später in Kauf nehmen muss. Dennoch: In diesem Fall – und in allen vergleichbaren Fällen – hätten die Geschäftsführer darauf hinwirken können (müssen!), dass der Mit-Gesellschafter RWE über diese Weisung hätte informiert werden müssen. Damit wäre es sehr wahrscheinlich auch möglich gewesen, einer eventuellen Abberufung gegen zu wirken – eine Weisung zu einer rechtswidrigen Handlung hätte dazu ausgereicht, dass der Gesellschafter Trienekens kein Stimmrecht über die Abberufung mehr gehabt hätte.

Haftungsrisiko: Berater
Der GmbH-Geschäftsführer haftet der GmbH wegen der Verletzung seiner Pflichten, wenn er für die GmbH einen Beratungsvertrag abschließt und die Anweisung von Honoraren veranlasst, obwohl er hätte erkennen müssen, dass der Berater persönlich über keine ausreichende Qualifikation verfügte und die abgerechneten Leistungen für die Gesellschaft unbrauchbar waren[9].

Ist z. B. aus dem Beratungsvertrag der genaue, insbesondere finanzielle, Umfang der Beratungsleistung **nicht** ersichtlich, dann müssen Sie dies monieren und klären. Dies ist unabhängig davon, ob der Geschäftsführer eigenverantwortlich Aufträge bis zu einem bestimmten Volumen für Beraterdienste vergeben darf. Wenn Sie Aufträge erteilen, die im Grenzbereich liegen, sollten Sie sich mit einem entsprechenden Gesellschafterbeschluss absichern.

Haftungsrisiko: Buchführung, Bilanzierung und Jahresabschluss
Grundsätzlich gehört es zu den Pflichten des Geschäftsführers, die Angelegenheiten der GmbH mit der Sorgfalt eines ordentlichen Geschäftsmannes zu führen. Dazu gehört es laut Bundesgerichtshof, dass er gesellschaftsintern für eine Organisation sorgt, die ihm die erforderliche Übersicht über die wirtschaftliche und finanzielle Situation der GmbH jederzeit ermöglicht"[10].

Für den **nicht** kaufmännischen Gesellschafter bedeutet das:

---

[9]BGH, Urteil vom 09.12.1996, II ZR 240/95.
[10]BGH, Urteil vom 20.02.1995, II ZR 9/94.

- Er darf sich nicht darauf verlassen, dass der Mehrheits-Gesellschafter Buchhaltungsarbeiten selbständig erledigt und ihn bei entsprechenden Fehlentwicklungen informiert. Vielmehr muss er von sich aus kontrollieren.
- Verweigert der Mehrheits-Gesellschafter dem Geschäftsführer die Einsicht in Bücher und Buchhaltung, ist der Geschäftsführer gut beraten, darauf hinzuweisen, dass es zu seinen gesetzmäßigen Pflichten gehört, die Angelegenheiten persönlich zu überwachen. Notfalls sollte er sein Amt niederlegen (dies ist **jederzeit** möglich und hat keine Haftungsfolgen für ihn).

Auf jeden Fall dürfen Sie sich als Geschäftsführer nicht damit beruhigen, dass die letzte Verantwortung bei den Gesellschaftern liegen würde. Im Gegenteil: Versäumt es der Geschäftsführer etwa rechtzeitig den Insolvenzantrag zu stellen (Dreiwochenfrist), weil er keinen Einblick in die Zahlen der GmbH nehmen konnte, können ihn sogar die Gesellschafter zur Haftung für verloren gegangenes Stammkapital heranziehen.

Wird der mit der Erstellung eines Jahresabschlusses befasste Geschäftsführer einer GmbH mit erheblichen Bewertungsdifferenzen in den Zahlenwerken seiner Mitarbeiter konfrontiert, dann muss er entweder die maßgeblichen Unterlagen der beauftragten Wirtschaftsprüfungsgesellschaft zur Prüfung überlassen oder aber selbst den Divergenzen in zumutbarem Umfang nachgehen. Unterlässt er beides und kommt es deswegen zum Nachteil der Gesellschaft fälschlich zum Ausweis eines erheblich höheren Ergebnisses, so stellt dies ein Fehlverhalten dar, das zur fristlosen Kündigung des Anstellungsvertrages gemäß § 626 BGB berechtigen kann[11]. Kleinere, interne Abstimmungsdifferenzen sind allerdings bei allen Abschlussarbeiten an der Tagesordnung und führen damit nicht zu einer Haftung.

Die Verantwortung für die Rechnungslegung liegt zwar bei der Geschäftsführung, jedoch ist sie keine höchstpersönliche Verpflichtung, sondern kann auf sachkundige und angemessen überwachte Mitarbeiter delegiert werden. Neben der Verpflichtung, den Jahresabschluss und den Lagebericht dem Abschlussprüfer vorzulegen, besteht damit eine aktive Verpflichtung zur Vorlage weiterer Unterlagen, unabhängig von einer Anforderung durch den Abschlussprüfer.

Haftung des Steuerberaters
Banken lassen sich einen **geprüften Jahresabschluss** vorlegen, wenn Kredite erweitert oder neue Kreditgeschäfte eingegangen werden. Als ordentlicher Geschäftsführer beauftragen Sie damit in der Regel den Steuerberater. Dabei handelt es sich nicht lediglich um eine Routine. Wichtig ist für die Beurteilung, welcher Text für die Beurteilung vom Berater verwendet wird. Prüfen Sie den Vermerk und die verwendete Formulierung.

---

[11]OLG Hamburg, Urteil vom 20.03.1997, 2 U 110/96.

Ein Steuerberater kann einer Bank oder anderen gegenüber haften, wenn er bescheinigt, er habe den Jahresabschluss aufgestellt und er habe sich von der Ordnungsmäßigkeit der zugrunde liegenden Buchführung überzeugt, sich aber später herausgestellt, dass die Buchführung fehlerhaft war. Voraussetzung ist jedoch, dass der Berater seine Sorgfaltspflicht verletzt hat, die Verwendung des Jahresabschlusses kannte und die Fehlerhaftigkeit ursächlich für den Schaden war (BGH Urteil vom 19.12.1997; Az: IX ZR 327/95).

▶ **Für die Praxis** Erteilen Sie entsprechende Aufträge an den steuerlichen Berater grundsätzlich schriftlich! Definieren Sie die angeforderte Leistung (Bestätigung zur Aufstellung des JA, Prüfung der zugrunde liegenden Buchführung) und vermerken Sie den vorgesehenen Verwendungszweck (Vorlage bei der Bank/Kredit).

Haftung: Offenlegungspflichten der GmbH
Seit dem 01.01.2007 gibt es ein zentrales, elektronisch geführtes Unternehmensregister für Deutschland. Darin werden alle veröffentlichungspflichtigen Daten eines Unternehmens hinterlegt. Die Daten werden aus unterschiedlichen Quellen zusammengeführt, z. B. aus dem Handelsregister und dem Bundesanzeiger. Das Unternehmensregister dient als Sammelstelle und stellt die Daten lediglich zur Information bereit, jedoch ohne rechtliche Wirkung – im Gegensatz Handelsregister. Werden die Angaben des Handelsregisters falsch ins Unternehmensregister übernommen, sind allein die Angaben im Handelsregister verbindlich.

Der Bundesanzeiger Verlag verwaltet das elektronische Unternehmensregister. Der Zugriff auf alle Unternehmensveröffentlichungen ist damit über die Internetseite www.unternehmensregsister.de möglich.

Jahresabschlüsse und andere Unterlagen müssen von den gesetzlichen Vertretern der Kapitalgesellschaften **unverzüglich nach der Vorlage bei den Gesellschaftern** beim Betreiber des elektronischen Bundesanzeigers eingereicht und dort bekannt gemacht werden, spätestens jedoch nach 12 Monaten. Ist das Unternehmen **börsennotiert,** müssen die Unterlagen **innerhalb von 4 Monaten** vorliegen (Offenlegungspflicht)[12].

Die Unterlagen müssen elektronisch eingereicht werden. Sie können zusätzlich in jeder anderen Amtssprache der EU übermittelt werden.

In der Regel übermittelt der Steuerberater der GmbH die veröffentlichungspflichtigen Unterlagen an das elektronische Unternehmensregister. Der Geschäftsführer kann das jedoch auch selber übernehmen.

---

[12]verkürzte Offenlegungspflichten gelten für Unternehmen im Konzernverbund, vgl. dazu Abschn. 6.7.4.

Checkliste: Pflichtveröffentlichung

1. Offenlegungspflichten prüfen	Je nach Größe der GmbH müssen Sie unterschiedliche Angaben veröffentlichen.
2. Registrieren	Zum Eintrag der Unternehmensdaten müssen Sie sich zum elektronischen Unternehmensregister registrieren (http://www.unternehmensregister.de)
	Klicken Sie in der Kopfzeile auf „**Registrieren**" und füllen Sie das Registrierungsformular aus
	Sie erhalten per E-Mail Ihre **Zugangsdaten** (Benutzername und Passwort). Damit können Sie sich anschließend auf der Publikationsplattform anmelden
3. Unterlagen übermitteln	Wenn Sie sich registriert und angemeldet haben, stehen Ihnen zwei Möglichkeiten offen, Ihre Unterlagen zu übermitteln: 1. per Upload-Verfahren: Sie können Ihre Unterlagen einfach in den gängigen Datenformaten Word, Excel, RTF oder PDF übertragen. 2. per Online-Eingabeformular (nur für kleine Unternehmen, s. u.),
4. Daten verwalten	Wenn Sie sich auf der Publikationsplattform mit Ihrem Benutzernamen und Passwort anmelden, gelangen Sie zum Menü „**Meine Daten**"
	Dort können Sie jederzeit auf Ihre Daten oder gespeicherte Vorlagen zugreifen und diese bearbeiten.

Kleine GmbHs (Bilanzsumme bis 6.000.000 €, Umsatzerlöse bis 12.000.000 €, bis zu 50 Mitarbeiter) können ihren Jahresabschluss selbst in einem vereinfachten Verfahren im elektronischen Unternehmensregister veröffentlichen (Kosten: 35 €). Sie sparen damit die Kosten für die Dateneingabe durch den Steuerberater.

Die Dateneingabe selbst ist sehr einfach: Das Formular rufen Sie über die Internetseiten des elektronischen Unternehmensregisters ab und bearbeiten es: http://www.unternehmensregister.de. Dazu gibt es eine ausführliche Anleitung.

Die Veröffentlichung von Unternehmensdaten wird von Amts wegen durchgesetzt und mit Bußgeldern erzwungen. Zunächst überprüft der Bundesanzeiger Verlag anhand der von den Registergerichten zur Verfügung gestellten Unternehmensdaten, ob die Publizitätsverpflichtungen fristgerecht und vollständig erfüllt wurden (**elektronischer Datenabgleich**).

Anschließend informiert der Betreiber des elektronischen Unternehmensregisters das Bundesamt für Justiz über Verstöße. Die Behörde wird dann von Amts wegen tätig.

- Unter Androhung eines Ordnungsgeldes (2500 bis 25.000 €) wird das betroffene Unternehmen aufgefordert, die Unternehmensdaten innerhalb von 6 Wochen zu veröffentlichen bzw. zu vervollständigen.

- Das angemahnte Unternehmen trägt die Verfahrenskosten (103,50 €). Sie können mehrfach entstehen, wenn das Ordnungsverfahren gegen einzelne Geschäftsführer oder gegen mehrere verbundene Unternehmen (Konzernunternehmen) geführt wird.
- Veröffentlicht das angemahnte Unternehmen innerhalb der 6-Wochen-Frist die vollständigen Unterlagen, wird kein Ordnungsgeld festgesetzt.
- Veröffentlicht bzw. vervollständigt das Unternehmen seine Daten binnen 6 Wochen nicht, setzt das Bundesamt für Justiz das Ordnungsgeld fest und eröffnet das Einzugsverfahren.
- Kommt der Geschäftsführer den Veröffentlichungspflichten nicht rechtzeitig nach, kann das Verfahren wegen „pflichtwidrigen Unterlassens" direkt gegen ihn eröffnet werden.
- Alternativ kann das Verfahren auch gegen die GmbH durchgeführt werden
- Werden die Veröffentlichungspflichten nicht erfüllt, darf das Bundesamt für Justiz das Ordnungsverfahren so lange wiederholen, bis das Unternehmen seiner Verpflichtung in vollem Umfang nachgekommen ist.

Haftungsrisiko: Steuern[13]

Als Geschäftsführung sind Sie verantwortlich für die Erfüllung der steuerlichen Pflichten der GmbH[14]. Das betrifft die Abgabe der Steuererklärungen und die fristgerechte Bezahlung der Steuern. Der Geschäftsführer haftet persönlich bei vorsätzlichen oder fahrlässigen Verstößen gegen diese steuerlichen Verpflichtungen, wenn dadurch Steuern nicht rechtzeitig festgesetzt oder entrichtet werden und dadurch Steuerausfälle verursacht werden.

Werden die Steuern erstattet oder erlischt die Steuerschuld (etwa durch FG-Urteil) erlischt auch Ihre persönliche Haftungsschuld als Geschäftsführer für die Lohnsteuer. Die Haftung bezieht sich auch auf Verspätungs- und Versäumniszuschläge. Der Geschäftsführer haftet auch bei Steuerhinterziehung, also vorsätzlicher Nicht-Erfüllung steuerlicher Pflichten[15], insbesondere bei Zahlungsunfähigkeit der GmbH.

Sonderfall: Haftung für Steuerschulden des Subunternehmers

In zunehmendem Maße bieten neu gegründete GmbH Leistungen zu besonders günstigen Konditionen an. Zum Nachweis ihrer Bonität legen diese GmbH Ihnen als Auftraggebern die verschiedensten Nachweise vor, insbesondere

- Gewerbeanmeldung
- Handelsregisterauszug

Diese Firmen (oft in der Rechtsform der GmbH) präsentieren sich mit professionellem Briefkopf und üblichen Bankverbindungen. Werkverträge werden abgeschlossen und

---

[13] zu den Steuerpflichten im Einzelnen vgl. ausführlich Abschn. 6.6.
[14] § 43 GmbHG, § 69 AO.
[15] § 71 AO.

pünktlich erfüllt. Die erbrachten Leistungen werden ordnungsgemäß abgerechnet und meist in bar gegen Quittung kassiert.

Die große Überraschung kommt erst bei der nächsten Betriebsprüfung. Das Finanzamt versagt den Vorsteuerabzug aus den Rechnungen der GmbH. Dabei stützt sich die Finanzverwaltung auf Entscheidungen der Finanzgerichte und des Bundesfinanzhofs[16].

Rechtsprechung und Finanzverwaltung unterstellen Unredlichkeit und verwehren den Entlastungsbeweis. Wer mit einer Scheinfirma Geschäfte macht, trägt das Risiko des Steuerausfalls. Dabei hilft es Ihnen wenig, dass Sie Ihre Redlichkeit beteuern und die oben aufgeführten Unterlagen bis hin zur Unbedenklichkeitsbescheinigung dem Finanzamt vorlegen. Vielmehr wird ihm unterstellt, dass er Auffälligkeiten hätte bemerken müssen, die auf das Vorliegen einer Scheinfirma hinweisen. Damit meint die Finanzverwaltung vor allem folgende Umstände:

- Die GmbH war nach Handelsregisterauszug erst vor kurzem gegründet, sah sich jedoch schon in der Lage, mit einer Vielzahl von Mitarbeitern relativ hohe Leistungen zu erbringen (das hätte den Verdacht aufkommen lassen müssen, dass diese Firma schon vorher unter einem anderen Namen existiert hat und nur umgegründet wurde).
- Die verantwortlich handelnde Person für die GmbH ist ein Ausländer und tritt weder telefonisch noch persönlich mit dem deutschen Unternehmer in Kontakt, sondern lässt vielmehr stets einen Repräsentanten auftreten.
- Besonderes Misstrauen ist dann angebracht, wenn die vor kurzem gegründete GmbH ihren Sitz im Ausland hat.

Das Finanzamt schließt daraus auf das Vorliegen einer Scheinfirma und behandelt diese als nicht existent. Der Steuerausfall besteht darin, dass die Scheinfirma keine Lohnsteuer einbehalten und abgeführt hat. Der deutsche Unternehmer wird an Stelle der Scheinfirma als Arbeitgeber angesehen und für die Lohnsteuer haftbar gemacht[17].

▶ **Für die Praxis** Als Geschäftsführer müssen Sie also im Hinblick auf jede neue Geschäftsbeziehung besondere Vorsicht walten lassen, selbst wenn der neue Geschäftspartner seine Handelsregistereintragung im Inland nachweist. Zusätzlich muss der deutsche Unternehmer, will er mit einer solchen Firma (GmbH) zusammenarbeiten, auf einer Bescheinigung des Finanzamts bestehen, dass die GmbH ihre steuerlichen Pflichten regelmäßig erfüllt und deshalb nicht als Scheinfirma im Sinne von § 160 AO anzusehen ist. Diese Bescheinigung muss sich der Unternehmer **im Original** aushändigen lassen. Er sollte sie zusätzlich durch einen Kontrollanruf beim Finanzamt auf ihre Echtheit hin überprüfen.

---

[16]so z. B. FG Saarland, Urteil vom 25.04.1995, 1 V 303/94–rechtskräftig; BFH Urteil vom 13.07.1994, XI R 97/92.

[17]§ 42 d EStG.

Haftung: Lohnsteuer

Die Nicht-Abführung einzuhaltender und anzumeldender Lohnsteuer zu den gesetzlichen Fälligkeitszeitpunkten stellt regelmäßig eine – wenn nicht vorsätzliche – zumindest grob fahrlässige Verletzung der Geschäftsführer-Pflichten dar: „Zahlungsschwierigkeiten oder Zahlungsunfähigkeit der GmbH ändert nichts daran, auch schließen sie ein Verschulden bei Nicht-erfüllung der steuerlichen Pflichten der GmbH nicht aus"[18].

▶ **Für die Praxis** Wenn Sie vermeiden wollen, dass Sie persönlich zur Haftung für Lohnsteuer herangezogen werden wollen, zahlen Sie keine oder nur anteilig gekürzte Löhne, soweit Liquidität vorhanden ist und Lohnsteuer abgeführt werden kann.

Vermeiden Sie die Haftung für unberechtigten Vorsteuerabzug

Die Finanzbehörden lassen den Vorsteuerabzug nicht zu, wenn Ungereimtheiten zu Angaben des Zulieferers bestehen (Firmensitz im Ausland, Firmensitz bei Ausführung und Rechnungsstellung nicht mehr existent u. Ä.). Hintergrund dazu ist das z. T. undurchsichtige Geschäftsgebaren in der Baubranche und dort insbesondere in den neuen Bundesländern. Danach ist zu berücksichtigen:

Der Abzug der in der Rechnung einer GmbH ausgewiesenen Umsatzsteuer ist nur möglich, wenn der in der Rechnung angegebene Sitz der GmbH bei Ausführung der Leistung und bei Rechnungsstellung tatsächlich bestanden hat. Der den Vorsteuerabzug begehrende Leistungsempfänger – also die GmbH – trägt hierfür die Feststellungslast. Dem Vorsteuerabzug steht nicht entgegen, dass sich die leistende GmbH nach Leistungsausführung und Rechnungsstellung dem Zugriff der Finanzbehörde entzogen hat[19].

▶ **Für die Praxis** Befolgen Sie bei neuen Zulieferern unbedingt folgende Vorsichtsmaßnahmen: Vorlage von Registergerichtsauszügen, Bescheinigung des Finanzamtes, Vorlage von Referenzen. Informieren Sie den Leiter Rechnungswesen über die Rechtslage und veranlassen Sie, dass alle Rechnungen nach Zulieferer und Rechnungsteller zu prüfen sind.

Die Haftung des Steuerberaters reduziert das Geschäftsführer-Risiko

Zur Erstellung des Jahresabschlusses und der unterschiedlichen Steuererklärungen empfiehlt es sich, einen Steuerberater zu beauftragen. Dies hat den Vorteil, dass Sie im Entscheidungsprozess schnell auf einen Spezialisten zugreifen kann, der Ihre Situation und Ihr Geschäft kennt. Zusätzlicher Vorteil: Der Berater haftet für seine Auskünfte und Empfehlungen.

---

[18] BFH, Beschluss vom 21.12.1998, VII B 175/98.
[19] BFH, Urteil vom 27.06.1996, V R 51/93.

> **Beispiel**
> Der Geschäftsführer verhandelt in Anwesenheit des Steuerberaters über den Abschluss eines Vertrages, der steuerrechtlich anerkannt werden soll. Laut BGH haftet der Steuerberater, wenn er nicht von sich aus alle Voraussetzungen erläutert, die erforderlich sind, um den beabsichtigten steuerlichen Zweck zu erreichen[20]. Im Urteilsfalle forderte der Geschäftsführer die Rückzahlung von Versicherungsprämien abzüglich des Rückkaufswertes einer Lebensversicherung, weil die Beiträge nicht als Betriebsausgaben anerkannt wurden. Zu Recht, wie der BGH urteilte.

Eine Haftung für solch fehlerhafte Beratung lässt sich in der Praxis jedoch nur durchsetzen, wenn Sie dies eindeutig belegen können. Protokollieren Sie alle Besprechungsinhalte und lassen Sie das Protokoll vom Berater gegenzeichnen.

> **Beispiel**
> Es gehört zu den Pflichten des Beraters, auf steuerliche Gefahren, die mit der nur mündlichen Vereinbarung einer Gehaltserhöhung verbunden sind, hinzuweisen[21]. Allerdings: Ist im Anstellungsvertrag Schriftform für Änderungen vorgesehen, können Sie entstehenden Schaden nicht auf den Berater überwälzen. Besteht keine Schriftformklausel, lohnt die Prüfung, sofern Steuernachforderungen aus verdeckter Gewinnausschüttung wegen fehlender Schriftform moniert werden.

Im Rahmen seines Auftrags hat der Steuerberater seinen Mandanten, von dessen Belehrungsbedürftigkeit er grundsätzlich auszugehen hat, umfassend zu beraten und ungefragt über alle steuerlichen Einzelheiten und deren Folgen zu unterrichten. Diese Aufgabe schließt die Pflicht ein, den Mandanten auf die Gefahr einer Steuerbelastung aus sog. verdeckter Gewinnausschüttung hinzuweisen und dieser Gefahr durch geeignete Maßnahmen und Empfehlungen entgegenzuwirken[22].

▶ **Für die Praxis** Verletzt der Berater diese Pflicht, macht er sich gegenüber der GmbH schadenersatzpflichtig. Überprüfen Sie also in allen Fällen, in denen Ihnen verdeckte Gewinnausschüttung vorgeworfen wird, wie Sie Ihr Steuerberater im Vorfeld in den umstrittenen Steuer-Angelegenheiten beraten hat. Machen Sie Schadensersatzansprüche geltend. Der Steuerberater rechnet diese regelmäßig mit seiner Haftpflichtversicherung ab.

---

[20] BGH, Urteil vom 09.11.1995, IX ZR 161/94.
[21] BFH, Urteil vom 15.04.1997, IX ZR 70/96.
[22] BGH, Urteil vom 18.12.1997, IX ZR 153/96.

Haftungsrisiko: Sozialversicherungsbeiträge

Als GmbH-Geschäftsführer sind Sie verantwortlich dafür, dass die GmbH ihre öffentlich-rechtlichen Pflichten erfüllt, dazu gehört auch die Abführung von Beiträgen an die Sozialversicherung. Dabei ist es Praxis der Sozialversicherungsträger, sich in der Insolvenz der GmbH regelmäßig an den/die Geschäftsführer zu halten, und ausstehende Beiträge aus dem Privatvermögen einzuklagen. Das ist zulässig und auch durch ständige Rechtsprechung des Bundesgerichtshofs nachhaltig bestätigt[23].

Die Geschäftsführer-Haftung besteht nicht nur für die nicht gezahlten Beiträge entfällt. Zusätzlich besteht eine Haftung für Schadensersatzansprüche. Diese besteht, wenn in der Person des Geschäftsführers die strafrechtlichen Voraussetzungen für ein vorsätzliches Vorenthalten von Arbeitnehmerbeiträgen vorliegen. Daneben weist der BGH darauf hin, dass diese Pflichten in der mehrgliedrigen Geschäftsführung weder durch Zuständigkeitsregelungen noch durch Delegation auf andere Personen abgegeben werden können.

Interne Zuständigkeitsvereinbarungen oder die Delegation von Aufgaben können die deliktische Verantwortung des Geschäftsführers beschränken. In jedem Fall verbleiben ihm Überwachungspflichten, die ihn zum Eingreifen verpflichten können. Eine solche Überwachungspflicht kommt vor allem in Krisensituationen zum Tragen, in denen die laufende Erfüllung der Verbindlichkeiten nicht mehr gewährleistet erscheint.

Haftung bei mehreren Geschäftsführern mit Ressortverteilung

In der GmbH mit einem Geschäftsführer hält sich der Sozialversicherungsträger bei ausstehenden Beitragszahlungen regelmäßig (und mit meist auch mit Erfolg) an diesen einzigen Geschäftsführer, u. U. auch bis hinein ins Privatvermögen.

Unklarheiten können sich ergeben, wenn innerhalb eines Geschäftsführer-Gremiums eine klare Ressortverteilung per Geschäftsordnung vereinbart ist. Und zwar deswegen, weil die Gerichte davon ausgehen, dass im Zweifel eine sog. Gesamtverantwortung besteht. Damit konnten für Steuerversäumnisse und Rückstände bei Sozialversicherungsbeiträgen auch die nicht für diese Geschäftsführer-Angelegenheiten zuständigen Geschäftsführer (etwa: der technisch verantwortliche Geschäftsführer) persönlich in die Pflicht genommen werden.

Im mehrgliedrigen GmbH-Konzern gilt für ausstehende Sozialversicherungsbeiträge:

- Der Geschäftsführer einer GmbH mit mehrgliedrig organisierter Geschäftsführung haftet nur dann wegen der Vorenthaltung von Arbeitnehmerbeiträgen zur Sozialversicherung, wenn er geschäftsplanmäßig oder faktisch mit Personal- und Sozialversicherungsangelegenheiten befasst war.
- Für die geschäftsplanmäßige oder faktische Befassung des einzelnen Geschäftsführers mit solchen Angelegenheiten trägt die Einzugsstelle, welche Schadensersatzansprüche hieraus herleitet, die volle Beweislast.
- § 266a StGB steht rechtlich einer Übertragung der Zuständigkeit für die Abwicklung von Personal- und Beitragsangelegenheiten auf einen Prokuristen nicht entgegen.

---

[23]vgl. zuletzt BGH, Urteil vom 15.10.1996, VI ZR 319/95.

- Der Vorsatz des § 266a Abs. 1 StGB muss sich auch auf die rechtlichen Voraussetzungen der Fälligkeit von Beitragsverpflichtungen beziehen[24].

Wichtig ist, dass sich der nicht für diese Angelegenheiten zuständige Geschäftsführer darauf verlassen können muss, dass eine Ressortverteilung mit Rechtskraft vereinbart wurde. Konsequenterweise leitet sich daraus ab, dass die Einzugsstelle den Beweis dafür anzutreten hat, dass Pflichtverstöße des ressortmäßig nicht zuständigen Geschäftsführers vorliegen.

▶ **Für die Praxis** Als nicht-kaufmännischer Geschäftsführer sollten Sie sich monatlich einen schriftlichen Bericht zur wirtschaftlichen Situation der GmbH geben lassen – durch Vorlage der wichtigsten Kennzahlen (Umsatz Vormonat, Auftragseingang, Personalkosten, Liquidität usw. je nach Branche). Bestehen Sie zusätzlich auf einen Kurzbericht zur Abführung der Lohnsteuer und der Sozialversicherungsbeiträge. Wird der Bericht nicht vorgelegt, informieren Sie umgehend die Gesellschafter. Geschieht immer noch nichts, drohen Sie Amtsniederlegung an bzw. tun dies. Nur so können Sie rechtzeitig reagieren und das Risiko der persönlichen Haftung eingrenzen.

Zwar handelt es sich im entschiedenen Fall um eine mehrgliedrig organisierte GmbH. Dennoch ist davon auszugehen, dass sich aus dem allgemeinen Prinzip der Ressortverteilung ergibt, dass innerhalb der Gesamtverantwortung eines Geschäftsführer-Gremiums Aufgaben auch mit Haftung befreiender Wirkung verteilt werden können.

▶ **Für die Praxis** In GmbH, bei denen mehrere Geschäftsführer faktisch für einzelne Bereiche zuständig sind, sollte ein Ressortverteilungsplan als Anhang zum Gesellschaftsvertrag vorgesehen werden. Darin sind nicht nur allgemeine Ressortbeschreibungen (wie kaufmännisch oder technisch verantwortlicher Geschäftsführer) vorgesehen, sondern es ist eine konkrete Liste einzelner Verantwortungsbereiche zu erstellen (eben: Beitragsentrichtung; Erstellung und Abgabe von Steuererklärungen usw.). Zusätzlich wird eine Berichtspflicht über einzelne Vorgänge im Geschäftsführer-Gremium vorgesehen.

Haftung: Arbeitnehmerbeiträge
Als Geschäftsführer einer GmbH haften Sie wegen Insolvenzverschleppung[25] für die am Tag der Stellung des Insolvenzantrages aus dem Gesellschaftsvermögen gezahlten rückständigen Arbeitnehmeranteile zur Sozialversicherung, wenn Sie die Arbeitnehmeranteile zuvor zur Begleichung anderer Verbindlichkeiten benutzt haben[26].

---

[24] OLG Frankfurt, Urteil vom 09.12.1994, 24 U 254/93.
[25] § 64 Abs. 2 GmbHG.
[26] So z. B. LG Hagen, Urteil vom 12.11.1996, 1 S 313/96.

Die Verwendung von Firmenvermögen als Ersatz für die nicht mehr vorhandenen Arbeitnehmeranteile zu den Sozialversicherungsbeiträgen ist unzulässig, weil mit der verspäteten Abführung dieser Beiträge nur noch ein persönliches Interesse verfolgt wird, nämlich eine Bestrafung wegen Vorenthaltens und Veruntreuens von Arbeitsentgelt zu vermeiden[27]. Der Sorgfalt eines ordentlichen Geschäftsmannes entspricht es jedoch, dies nicht mit Firmengeldern – also auf Kosten der Gläubiger der GmbH – sondern aus dem eigenen Vermögen zu bewirken.

Haftung: Beiträge zur Unfallversicherung
Eine GmbH als juristische Person mit eigener Rechtspersönlichkeit ist selbst Unternehmer ihres Betriebes, ein Gesellschafter ist deshalb grundsätzlich nicht Unternehmer oder Mitunternehmer. Der Gesellschafter kann daher bei Zahlungsunfähigkeit der GmbH nicht wegen Beitragsschulden der GmbH zur gesetzlichen Unfallversicherung in Anspruch genommen werden. Eine persönliche Haftung des Gesellschafters für die Beitragsschulden der GmbH kommt auch unter dem Gesichtspunkt der sog. Durchgriffshaftung nicht in Betracht[28].

Etwas anders ist die rechtliche Stellung des Geschäftsführers zu beurteilen: Unterlässt er es beispielsweise, rechtzeitig Insolvenzantrag (gemäß Insolvenzantragspflicht aus § 64 GmbH-Gesetz) zu stellen, so kann dies durchaus zu Ihrer persönlichen Haftung als Geschäftsführer für entsprechende Beitragsschulden führen.

Haftungsrisiko: Krise der GmbH
In den letzten Jahren sind die Insolvenzen stark gestiegen. Ein weiteres Ansteigen der Zahlen ist anzunehmen, da nach der neuen Insolvenzordnung bessere Sanierungschancen bestehen. Geschäftsführer-Kollegen, deren GmbH in wirtschaftlichen Schwierigkeiten steckt, sind nicht gut beraten, wenn sie in dieser Talfahrt auch noch zusätzliche (und überflüssige) Risiken eingehen.

Wie brisant falsches Vorgehen in solch einer Situation werden kann, verdeutlichen zahlreiche Urteile und Praxisfälle zur Geschäftsführer-Haftung wegen Insolvenz-/Konkursverschleppung. Es gilt: Nach § 64 GmbH-Gesetz ist der Geschäftsführer verpflichtet innerhalb von 3 Wochen nach Vorlage eines Insolvenzgrundes (Zahlungsunfähigkeit, Überschuldung) den Insolvenzantrag zu stellen. Dabei handelt es sich um einen strafrechtlich relevanten Vorgang.

Nach § 84 GmbH-Gesetz macht sich strafbar, wer es als GmbH-Geschäftsführer unterlässt, bei Zahlungsunfähigkeit oder Überschuldung der GmbH die Eröffnung des Insolvenzverfahrens zu beantragen. Strafmaß: Freiheitsstrafe bis zu drei Jahren oder Geldstrafe.

---

[27] gemäß § 266a StGB.
[28] BSG, Urteil vom 01.02.1996, 2 RU 7/95.

▶ **Für die Praxis** Eine persönliche Haftung des Geschäftsführers wegen schuldhaften Verstoßes gegen die Insolvenzantragspflicht entfällt ausnahmsweise, wenn er nach rechtlicher bzw. steuerlicher Beratung nicht von einer tatsächlichen Überschuldung der GmbH ausgehen konnte[29].

Für den Fall, dass Sie eine Insolvenzantragspflicht vermuten, sollten Sie auf jeden Fall Ihren Rechts- oder Steuerberater zu Rate ziehen. Bewertet er die Sachlage falsch und Sie stellen daraufhin keinen Antrag, hat der Berater den „schwarzen Peter". Eine wichtige Maßnahme zur persönlichen Absicherung. Die Beweislast dazu liegt bei Ihnen als Geschäftsführer. Lassen Sie sich von Ihrem Steuerberater die entsprechende schriftliche Dokumentation aushändigen.

Haftung des neu-bestellten Geschäftsführers
Ist eine GmbH nur kurze Zeit nach der Bestellung eines Geschäftsführers insolvent geworden, so spricht der Anscheinsbeweis dafür, dass die Gesellschaft auch schon zum Zeitpunkt des Vertragsabschlusses überschuldet war. Ein Zeitraum von sechs Monaten kann als zeitnah gelten[30].

Damit ist sichergestellt, dass der neu berufene Geschäftsführer nicht für Vergehen des Vorgängers belangt werden kann. Dennoch: Diese Rechtslage entbindet den Geschäftsführer nicht davon, sich vor der Bestellung ein ausführliches Bild über die wirtschaftliche Situation der GmbH zu machen. Für die Praxis ist zu empfehlen: Stellt der neubestellte Geschäftsführer fest, dass sich die GmbH in der Krise befindet, sollte unverzüglich der Steuerberater mit der Aufstellung eines Überschuldungsbilanz beauftragt werden und ggf. Insolvenzantrag gestellt werden.

Zahlungen des Geschäftsführers nach Überschuldung der GmbH
Stellen Sie als Geschäftsführer fest, dass die GmbH zahlungsunfähig oder überschuldet ist, dürfen Sie grundsätzlich keine Zahlungen mehr vornehmen, wenn Sie nicht riskieren wollen, persönlich in die Haftung genommen zu werden.

> **Beispiel**
> Ein Kollege hatte nach Eintritt der Überschuldung Zahlungen an die Gesellschaftsgläubiger geleistet. Die Zahlungen erfolgten dabei nicht unmittelbar aus den Mitteln der GmbH, sondern durch Inanspruchnahme einer Kreditlinie, die durch die GmbH gesichert war. Der Konkursverwalter nahm den Geschäftsführer auf Ersatz der Zahlungen (aus § 64 Abs. 2 GmbHG) in Anspruch[31].

---

[29] OLG Stuttgart, Urteil vom 28.10.1997, 12 U 83/97.
[30] LG München, Urteil vom 22.09.1999, 30 O 7336/99.
[31] OLG Celle, Urteil vom 23.04.1997, 9 U 189/96.

- Der Insolvenzverwalter muss nicht darlegen, dass ein Schaden zustande gekommen ist. Es genügt die Tatsache, dass Zahlungen nach Eintritt der Überschuldung geleistet wurden.
- Es ist auch nicht notwendig, dass es tatsächlich zu einer Schmälerung der Masse gekommen ist. Im Gegenteil: Als Geschäftsführer müssen Sie darlegen können, dass es nicht zu einer Schmälerung der Masse gekommen ist (wobei der Beweis nur schwer zu erbringen sein dürfte).

▷ **Ausnahme:** Liegt Überschuldung vor, ist aber (im Zeitpunkt der Zahlungen) von einer positiven Fortführungsprognose auszugehen, kann eine persönliche Haftung des Geschäftsführers unter Umständen verneint werden. Schalten Sie unbedingt den Steuerberater bzw. Ihre Hausbank ein, bevor Sie in dieser Situation Zahlungen anweisen.

5.1.3 Berichtswesen: Wer muss was wissen

Der Geschäftsführer, der keine Ziele vorgibt, handelt pflichtwidrig und kann für den daraus entstehenden Schaden haftbar gemacht werden[32]. Die Einhaltung von Ziel- bzw. Sollvorgaben ist von Ihnen als Geschäftsführer zu kontrollieren.

Bei der Bestimmung von Zielvorgaben müssen Sie beachten:

- Der Ressortleiter muss die von der Geschäftsführung vorgelegten Ziele dauerhaft verfolgen. Dieser Dauerauftrag besteht so lange, bis die Geschäftsführer oder Gesellschafter den Auftrag abändern oder einen neuen vorgeben.
- Neben dem Unternehmensziel sind Einzelziele festzulegen und die Schwerpunkte der Tätigkeit der einzelnen Ressortleiter zu bestimmen.
- Die Einzelziele können kurzfristige (monatlich, quartalsweise, halbjährlich, jährliche), mittelfristige (drei bis fünf Jahre) oder langfristige (mehr als fünf Jahre) Ziele sein.
- Die Festlegung der Ziele erfolgt nach eingehender Beratung durch die Ressortleiter.
- Neben quantitativen Zielen (Ertrag, Umsatz, Deckungsbeitrag) sind qualitative Ziele vorzugeben (Führungsstil, Fluktuation).

Im kleinen Unternehmen, in der wenige Gesellschafter zugleich auch Geschäftsführer sind, ist die Frage der gegenseitigen Information leicht zu lösen. Solange keine wirklichen Kommunikationsbarrieren bestehen, ergeben sich innerhalb der täglichen Zusammenarbeit laufend Gelegenheiten zu einem Informationsaustausch. Werden zusätzlich bestimmte Formen durchgehalten (Berichte, Beschlussprotokolle, Ergebnisprotokolle, Termin- und Zielvereinbarungen), dann dürften Informationsdefizite kaum auftreten.

---

[32] § 43 Abs. 2 GmbHG.

Mit zunehmender Komplexität des Unternehmens erhält das Thema „Information" zusätzliches Gewicht. In größeren Unternehmen ist es üblich, die Berichterstattung zwischen Gesellschaftern und ihren Geschäftsführern mit Hilfe eines sog. Informationskataloges zu systematisieren. Hierin wird festgelegt, worüber die Gesellschafter regelmäßig bzw. außerordentlich von den Geschäftsführern unterrichtet werden müssen. Zur Aufstellung eines Informationskataloges können Sie folgende Systematik verwenden:

- **Regelmäßige, generelle Informationen:**
  - Informationen zur finanziellen Situation der GmbH
  - Informationen zu Produktion und Vertrieb,
  - Informationen über neue Produkte, Forschung und Entwicklung,
  - Informationen zur Personal- und Gehaltsstruktur, Vorschlagswesen
- **Führungsbereich des einzelnen Geschäftsführers:**
  - Einstellung und Entlassung von Mitarbeitern
  - besondere Ergebnisse im Führungsbereich
  - den Abteilungsleitern gesetzte Zielvorgaben
  - Stand der Systematisierung der Information und Kontrolle
  - Mitarbeiter-Beurteilungen
  - Stand der Weiterbildung
- **Informationen bei besonderen Vorkommnissen:**
  - Informationen über besondere Maßnahmen der Konkurrenz
  - erhebliche Betriebsstörungen
  - Ausfall eines Großkunden
  - Insolvenz eines wichtigen Schuldners
  - plötzlicher Ausfall von schwer ersetzbaren Mitarbeitern

Neben diesem Inhaltskatalog ist festzulegen,

- in welcher Form (schriftlich und/oder mündlich)
- und in welchen zeitlichen Abständen (vierteljährlich, monatlich)

zu berichten ist. Zusätzlich ist darauf zu achten: Der hier aufgeführte Katalog hat exemplarischen Charakter. Je nach betrieblicher Besonderheit und Branche, nach Informationsbedarf der Gesellschafter oder im Falle zusätzlicher Organe (Beirat) ist hierzu ein auf die besonderen Bedürfnisse der GmbH ausgelegter Informationskatalog zu erarbeiten.

Grundsätzlich ist die Erstellung eines Informationskataloges Aufgabe der Gesellschafter/Gesellschafterversammlung. Dennoch sind die Geschäftsführer gut beraten, wenn sie Vorschläge dazu erarbeiten und ihre Vor-Ort-Erfahrungen in den Katalog einfließen lassen. Wichtig ist außerdem, dass der Katalog regelmäßig auf Brauchbarkeit geprüft und ggf. abgeändert wird. Folgendes Verfahren zur Erstellung eines Informationskataloges hat sich in der Praxis bewährt:

5.1 Rechte, Pflichten, Unternehmensgrundsätze, Informationsverpflichtung

- Die Gesellschafter beauftragen die Geschäftsführer festzulegen, über welche Sachverhalte sie regelmäßig informieren müssen
- Die Gesellschafter erweitern diesen Katalog um ihre spezifischen Anforderungen

Im Rahmen einer gemeinsamen Besprechung wird der endgültige Umfang des Kataloges festgelegt, die Berichtsabstände festgeschrieben und der Turnus festgelegt, wie oft der Informationskatalog überarbeitet wird.

5.1.4 Unternehmenskultur/Unternehmensgrundsätze

Die Idee der Unternehmenskultur überträgt den Kulturgedanken aus der Kulturgeschichte auf Organisationen. Demnach bildet jede Organisation eine spezifische Kultur heraus, die das organisatorische Verhalten maßgeblich prägt. Sie ergibt sich aus dem Zusammenspiel von Werten, Normen, Denkhaltungen und Paradigmen, welche die Mitarbeiter teilen und damit das Zusammenleben im Unternehmen sowie das Auftreten nach außen hin prägen. Durch diese Kultur wird die Corporate Identity und das Erscheinungsbild (Corporate Design) des Betriebes geprägt.

Für die Führung und die Mitarbeiter des Unternehmens sichtbar und nachvollziehbar wird die Unternehmenskultur in der Form von schriftlich fixierten Unternehmensgrundsätzen. Diese geben vor, wie sich die Mitarbeiter untereinander und gegenüber Dritten verhalten, wie das Unternehmen seine öffentlichen Pflichten erfüllt und wie die Unternehmensleitung die Ziele des Unternehmens umsetzt.

Wichtig für Unternehmensgrundsätze: Sie enthalten

- das Wesentliche,
- in allgemein verständlicher Form,
- sind positiv formuliert und
- werden in der Praxis systematisch dargestellt (im Einstellungsgespräch, als Bestandteil des Arbeitsvertrages, im Personalgespräch. als sichtbarer Aushang, in der Unternehmens-PR, im Geschäftsbericht,)

Beispiel: Unternehmensgrundsätze
1. Wir sehen die Zukunft als Herausforderung für uns alle und gestalten sie mit Pioniergeist und positiver Einstellung zu Menschen und Umwelt.
2. Wir betrachten den Markt und seine Veränderungen als Chance und orientieren uns dabei an den Wünschen und Zielen unserer Kunden. So sichern wir eine langfristige Partnerschaft.
3. Wir bieten unseren Kunden beste Ergebnisse bei System- und Produktlösungen sowie Dienstleistungen. Hierfür bringen wir ein: Fachkompetenz, Engagement, Flexibilität und Innovationskraft. Dafür verlangen wir den entsprechenden Gegenwert.
4. Wir konzentrieren unsere ganze Kraft auf das Realisieren der Unternehmensziele.

5. Wir handeln nach dem Prinzip: Was für das Unternehmen gut ist, ist auf Dauer auch für jeden einzelnen Mitarbeiter gut.
6. Wir achten die Würde jedes Mitarbeiters und Partners. Klarheit und Wahrheit, Toleranz und Fairness in der Zusammenarbeit sind unsere Basis für Erfolg, Harmonie und Freude an der Arbeit.
7. Wir fördern die persönliche Entwicklung, Eigeninitiative, Leistungsbereitschaft und das Verantwortungsbewusstsein unserer Mitarbeiter und bauen dabei auf ihren Stärken auf: Wer fordert, der fördert.
8. Wir unterstützen die Kooperation und Kommunikation aller Betriebsabteilungen. Dadurch werden unsere Leistungen verstärkt.
9. Wir gestalten die Verbindungen zu unseren Lieferanten partnerschaftlich und langfristig. Von ihnen erwarten wir Zuverlässigkeit, Flexibilität, Leistungsbereitschaft und Innovation.
10. Wir treten in der Öffentlichkeit maßvoll, offen und kompetent auf und informieren über unsere Ziele.
11. Wir bekennen uns zur freiheitlichen und demokratischen Gesellschafts- und Wirtschaftsordnung mit fairem Leistungswettbewerb.
12. Wir erwirtschaften Gewinne. Sie sichern die Investitionen in unsere Zukunft und das Einlösen unserer Verpflichtungen gegenüber Mitarbeitern, Gesellschaftern, Partnern und der Öffentlichkeit.

Quelle: Unternehmensgrundsätze der Fa. BEGO GmbH & Co. KG, Bremen

5.1.5 Führungsstile – zeitgemäßer Umgang

Führungsstil ist die Art und Weise, wie der Vorgesetzte seine Mitarbeiter führt. Die Führungsstile haben sich im Laufe der Zeit immer weiter entwickelt. Der Erfolg durch einen bestimmten Führungsstil hängt von verschiedensten Faktoren ab. Oft ist deshalb nicht genau erklärbar, warum ein bestimmter Führungsstil zum entsprechenden Erfolg geführt hat.

Die heutige Betriebswirtschaftslehre tendiert eher zum demokratischen Führungsstil, wobei hier auch das Aufgabengebiet mit in die Betrachtung eingezogen werden muss. Neueren Überlegungen zur Folge ist aber auch ein demokratischer (oder kooperativer) Führungsstil nicht als das Optimum zu bezeichnen. Vielmehr tendiert man heute zur situativen Führung, nach der der optimale Führungsstil von der jeweiligen Situation abhängt.

Der Vorgesetzte bezieht seine Mitarbeiter in das Betriebsgeschehen mit ein. Er erlaubt Diskussionen und erwartet sachliche Unterstützung. Bei Fehlern wird in der Regel nicht bestraft, sondern geholfen. Durch Delegation wird Verantwortung übertragen.

Die Vorteile des kooperativen Führungsstils liegen vor allem in der hohen Motivation der Mitarbeiter, in der Entfaltung der Kreativität und in der Entlastung des Vorgesetzten. Außerdem ist das Arbeitsklima meistens angenehm. Die Entscheidungsgeschwindigkeit kann aber sinken, es kommt unter Umständen zu längeren Diskussionen und zu Disziplinproblemen unter den Mitarbeitern.

Der richtungsbezogene Führungsstil unterscheidet zwei Arten:

- **Aufgabenorientierter bzw. sachorientierter Führungsstil:** Der Vorgesetzte übt Leistungsdruck aus, damit der Mitarbeiter eine höhere Leistung erbringt. Er bemüht sich um Termineinhaltung, damit die Aufträge fristgerecht erfüllt werden. Der Chef herrscht „mit eiserner Hand", damit keine Stockungen im Arbeitsablauf auftreten. Es wird Wert auf eine hohe Arbeitsmenge gelegt, damit das Leistungsziel erreicht wird. Mangelhafte Arbeit wird getadelt, damit bei der Realisierung Fehler vermieden werden.
- **Personenorientierter bzw. beziehungsorientierter Führungsstil:** Der Führende behandelt seine Untergebenen als Partner, damit die Arbeit gemeinsam bewältigt werden kann. Er sucht ein gutes Verhältnis zu seinen Mitarbeitern, damit sich diese nicht als Untergebene fühlen. Der Chef ist seinen Mitarbeitern gegenüber zugänglich, damit sie erkennen, dass sie Partner sind. Der Vorgesetzte setzt sich für seine Mitarbeiter ein, damit sie spüren, dass ihr Vorgesetzter loyal ist. Er gibt den Mitarbeitern Anerkennung, damit die Leistungen beibehalten und verbessert werden.
- **Gruppenbezogene Führung:** Dieser Führungsstil richtet sich nach den einzelnen Mitgliedern der Gruppe. Jeder Mitarbeiter wird anders behandelt, entsprechend seinem Verhalten und Benehmen und seinem Ansehen in der Gruppe.
  1. Integrierend bei Neulingen und Außenseitern, z. B. durch geschicktes Heranführen an die Gruppe und durch Anbieten von Hilfe.
  2. Anspornend bei Drückebergern, Faulen und Leistungsschwachen, beispielsweise durch gezieltes Aktivieren ihrer Leistungsreserven und klar definierte Ziele.
  3. Fördernd bei Leistungsstarken und Gruppenstars, z. B. durch Übertragung von Kompetenzen und Verantwortung.
  4. Bremsend bei Frechen, Rädelsführern, Querulanten, Ehrgeizlingen, Intriganten und Gruppenclowns, z. B. durch Strenge und Autorität bzw. Hinsteuern auf die Leistungsziele.
  5. Ermutigend bei Schüchternen und Problembeladenen, z. B. durch Ermunterung, Verständnis, Anteilnahme und positive Haltung.
  6. Wertschätzung bei Frohnaturen, ausgleichenden und geselligen Gruppenmitgliedern, z. B. durch Anerkennung der Gruppenbeiträge.

Für den Geschäftsführer als Unternehmensleiter ist wichtig
- unmissverständliche Anweisungen,
- keine Polemik, Ironie
- Durchsetzen statt fauler Kompromisse
- Folgen von Fehlverhalten aufzeigen
- Kontrolle
- Fehlverhalten abmahnen

5.1.6 Selbst-Management, Arbeits-Systematik

Nicht nur zwischen den Geschäftsführern, sondern auch in der Zusammenarbeit mit den Mitarbeitern des Ressorts müssen klare und für alle verständliche und nachvollziehbare Arbeitsgrundsätze bestehen. Dabei ist es Aufgabe des Geschäftsführers, den Mitarbeitern die Grundsätze vorzustellen und darauf hinzuweisen, dass diese nicht nur Vorschläge, sondern verbindliche Vorgaben sind. Daraus ergeben sich Informationsverpflichtungen, die Bestandteil jedes Arbeitsvertrages sein müssen. Nur so ist sichergestellt, dass Verstöße gegen die Arbeits-Systematik auch arbeitsrechtliche Folgen (Abmahnung) haben.

Oft werden Besprechungen als überflüssig empfunden. Das liegt an organisatorischen Mängeln, an kommunikativen Unzulänglichkeiten und in der Art und Weise der Steuerung. Besprechungen und Meetings werden effektiver:

- Begrüßung der Teilnehmer
- Vorstellung der Teilnehmer
- Wir-Gefühl erzeugen
- Bekanntgabe der Regeln (TOP, Pausen)
- Problemdefinition und Zielformulierung
- Problemanalyse und Fragen stellen
- Konflikte ansprechen und kanalisieren
- Lösungen formulieren und bewerten
- Realisierung
- Zielvereinbarung (wer macht was)
- Summary
- Zeitnahes Protokoll

Erfolgstrainer Jörg Löhr[33]: Elf kleine Tricks für die erfolgreiche Selbstmotivation. Besinnen Sie sich so oft es geht auf Ihre eigenen Stärken und Vorzüge. Fragen Sie sich z. B. täglich:

- Was habe ich heute prima gemacht?
- Was ist heute super für mich gelaufen?
- So rücken Sie automatisch Ihre Stärken ins Bewusstsein: Worauf kann ich stolz sein?
- Erinnern Sie sich auf dem Weg zu einem neuen Ziel an Ihre Erfolge und an das gute Gefühl, dass Sie dabei hatten.
- Positive Bestärkungen: Ich lasse mich nicht von meinem Weg abbringen
- Denken Sie sich die große Aufgabe klein.
- Loben Sie sich selbst, wenn Sie etwas hingekriegt haben.
- Belohnen Sie sich zwischendrin selbst für kleine Erfolge.

---

[33]Jörg Löhr, Lebe deine Stärken.

- Betrachten Sie jede schwierige Situation als Chance zur Bewährung.
- Legen Sie Ihre Lieblings-Power-Musik auf, wenn Sie sich positiv aufladen wollen.
- Hüpfen Sie. Das ist der erste Schritt, um aus einer Lethargie herauszukommen.

5.1.7 Projekt-Management

Um die Arbeits- und Organisationsform Projektmanagement im Unternehmen zu verankern, sind Rahmenbedingungen und Spielregeln notwendig. Es müssen ganzheitliche, leistungsfähige Projektmanagement-Systeme geschaffen werden, die im Regelfall Standards, Maßnahmen und Tools in folgenden Bereichen enthalten:

- **Organisation:** Die organisatorische Verankerung des Projektmanagements muss im Unternehmen eindeutig geklärt sein. Hierzu zählen die Definition von klaren Rollen, Kompetenzen und Verantwortlichkeiten, die Einrichtung einer zentralen Organisationseinheit für Projektmanagement (z. B. Project Management Office, Project Competence Center).
- **Methodik:** Im Bereich der Methodik werden Standards, Instrumente, Methoden, Richtlinien und Prozesse definiert, die bei Projekten zur Anwendung kommen sollen. Die Methodik wird in der Regel individuell für die jeweilige Organisation festgelegt. In vielen Fällen wird die verwendete Methodik in einem Projekt-Handbuch dokumentiert.
- **Qualifizierung:** Damit Projektmanagement erfolgreich angewendet werden kann, müssen Führungskräfte, ProjektleiterInnen und -mitarbeiterInnen entsprechend für ihre Rolle vorbereitet und dafür qualifiziert werden. Seminare, Training-on-the-Job oder Projekt-Coaching sind Instrumente zur Qualifizierung.
- **Software:** Es müssen IT-gestützte Strukturen geschaffen werden, die einen effizienten Informations- und Kommunikationsfluss gewährleisten und die Projektplanung und -steuerung über den gesamten Projektverlauf unterstützen. Am Markt existieren eine Vielzahl von PM-Tools und umfangreichen PM-Lösungen, die umfangreiche Funktionalitäten bieten.

Projekte werden in Phasen aufgeteilt. Üblicherweise enden die Projektphasen mit definierten Meilensteinen. Phasenmodelle sind spezifisch und am zu erstellenden Projektprodukt oder der Branche orientiert. Ein Beispiel für ein allgemeines Phasenmodell ist:

- **Definition:** Es findet eine Projektanalyse statt, in der Probleme und Potentiale betrachtet werden. Ziele werden geklärt (Inhalte, Kosten, Ausmaß und Zeit) und mit einer Machbarkeits-Studie ergänzt.
- **Planung:** In dieser Phase wird das Team organisiert, und es werden Aufgabenpläne, Ablaufpläne, Terminpläne, Kapazitätspläne, Kostenpläne, Qualitätspläne und das Risiko-Management festgelegt. Ebenso werden Milestones festgelegt.
- **Durchführung:** Diese Phase kennzeichnet sich, abgesehen von der Durchführung selbst, durch Kontrolle des Projektfortschritts und Reaktion auf projektstörende

Ereignisse in der Zukunft, die sich erst während der Projektdurchführung ergeben. Erkenntnisse über gegenwärtige oder zukünftige Abweichungen führen dann zu Planungsänderungen und Korrekturmaßnahmen.
- **Abschluss:** Die Ergebnisse werden präsentiert, das Projektergebnis wird dokumentiert übergeben, sowie in einem Rückblick alle Phasen reflektiert.

Ein Phasenmodell für ein Softwareentwicklungsprojekt sieht z. B. so aus:

- Machbarkeitsstudie
- Analyse
- Entwurf
- Umsetzung
- Test
- Pilotierung
- Breitenrollout
- Abschluss

Projekt-Phasen
Unter Planung werden alle Prozessschritte zur Planung des Projekts oder zur Detailierung der jeweiligen Projektphase zusammengefasst. Ggf. werden Handlungsalternativen geprüft und ausgewählt. Die wichtigsten Projektmanagementprozesse in der Prozessgruppe Planung sind:

1. Planung Inhalt und Umfang
2. Definition Inhalt und Umfang
3. Definition der Vorgänge
4. Festlegen der Vorgangsfolgen
5. Einsatzmittelbedarfsplanung
6. Schätzung der Vorgangsdauern
7. Kostenschätzung
8. Risikomanagementplanung
9. Entwickeln des Terminplans
10. Kostenplanung
11. Zusammenstellung des Projektplans

Hierzu gibt es noch eine Reihe von Hilfsprozessen, wie Qualitätsplanung, Beschaffungsplanung, usw.

Unter Ausführung versteht man die Koordination der Mitarbeiter und anderer Ressourcen und deren Zuordnung zu den Vorgängen im Projektplan, damit das Projektziel erreicht wird. Hierzu gehören Prozesse, wie die Arbeitspaketfreigabe. Unterstützt wird die Ausführung von Hilfsprozessen, wie Qualitätssicherung, Informationswesen, Teamentwicklung oder Lieferantenauswahl, usw.

Diese Prozessgruppe beschäftigt sich mit der kontinuierlichen Überwachung der Zielerreichung im Projekt. In der Steuerung gibt es zwei Hauptprozesse:

- Berichtswesen, zur Sammlung und Verteilung (Stakeholderorientierung!) der Projektleistung und
- die integrierte Änderungssteuerung, um die Änderungen zu koordinieren

Die Hauptprozesse werden durch eine Vielzahl von Hilfsprozessen unterstützt; dazu gehören Abnahmeprozesse für Anforderungen und andere Ergebnistypen, Termin- und Kostensteuerung und Risikoüberwachung.

Beim Abschluss geht es um die interne Beendigung des Projekts im Unternehmen. Hierzu gehören Abschlussbericht und die Einspeisung der Ergebnisse in einer Datenbank, um das erworbene Wissen auch zukünftigen Projekten und Projektmanagern zur Verfügung zu stellen.

Checkliste: Erfolgreiches Projekt-Management
Wann Projektarbeit? Projekte nur dann ins Leben rufen, wenn die Lösung der gestellten Aufgabe wirklich ein Projekt erfordert. Das trifft zu, wenn es sich um sehr komplexe und vor allem fachübergreifende Themen handelt, die von einem Mitarbeiter (und sei er noch so ein Allrounder oder ein Zeitgenie) in dem vorgegeben Zeitfenster nicht bewältigt werden können

Projektziele Die Zielsetzung, die mit einem Projekt verbunden sein soll, muss klar umrissen sein. Dieser Umriss hängt von der Art des Projektes ab (Kostensenkung um….; Personaleinsparung von….)

Budget Projekte brauchen Budgets. Andererseits muss ein Budget der Zielsetzung und den damit verbundenen Aufgaben des Projektes angemessen sein. Bestimmte Maßnahmen (z. B. der Einsatz externer Trainer oder Berater) haben – will das Unternehmen einen bestimmten Qualitätsanspruch wahren – eine Preisuntergrenze.

Zeitplanung Projekte brauchen Zeitvorgaben oder Zeitfenster, in dem definiert wird, wann das gesamte Projekt abgeschlossen sein muss. Bei komplexen Projekten kann eine solche Zeitbudgetierung in der Praxis schwierig werden. Daher sollten Zeitpuffer eingebaut werden. Ein Projekt, das nur 2 Wochen läuft, braucht natürlich fast keinen Puffer. Läuft ein Projekt hingegen 9 Monate, ist eine Zeitreserve von 1 Woche gerade noch akzeptabel.

Projektzusammensetzung Im Rahmen des Projektauftrages wird beschrieben, welche Mitarbeiter in dem Projekt mitwirken und wer der Projektleiter sein wird. Projektarbeiten sind – neben ihrer Eigenschaft zur Lösung komplexer Fragestellungen ein ideales Instrument zur Personalentwicklung. Auch ist zu beachten, dass die potentiellen Projektmitglieder noch Zeitreserven für die Projektarbeit haben. Mitarbeiter, die schon aufgrund ihrer Arbeitsbelastung die reguläre 55-h-Woche haben, sollten für Projektarbeit nicht eingesetzt werden.

Kommunikation und Information Eine Projektorganisation besteht neben der normalen Aufbauorganisation des Unternehmens. Dies hat zur Folge, dass die Informationsströme zum Projekt sich ebenfalls an diese Projektorganisation anlehnen müssen. In der Praxis hat sich – vor allem bei Multi-Projektmanagement – diese Projektorganisation bewährt:

- Lenkungsausschuss zur Entscheidung von Projektmaßnahmen
- Kernprojektteam zur Führung und Steuerung der Einzelprojekte
- Projektteams zur einzelnen Projektarbeit.

Projektdokumentation und Projektsoftware Je umfangreicher das Projekt, umso mehr Wert sollte gelegt werden auf eine nachvollziehbare Projektdokumentation. Wer hat wann auf Grundlage welcher Informationen welche Entscheidung getroffen. Dies bietet für alle Seiten den Vorteil, auf dem Laufenden zu bleiben und auch im Nachhinein die getroffenen Maßnahmen nachvollziehen zu können. Je komplexer das Projekt in seinen einzelnen Teilschritten ist, umso eher empfiehlt sich der Einsatz einer Projektmanagementsoftware.

Literatur: Projekte zum Erfolg führen. DTV – Beck; Heinz Schelle, 4. Auflage.

5.1.8 Umgang mit neuen Gesetzen und Vorschriften

Als Geschäftsführer eines Unternehmens sind Sie verpflichtet dafür zu sorgen, dass Gesetze, Auflagen und hoheitliche Vorgaben eingehalten werden, Das betrifft die Erfüllung der Buchführungs- und Bilanzierungspflichten, die Einhaltung der Steuerpflichten, aber auch Umweltauflagen, arbeitsrechtliche Bestimmungen oder Grundsätze des Geschäftsverkehrs.

Als Kaufmann und Vertreter einer Unternehmung gilt hierzu der Grundsatz der Informationsverpflichtung. Das bedeutet: Der Geschäftsführer kann sich im Zweifel nicht darauf berufen, dass er „ein Gesetz nicht kannte". Er ist verpflichtet, sich zu informieren.

Das gilt nicht nur für bestehende Gesetze und Vorschriften, sondern auch für Rechtsänderungen des Gesetzgebers, aber auch Rechtsänderungen, die sich aus der Rechtsprechung oder anderen Quellen ergeben.

Das betrifft:

- Risk-Management (Produkt-Risiken, Produktions-Risiken),
- Umwelt-Management (Auflagen, Normen, Richtwerte, Verfahrenstechnik, Reststoffe),
- Sonstige Rechtsvorschriften (Steuern, Sozialabgaben, Unfallschutz, Arbeitsrecht, Wirtschaftsrecht, Wettbewerbsrecht).

Das Branchenspezifische Risk-Management wird in der Praxis per Stellenbeschreibung dem Geschäftsführer Produktion/Technik übertragen. Das bedeutet aber nicht, dass die für andere Ressorts zuständigen Geschäftsführer dieser Aufgabe enthoben sind. Im Rahmen der Gesamtverantwortung der Geschäftsführer bestehen Informations- und Überwachungspflichten. Für den Geschäftsführer sind Pflichtlektüre:

- Branchenspezifische Informationen (Gesetzesänderungen, produkt- und produktionsspezifische Normen usw.), z. B. aus Verbands-Infos, Branchen-Fachzeitschriften,
- Unternehmensführungs-Informationen (allgemeine Rechtsänderungen) und
- Informationen von Beratern (Mandanten-Rundschreiben des Steuerberaters, Berichte des Justiziars, Fachinformationen des Hausanwalts usw.).

Problem: Viele Fach-Informationen sind in Ihrer Reichweite nicht einfach abzuschätzen. Das betrifft auch Berater-Informationen, so dass Sie bei Unklarheiten über erforderliche Maßnahmen umgehend das Gespräch mit dem Experten/ Berater suchen müssen.

5.2 Organisation des Geschäftsführer-Office

5.2.1 Der Geschäftsführer als Abteilungsleiter und Vorgesetzter

Solange sich nicht die Gesellschafter das Recht zur Einstellung von Mitarbeitern vorbehalten haben, ist es Ihre Aufgabe als Geschäftsführer, Mitarbeiter einzustellen, die fachlich und persönlich in der Lage sind, die ihnen übertragenen Aufgaben zu erledigen. Ihnen steht grundsätzlich auch das Recht auf Entlassung, also die Beendigung oder Kündigung eines Arbeits- bzw. Anstellungsverhältnisses zu, sofern sich nichts anderes aus anderen Verpflichtungen – etwa dem Katalog zustimmungspflichtiger Maßnahmen – ergibt.

Die Einstellung von unqualifizierten oder zu gering qualifizierten Mitarbeitern kann das Unternehmen schädigen. Versäumt es der Geschäftsführer, geeignete Maßnahmen für Einstellungen zu ergreifen (Stellenbeschreibungen, Einstellungskriterien, Pflicht zum Einstellungsgespräch), kann dies als pflichtwidriges Handeln zu beurteilen sein, was ihn schadensersatzpflichtig macht. Wir empfehlen, die folgenden Grundsätze in der Praxis zu beachten und zu kontrollieren.

Der Bewerber ist daraufhin zu prüfen,

- ob er in **fachlicher Hinsicht** den Anforderungen der Stelle entspricht. Grundlage dafür ist die Stellenbeschreibung, die das Soll in fachlicher Hinsicht festlegt. Ist keine Stellenbeschreibung vorhanden, so hat der Einstellende die Aufgaben genau zu beschreiben.
- ob der Bewerber, soweit er Vorgesetzter ist und **Führungsaufgaben** wahrzunehmen hat, den Anforderungen entspricht, die das Unternehmen an ihn stellt. Das Soll dafür ist in der sog. Führungsrichtlinie festgelegt. Ist keine Führungsrichtlinie vorhanden, hat der Einstellende die Anforderungen des Arbeitgebers genau zu beschreiben.

- Instrument zur Bewerberauswahl ist das **Einstellungsgespräch**. Zum Einstellungsgespräch ist vom Einstellenden ein **Gesprächsprotokoll** aufzuzeichnen und nach der Einstellung in der **Personalakte** abzulegen.

Ist auf dem Arbeitsmarkt kein Bewerber mit ausreichender Qualifikation vorhanden, kann das Unternehmen – um den Geschäftsbetrieb aufrecht zu erhalten – Bewerber mit geringerer als geforderter Qualifikation einstellen. In einem solchen Fall handelt der Geschäftsführer nicht pflichtwidrig.

Verweigern die Gesellschafter die Einstellung eines Bewerbers, obwohl Sie als Geschäftsführer den Nachweis für dessen Qualifikation erbringen können und ist diese Einstellung notwendig, um den Geschäftsbetrieb aufrecht zu erhalten, ist folgendes zu berücksichtigen:

- Die Gesellschafter übernehmen mit ihrer Entscheidung die Verantwortung für die damit verbundenen organisatorischen und wirtschaftlichen Folgen. **Der Geschäftsführer ist entlastet.** Dokumentieren Sie diesen Vorgang (Anfordern einer schriftlichen Weisung, Gesprächsprotokoll).
- Als Geschäftsführer sind Sie berechtigt, **Ihr Amt aus wichtigem Grund niederzulegen** und **den Anstellungsvertrag aus wichtigem Grund zu kündigen** – das kann der Fall sein, wenn Sie Ihre Aufgabe mit nicht qualifiziertem Personal durchführen sollen (z. B. Altenpflege ohne Sozialarbeiter, Produktion ohne Techniker).

▶ **Für die Praxis** Wenn Sie diese Aufgaben anderen Mitarbeitern/Ressortleitern übertragen, müssen Sie sicherstellen, dass die oben genannten Prinzipien zur Besetzung von Stellen/Arbeitsplätzen befolgt werden. Machen Sie Stichproben und lassen Sie sich in regelmäßigen Abständen die schriftliche Dokumentation von Einstellungsgesprächen vorlegen.

Ausbildung und Überwachung der Eignung der Mitarbeiter: Zu den Führungsaufgaben des Vorgesetzten gehört auch die Einweisung und Einarbeitung neu eingestellter und ihm unmittelbar unterstehender Mitarbeiter. Sie müssen dafür sorgen, dass die Ihnen direkt unterstehenden Abteilungsleiter neue Mitarbeiter für die vorgesehene Tätigkeit qualifizieren. Als Geschäftsführer sollten Sie hierzu Stichproben machen. Für den Geschäftsführer bedeutet dies, dass er die ihn direkt unterstellten Mitarbeiter – in der Regel sind das Ressort- bzw. Abteilungsleiter – einarbeiten und überwachen muss.

Mangelhafte Qualifikation eines Geschäftsführer-Kollegen: Wird der Geschäftsführer von den Gesellschaftern gleichzeitig als Ressortleiter (kaufmännischer Leiter, Produktionsleiter) bestellt, so können die übrigen Geschäftsführer davon ausgehen, dass die fachliche und persönliche Eignung zur Bewältigung der damit verbundenen Aufgaben vorhanden ist. Dennoch haben sich die Geschäftsführer bei der Überwachung der Tätigkeit davon zu überzeugen, ob dies tatsächlich der Fall ist. In der Folgezeit nach der Neu-Einstellung hat sich jeder Geschäftsführer regelmäßig zu informieren, ob der Mit-Geschäftsführer die Aufgabe bewältigen kann, die ihm übertragen worden ist.

5.2 Organisation des Geschäftsführer-Office

Kommt der Geschäftsführer zu dem Ergebnis, dass ein ressortverantwortlicher Geschäftsführer-Kollege fachlich oder persönlich nicht in der Lage ist, seinen Bereich mit der Sorgfalt eines ordentlichen und gewissenhaften Geschäftsleiters wahrzunehmen und ist dadurch die kollegiale Zusammenarbeit ernsthaft gestört, ist folgendes zu beachten:

- Die Geschäftsführung hat eine **Umverteilung der Ressorts** selbst vorzunehmen, sofern dies laut Geschäftsordnung möglich ist.
- Ist dies Aufgabe der Gesellschafter, dann haben die Geschäftsführer einen **entscheidungsreifen Vorschlag** einzureichen (Beratungsverantwortung).
- Reagieren die Gesellschafter nicht, ist es Pflicht der Geschäftsführung, die **Gesellschafterversammlung einzuberufen** (TOP: ordnungsgemäße Geschäftsführung, Aufteilung der Ressorts, Konkretisierung).
- Trägt der betroffene Geschäftsführer nicht zu einer Lösung durch Umverteilung bei, können die Gesellschafter den Geschäftsführer **aus wichtigem Grund abberufen und kündigen.**
- Ergreifen die Gesellschafter keine Maßnahmen, müssen die übrigen Geschäftsführer nicht nur stichprobenartige sondern totale Kontrolle ausüben – faktisch müssen Sie das Ressort mit übernehmen. Ihnen steht letztlich auch das **Recht auf Amtsniederlegung** bzw. fristlose Kündigung zu (Achtung: Kündigung spätestens 14 Tage nach der Maßnahmen-ablehnenden Gesellschafterversammlung).
- Das gilt auch, wenn die Gesellschafter die Einstellung bzw. Entlassung eines Mitarbeiters boykottieren.

Eingriffe in die Selbständigkeit der unterstellten Ressortleiter: Im Grundsatz entscheiden und handeln Ressortleiter selbständig – also ohne Weisungen und Eingriffe durch Sie als Geschäftsführer. Stellen Sie aber fest, dass im Einzelfall eine Ressortleiter-Entscheidung der Sorgfalt eines ordentlichen und gewissenhaften Geschäftsmannes widerspricht, so haben Sie ihn darauf aufmerksam zu machen und darum zu bitten, die Entscheidung abzuändern. Nur wenn dies nicht geschieht oder Gefahr im Verzug ist, sind Sie verpflichtet sofort einzugreifen und die Angelegenheit an sich zu ziehen. Der Ressortleiter ist berechtigt, eine Entscheidung der Geschäftsführung innerhalb der ihm zugewiesenen Ressortverantwortung zu ignorieren. Er kann sich auch unmittelbar an die Gesellschafter wenden.

Das bedeutet für den Geschäftsführer, der zugleich Ressortleiter ist: Erteilt ein anderer Geschäftsführer Weisungen innerhalb Ihres Ressorts und rügen die Gesellschafter dieses Verhalten nicht, dann können Sie Ihr Amt aus wichtigem Grund niederlegen und fristlos kündigen.

Im Verhältnis zu den übrigen Mitarbeitern des Unternehmens, das in Abteilungen und Ressorts aufgegliedert ist, gilt nach moderner Betriebswirtschaftslehre einhellig für den Geschäftsführer das sog. **Verbot des Durchregierens.** Danach ist es nicht erwünscht, dass höhere Vorgesetzte unter Übergehung des unmittelbar Vorgesetzten den nachgeordneten Mitarbeitern, gleichgültig auf welcher Stufe der Hierarchie diese im Unternehmen stehen, generelle oder spezielle Weisungen geben dürfen.

Mitarbeiter, die solche u. U. widersprüchliche Weisungen erhalten, sind in einer solchen Situation dazu verpflichtet, sofort ihren direkten Vorgesetzten zu informieren.

Als Geschäftsführer sind Sie verpflichtet, sich von den Ressortleitern beraten zu lassen, wenn sie Entscheidungen in deren Bereich treffen. Die Verpflichtung zur Beratung durch qualifizierte Mitarbeiter gilt auch gegenüber allen anderen Ihnen unterstellten Mitarbeitern.

Dadurch wird sichergestellt, dass alle betrieblichen Ressourcen zur Lösung von fachlichen Fragestellungen und Aufgaben ausgeschöpft werden. Verzichtet der Geschäftsführer auf diese Beratung, handelt er pflichtwidrig und kann für den daraus entstehenden Schaden persönlich haftbar gemacht werden[34].

Der Ressortleiter hat das Recht, sich bei den Gesellschaftern zu beschweren, wenn seine Beratung nicht in Anspruch genommen wird. Er kann darum bitten, dass die Gesellschafter dann dem Geschäftsführer eine entsprechende Weisung erteilen. Hat seine Beschwerde keinen Erfolg, hat der Ressortleiter das Recht, aus wichtigem Grund zu kündigen.

5.2.2 Richtlinien-Kompetenz des Geschäftsführers

Im Geschäftsbetrieb der GmbH wiederholen sich einzelne Abläufe, Vorgänge und Situationen. Typische Beispiele sind der Umgang mit Kundenreklamationen, die Abrechnung von Reisekosten, die Nutzung betrieblicher Kraftfahrzeuge oder anderer betrieblicher Einrichtungen wie Telefon oder PC. In vielen Unternehmen ist es üblich, Grundsätze zu bestimmen, die als Leitlinien des betrieblichen und persönlichen Handelns im Unternehmen gelten (Unternehmensgrundsätze).

Wichtig ist außerdem, dass in allen Abteilungen des Unternehmens identische Vorgänge und Situationen nicht unterschiedlich gehandhabt werden. Dazu ist es Aufgabe der Geschäftsführung, **einheitliche Richtlinien** vorzugeben, an denen sich die Ressortleiter und alle Mitarbeiter des Unternehmens fachlich und in ihrem persönlichen Verhalten orientieren können.

Diese sog. **Richtlinien-Kompetenz** ist von den Geschäftsführern in dem Sinne auszuüben, dass alle Mitarbeiter nicht mit unterschiedlichen, widersprüchlichen Weisungen und Vorschriften konfrontiert werden, sondern das in der gesamten Organisation einheitliche, widerspruchsfreie Grundsätze und Prinzipien gelten. Ist dies nicht der Fall, so gilt dies als Organisationsverschulden der Geschäftsführung.

Bei der Aufstellung von Richtlinien müssen Sie beachten:

- Richtlinien dürfen den Ermessensspielraum des Ressortleiters nicht so einengen, dass eine eigenständige Ausübung nicht mehr möglich ist (Gängelung).
- Die Ressortleiter sind bei der Aufstellung der Richtlinie einzubeziehen.

---

[34] § 43 Abs. 2 GmbHG.

- Richtlinien sollten kein Regelungswerk für den Einzelfall sein, sondern lediglich die Grundsätze eines Vorgangs oder einer Situation bestimmen.
- Richtlinien sind regelmäßig auf sachliche Richtigkeit und Aktualitätserfordernis zu prüfen.

Richtlinien sind innerbetriebliche Normen. Das Nicht-Befolgen einer Richtlinie ist ein pflichtwidriges Verhalten und rechtfertigt entsprechende Folgen, also z. B. eine Abmahnung.

Für die Praxis empfiehlt es sich, einen Richtlinien-Katalog zu führen, diesen ständig zu aktualisieren und jedem Mitarbeiter zur Verfügung zu stellen. Zuständig für die Führung und Aushändigung ist der Ressortleiter Personal.

Typische Beispiele für die Ausübung der Richtlinien-Kompetenz sind:

- Unternehmensgrundsätze
- Allgemeine Führungsleitlinien
- Geschäftsordnungen
- Stellvertreter-Regelung
- Formular für die Dienstreisegenehmigung
- Formular für die Reisekostenabrechnung
- Kfz-Nutzungsüberlassung
- Fahrtenbuch
- Telefon-Nutzung
- Handy-Nutzung
- PC-Richtlinie (Software-Richtlinie, private Nutzung, Virenschutz)
- Internet-Richtlinie (Privatnutzung)
- Umgang mit Reklamationen (Ablauf, Qualitätsnormen)
- Umgang mit rechtlichen Ansprüchen Dritter (Informationspflichten)
- Protokoll Mitarbeitergespräch (Zielvereinbarungen)
- Stellenbeschreibung (fachlich, persönlich)
- Protokoll Einstellungsgespräch (Minimum-Fragenkatalog)
- Einkaufs-Richtlinien (Pflicht zur Einholung von Angeboten, billigstes Angebot usw.)
- Verhaltensanweisungen (Betriebsprüfung, Kunden, Gäste usw.)

Die innerbetrieblichen Richtlinien sollten grundsätzlich Bestandteil aller individuellen Arbeits- bzw. Anstellungsverträge sein. Dies kann erfolgen durch allgemeinen Verweis auf die bestehenden Richtlinien verbunden mit der Verpflichtung zur Einhaltung dieser Richtlinien. Im Einzelvertrag ist zusätzlich ein **Geheimhaltungsgebot** über alle betrieblichen Belange zu verankern.

5.2.3 Arbeitsabläufe im Office des Geschäftsführers

Je nach Größe des Unternehmens und Ressourcen-Ausstattung des Geschäftsführer-Office werden neben den Geschäftsführungs-Aufgaben Strategie, Planung, operatives Geschäft und Kontrolle zusätzliche Funktionen erledigt, sofern für diese Aufgaben keine eigenen Stabstellen mit direkter Zuweisung zur Geschäftsführung eingerichtet werden.

- PR, Öffentlichkeitsarbeit
- Marktforschung
- Recht
- Verbandsarbeit
- Netzwerke, Kooperationen

Zu den einzelnen Punkten vgl. unten

Aufbau Geschäftsführungs-Office

Aufgaben der Assistenz der Geschäftsführung
- Besprechungen vorbereiten
- Projekte vorbereiten
- Protokolle
- Stabstelle: Marktforschung, PR + Öffentlichkeit, Rechtsfragen (nach Qualifikation)
- Informationsbeschaffung
- Puffer
- Kontakte
- Vertretung beim Repräsentationsaufgaben

Aufgaben des Office
- Termine
- Gremien-Betreuung
- Dokumentation
- Korrespondenz
- Reisen
- Sonstiges

5.2.4 Öffentlichkeitsarbeit

Öffentlichkeitsarbeit + Public Relations bezeichnet das Management der Kommunikation von Unternehmen in einem von zunehmender Professionalisierung begriffenen Umfeld.

Aufgabe der Öffentlichkeitsarbeit/Public Relations ist es, den Kontakt zwischen dem Unternehmen und einer definierten Zielgruppe herzustellen, zu festigen oder auszubauen. Die Kommunikation zwischen Unternehmen und Zielgruppe soll dann in Gang gesetzt und gesteuert werden. Hierzu stehen eine Reihe von Instrumenten zur Verfügung.

- **Pressearbeit:** Schreiben und Verbreiten von Pressemitteilungen, Themenbeiträge, Anwenderberichte, Reden, Biografien, Unternehmensbackgrounder, Organisation von

Pressekonferenzen, Roundtable, Redaktionsbesuchen mit Kunden, Beantworten von Presseanfragen, Durchführung von Journalistenreisen, Interviews, Internetbetreuung
- **Medienbeobachtung:** Beobachtung der Medienpräsenz des Unternehmens und Auswertung und Analyse der Berichterstattung
- **Mediengestaltung:** Erstellen von Geschäftsberichten, Broschüren, Flyern, Anzeigen, Newslettern, Verbraucherzeitschriften, Internet-Seiten
- **Veranstaltungsorganisation:** Planung und Durchführung von Konferenzen, Seminaren, Festen, Verbraucherveranstaltungen, Messen und sonstigen Events
- **Interne Kommunikation:** Erarbeitung von Mitarbeiterzeitschriften, Planung und Durchführung von Veranstaltungen für Mitarbeiter, Schulung von Mitarbeitern, Intranetbetreuung
- **Training:** Medientraining, Fortbildungen, Schreibtraining etc.
- **Sponsoring:** Treffen von leistungsgebundenen Vereinbarungen in den Bereichen Sport, Kultur, Soziales, Umwelt und Wissenschaft
- **Sonstige Aktionen:** Organisation von Gewinnspielen und Wettbewerben, Betreuung von Info-Mobilen und Messeständen

In Deutschland sind rund 2200 überwiegend kleine PR-Beratungsunternehmen tätig. Voraussetzungen für professionelle Öffentlichkeitsarbeit sind auf der Basis einer breiten Allgemeinbildung und persönlicher Eignung eine berufliche Qualifizierung. Selbständige beratende und leitende Tätigkeiten in der Öffentlichkeitsarbeit/Public Relations setzen in der Regel ein erfolgreich absolviertes Hochschulstudium als Basis weiterer beruflicher Spezialisierung voraus.

5.2.5 Marktforschung

Marktforschung ist ein kontinuierlicher, systematischer, auf wissenschaftlichen Methoden basierender und objektiver Prozess, der das Marktgeschehen sowie das Unternehmensumfeld beobachtet, um Informationen zu gewinnen und zu analysieren. Dies erfolgt zum Zwecke der Findung oder Absicherung von Marketing-Entscheidungen.

Die Marktforschung ist eines der wichtigsten Werkzeuge des Marketings, sie liefert aber auch Entscheidungshilfen für andere Unternehmensbereiche etwa des Controlling. Ein Marktforschungsprojekt gliedert sich in folgende Phasen:

- Formulierung des Entscheidungsproblems,
- Erstellung eines Forschungsdesigns und Festlegung der Informationsquellen,
- Beschaffung von Informationen,
- Analyse und Interpretation der Daten
- Präsentation des Ergebnisses
- Beratung und Umsetzung.

Neben Umfragen und Experimenten kommen als primäre Quellen in Frage:

- Umsatzstatistiken,
- Schriftwechsel mit Kunden,
- Reparaturlisten,
- Lagerbestandsmeldungen,
- Preislisten etc.

Sekundäre Quellen sind: Die Informationen werden hier aus anderen Anlässen erhoben und finden sich etwa in

- statistischen Jahrbüchern,
- Berichten der IHK,
- Bilanzen anderer Unternehmen,
- Prospekten, Katalogen,
- Veröffentlichungen wissenschaftlicher Institute usw.

Vielfach werden die erhobenen Daten direkt elektronisch erfasst – etwa über eine Computerkasse oder Online-Statistik, die mit einer zentralen Datenbank verbunden ist.

Neben der direkten Befragung der Testpersonen gibt es in der Marktforschung auch die Methoden der Beobachtung und des Experimentes. Anwendungsmöglichkeiten sind hierfür zum Beispiel: Suchverhalten der Kunden in einem Supermarkt, Testkäufe zur Überprüfung der Angestellten und ähnliches.

Eine weitere Forschungsmethode ist die Datenerhebung im Rahmen von Verbraucherpanels. Das ist eine große Stichprobe von Konsumenten. Diese protokollieren kontinuierlich ihre Einkäufe. Früher wurden die Einkäufe von den Probanden wöchentlich oder monatlich schriftlich erfasst und per Brief an das durchführende Institut übermittelt. Heute sind die Panelhaushalte in der Regel mit Lesegeräten ausgestattet. Die Erfassung der gekauften Waren erfolgt direkt nach dem Einkauf, die Daten werden online übermittelt. Aus den Daten der Verbraucherpanels können z. B. die Marktanteile verschiedener Marken ermittelt werden und – was noch wichtiger ist – die Verschiebung von Marktanteilen.

Spezielle Markforschungsinstitute bieten für häufig wiederkehrende Problemstellungen Standardmethoden an:

- **Pretests:** Laboruntersuchungen, die unter kontrollierten Testbedingungen Werbespots oder auch „Stills" (Printanzeigen/Plakate etc.) testen. Wichtige untersuchte Kriterien sind Verbraucherakzeptanz, Einprägsamkeit (vor allem in Verknüpfung mit dem Namen der beworbenen Marke), emotionale Tönung, Erwecken von Kaufinteresse und Image-Kommunikation.
- **Konzept-, Produkt- und Packungstests:** Ähnliche Zielsetzung wie beim Werbe-Pretest, nur dass das Untersuchungsobjekt ein vorläufiger Werbe-Kommunikations-Text, ein neu entwickeltes oder neu zu lancierendes Produkt oder dessen Verpackung ist.

- **Tracking-Studien:** Fortlaufende Befragungen, in denen über einen längeren Zeitraum hinweg Informationen über Markenbekanntheit, -verwendung und Image erhoben werden.
- **Meinungsbefragungen** über das Internet zu verschiedensten Themenbereichen.

Auch das Statistische Bundesamt sowie die Statistischen Landesämter sammeln und veröffentlichen für Marktforscher bedeutende Informationen. Große Unternehmen verfügen in der Regel über eigene Marktforschungsabteilungen. In kleineren Unternehmen dagegen betreuen häufig Marketingverantwortliche (Produktmanager, Stabstelle Marktforschung) die Marktforschung nebenher mit.

5.2.6 Lobby und Verbandsarbeit

Unternehmen sind Pflichtmitglied in der IHK bzw. in der HK. In der Praxis nutzen aber lediglich 20–25 % der Pflicht-Mitglieder regelmäßig deren Leistungen. Nutzen Sie deren kostenfreie Angebote:

- Rechtsberatung
- Beratung zu Unternehmensfinanzierungen
- Technologie-Börse
- Internationale Geschäftskontakte
- Kontaktmöglichkeiten zu Wettbewerbern und potenziellen Kunden
- Statistik und Information
- Marktanalysen
- Muster, Formulare, Arbeitshilfen
- Erfa-Gruppen
- Kooperationsbörsen
- Mitarbeitersuche
- Lehrstellenbörse
- Sonstige Leistungsangebote für Mitarbeiter Ihre Unternehmens (Weiterbildung)
- Sachverständigenbörse

Die meisten Unternehmen sind daneben Mitglied im Branchenverband. Hier finden Sie in der Regel spezielle Angebote zur Weiterbildung, Rechtsentwicklung und Rechtsberatung, Arbeitshilfen, Mitarbeiter-Auswahl und Schulungen usw. Auch hier gilt: Nutzen Sie konsequent die Leistungsangebote. Weisen Sie Ihre Mitarbeiter regelmäßig darauf hin, diese Dienstleistungen zu nutzen.

Je nach Branche gibt es freiwillige Verbands-Organisationen mit zum Teil sehr gutem Preis-Leistungsverhältnis. Hier sollten Sie als Geschäftsführer im Einzelfall prüfen, inwieweit eine Mitgliedschaft für Ihr Unternehmen hilfreich ist. Branchenverbände sind darüber hinaus eine gute Möglichkeit, in Unternehmerverbände einzusteigen (Rotary-Empfehlung u. Ä.).

Prüf-Kriterien für Verbands-Mitgliedschaften:

- Leistungen
- Berater-Profile (Qualifikation, Bekanntheitsgrad, Netzwerk)
- Preise
- Referenzen
- Mitgliederverzeichnis
- Kündigungsfristen

Auch ohne großes zeitliches Engagement ist es für Sie als Geschäftsführer eines Unternehmens gut möglich, Verbände für die eigenen und für Unternehmenszwecke zu nutzen. Viele Verbände bieten die Möglichkeit, als Berater oder als Beirat des Vorstandsgremiums einzusteigen. Vorteile:

- Sie bzw. Ihr Unternehmen erscheinen regelmäßig in Publikationen des jeweiligen Verbandes,
- Sie bzw. Ihr Unternehmen profitieren von der Öffentlichkeits- bzw. PR-Arbeit des Verbandes,
- Branchen- und Verbands-Informationen, die für Ihr Unternehmen von Interesse sind, erhalten Sie aus „erster Hand",
- werden an den Verband Spezialprobleme herangetragen, die Ihr Unternehmen betreffen, sind Sie automatisch in den Informationsfluss einbezogen.

Zeitlich aufwändiger ist Lobbyarbeit. Hier müssen Informationen aus vielen Interessenlagern abgestimmt werden, zahlreiche Einzel- und Gruppenabsprachen sind dazu notwendig. Für den Geschäftsführer, der die operativen Geschäfte seines Unternehmens nach vorne bringen will, heißt es hier: „Hände weg".

5.2.7 Netzwerke

Neben den oben beschriebenen Netzwerk-Effekten aus der Verbandstätigkeit gibt es zahlreiche Möglichkeiten, eigene Geschäftskontakte zu knüpfen und damit potenzielle neue Geschäftspartner/Kooperationspartner zu finden:

- Verbände, Organisationen
- Aktive Empfehlungen
- Internet-Netzwerke (Xing)
- Internet-Foren

Kontakte sind Alles. Das war immer so und das wird immer so bleiben. Das international größe Business-Netzwerk ist LinkedIn mit ca. 80 Mio. Mitgliedern (http://de.linkedin.com).
Xing ist die größte deutsche Internet-Kontaktbörse für die Wirtschaft (www.xing.com). Das Netzwerk hat ca. 1,5 Mio. Mitglieder. Vorteil: Nicht mehr der Zufall entscheidet über

5.2 Organisation des Geschäftsführer-Office

einen Kontakt. Die Mitglieder stellen ihre Business-Daten und persönlichen Profile in eine Datenbank. Dementsprechend findet jeder, was er sucht.

Die Grund-Mitgliedschaft ist kostenfrei. Die sog. Premium-Mitgliedschaft kostet monatlich 5,95 €. Dafür kann man sehen, wer das eigene Profil anschaut, man hat viele Such-Funktionen und darf Mitgliedern eine Mail schreiben (keine unerlaubte SPAM). Die Schwelle, neue Kontakte anzugehen, ist sehr niedrig.

Beispiele für erfolgreiche Recherchen in Xing
- Eine Wieder-Einsteiger aus der WLAN-Technologie findet auf Anhieb ein Unternehmen, das ein neues Produkt entwickelt und einen erfahrenen Profi als Geschäftsführer sucht (Job-Kontakte, Headhunting).
- Für ein neues Produkt sucht ein Geschäftsführer-Kollege Mitarbeiter, die früher bei SAP gearbeitet haben (Experten-Suche).
- Ein Geschäftsführer sucht einen Finanzpartner für ein Investitionsprojekt (Venture-Capital-Suche).
- Ein Geschäftsführer (B2B) sucht Kundenprofile, mit denen er ein neues Produkt entwickeln und vertreiben möchte (Suche nach Vertriebskontakten, suche nach neuen Kunden).
- Aber auch: Sie suchen gemeinsame Hochschulabsolventen, Ansprechpartner aus Firmen, Positionen und Branchen).

Business-Profil in Xing

5.2.8 Rechtsabteilung

Als Geschäftsführer des Unternehmens sind Sie verantwortlich dafür, dass die rechtlichen Rahmenbedingungen für alle unternehmerischen Tätigkeiten und Abläufe sichergestellt sind. Das betrifft:

- Arbeitsverträge
- Kaufverträge
- AGB
- Miet- und Pachtverträge
- Versicherungen
- Beraterverträge
- Unternehmensverträge
- Kooperationsvereinbarungen

Kleine Unternehmen beschäftigen für diese Aufgaben keine eigene Rechts- bzw. Steuerabteilung. Sie delegieren diese Aufgaben an einen Rechtsanwalt bzw. zu steuerlichen Vertragsgestaltungen an einen Steuerberater. Beachten Sie dazu unsere Vorschläge für eine vorteilhafte Vertragsgestaltung siehe unten.

Müssen in einem bestimmten Zeitpunkt zahlreiche Vertragwerke überarbeitet werden (Jahreswechsel, MwSt-Erhöhung, Anpassung der AGB, Änderungen im Arbeitsvertragsrecht), kann es sich rechnen, wenn Sie für einen kurzen Zeitraum einen Rechtsanwalt einstellen, der Ihr gesamtes Vertragswerk auf Vordermann bringt.

Kosten einsparen können Sie auch, wenn Sie die Rechts-Dienstleistungen Ihres Fachverbandes oder im Rahmen anderer Mitgliedschaften nutzen.

5.3 Pflicht zur externen Beratung

Als Geschäftsführer sind Sie verantwortlich dafür, dass die

- finanziellen,
- sachlichen,
- organisatorischen und
- personellen Voraussetzungen

dafür geschaffen werden, dass das Unternehmen die gesetzten Ziele erreichen kann. Das erwarten die Gesellschafter von Ihnen. Das ergibt sich aber auch aus den gesetzlichen Vorschriften, wonach Sie Alles zu tun haben, um den Unternehmenszweck zu fördern, und Alles zu unterlassen haben, was der Erreichung des Unternehmenszweckes schadet. Mehr noch: Im konkreten Fall sind Sie sogar dazu verpflichtet sich von externen Spezialisten beraten zu lassen.

Als Geschäftsführer einer GmbH haben Sie ein weit reichendes Handlungsermessen[35]. Konkret heißt das: Für wirtschaftliche Fehl-Entscheidungen, die Sie für die GmbH treffen, haften Sie nicht oder nur im Ausnahmefall persönlich. Wichtig: Es gibt keine allgemeingültigen Handlungs-Maximen. Klagt ein Gesellschafter z. B. wegen Vermögensverlust, prüft das Gericht jeden Einzelfall.

Nach einem aktuellen Urteil des Oberlandesgerichts Oldenburg müssen Sie als Geschäftsführer z. B. beim Zukauf eines Unternehmens alle Risiken und Chancen einer solchen Investition exakt prüfen – und zwar mit den dafür vorgesehenen professionellen Verfahren. Wer ohne Experten-Gutachten zukauft, geht als Geschäftsführer ein hohes persönliches Risiko ein. Wörtlich heißt es dazu im Leitsatz des Urteils: *„Das dem Geschäftsführer bei unternehmerischen Entscheidungen zuzubilligende weite Ermessen ist beim Erwerb eines anderen Unternehmens (hier eines weiteren Klinikbetriebs) überschritten, wenn die Grundlagen, Chancen und Risiken der Investitionsentscheidung nicht ausreichend aufgeklärt worden sind. Zumindest dann, wenn nicht ausreichende, gesicherte Erkenntnisse über das zu erwerbende Unternehmen vorhanden sind oder wenn vorhandene Informationen Unklarheiten aufweisen, wird eine umfassende „Due Diligence" durchzuführen sein. Wird dies unterlassen, kommt bei einer zu erheblichen Verlusten führenden Fehlinvestition eine Geschäftsführerhaftung in Betracht"*[36].

5.3.1 Zusammenarbeit mit externen Beratern

Externer Beratungsbedarf entsteht immer, wenn Sie zeitlich begrenzte Aufgaben an einen Spezialisten übertragen, und Sie kein eigenes Personal für eine bestimmte Aufgabe einstellen wollen. Ist die Aufgabe erledigt, ist das Beratungsverhältnis beendet und der Berater scheidet aus. Typische Beispiele sind:

- Strategie-Berater, die gemeinsam mit der Geschäftsführung eine neue mittel- und langfristige Strategie zur Erreichung der Unternehmensziele formulieren und in einzelnen Schritten festlegen (Produkte, Märkte, CI, Unternehmensgrundsätze).
- IT-Berater, die neue IT-Systeme einführen, Arbeitsabläufe neu festlegen und Ihr Personal entsprechend schulen (Einführung von SAP, Branchensoftware, Internet-Plattform),
- Controlling-Berater, die ein neues Entscheidungssystem anhand betrieblicher Kennzahlen einrichten und Ihr Personal entsprechend ausbilden (Management-Informations-Systeme),
- Personalberater, die Ihre Mitarbeiter zusätzlich qualifizieren (Telefon-Schulungen, Moderations-Schulungen usw.),

---

[35]gemäß § 43 GmbHG.
[36]OLG Oldenburg, Urteil vom 22.06.2006, 1 U 34/03.

- Trainer, die Ihre Führungskräfte und Mitarbeiter ausbilden und ihnen neue Arbeitstechniken vermitteln (Projektmanagement, Arbeiten im Team, Arbeiten mit Zielvereinbarungen),
- Marketingberater, die Ihren Außendienst neu aufstellen und in neuen Verkaufsmethoden schulen (aber auch: Public Relations, Öffentlichkeitsarbeit, CD, Werbeaktivitäten).

Die Ausgestaltung des Vertrages ist Sache der Vertragsparteien. Zeichnen Sie den Ihnen vorgelegten Vertrag nicht einfach ab. Machen Sie die Auftragsvergabe grundsätzlich immer davon abhängig, dass Ihre vertraglichen Interessen ausreichend berücksichtigt sind. Vertragliche Mängel bringen Ihnen als Geschäftsführer und Ihrer Firma erhebliche Nachteile und verursachen Mehrkosten. Die häufigsten Fehler bei Vertragsschluss sind:

- Der Gegenstand der Beratung ist nicht klar und eindeutig definiert (Methoden, Ziele, Dauer des Beratungsauftrages).
- Beratungsmängel (Einsatz unqualifizierter Berater).
- Schadensfällen, die sich aus Missbrauchshandlungen ergeben (Weitergabe von Betriebsinterna).

Dagegen müssen Sie sich schützen. Verstoßen Sie bei der Auswahl und beim Abschluss eines Vertrages mit dem externen Berater gegen Ihre Sorgfaltspflichten als Kaufmann, machen Sie sich gegenüber der GmbH schadensersatzpflichtig.

Kosten für Beratungsfehler von Angehörigen der freien Berufe (Steuerberater, Rechtsanwälte, Wirtschaftsprüfer) übernimmt in der Regel deren Berufshaftpflicht. Wenn Sie einen Unternehmensberater beauftragen, besteht ein solcher Versicherungsschutz in der Regel nicht.

Hier tragen Sie das volle Risiko, wenn Sie den Unternehmensberatervertrag ungeprüft unterschreiben und dabei z. B. auch die Klausel unterschreiben, dass Sie den Berater auf Ihr eigenes Risiko tätig werden lassen. Damit verzichten Sie stillschweigend auf Schadensersatzansprüche.

So finden Sie den richtigen Berater: Die Berufsbezeichnung Unternehmensberater ist kein geschützter Titel. Da sich jeder ohne Qualitätsnachweis Unternehmensberater nennen darf, müssen Sie besondere Vorkehrungen treffen, damit Ihre GmbH nicht zu schaden kommt.

Der Bundesverband deutscher Unternehmensberater (BDU) setzt innerhalb seiner Mitglieder Qualitätsstandards durch. Sie haben also eine gewisse Sicherheit, wenn Sie einen Unternehmensberater beauftragen, der BDU-Mitglied ist. Der BDU bewertet und beurteilt seine Mitglieder nach Standards.

Kriterien für die Aufnahme in den Verband sind:

- Nachweis der beruflichen Eignung (Vita)
- 5 Jahre Berufserfahrung als Unternehmensberater

5.3 Pflicht zur externen Beratung

- 3 Jahre Selbständigkeit oder Leitungsfunktion als Unternehmensberater (gilt bei Gesellschaften für Geschäftsführer)
- 3 exzellente Kundenreferenzen
- 2 Fachinterviews mit BDU-Unternehmensberatern
- Verpflichtung auf BDU-Berufsgrundsätze
- Berufsaufsicht durch den 5-köpfigen BDU-Ehrenrat

In den Berufsgrundsätzen verpflichten sich die Mitglieder u. a. zu Objektivität und Neutralität, zu Vertraulichkeit im Umgang mit Kundendaten, fairem Wettbewerb und angemessener Preisbildung.

BDU-Mitglieder machen diese Grundsätze zum Vertragsbestandteil. Unter Vertraulichkeit ist z. B. geregelt, dass alle geschäfts- und auftragsbezogenen Tatsachen, die in Zusammenhang mit der Auftragsausführung bekannt werden, zeitlich unbeschränkt der Schweigepflicht unterliegen. Ohne schriftliche Einwilligung des Auftraggebers dürfen sie weder an Dritte weitergegeben, noch vom Berater für sich selbst verwertet werden.

Zusätzlich qualifizierte BDU-Berater nennen sich CMC (Certified Management Consultant). Im Einzelfall können aber auch Nicht-BDU Mitglieder ausgezeichnete Beratungsleistungen bieten.

In der Datenbank des BDU sind alle Mitglieder nach Spezialgebiet gelistet. Die Datenbank ist öffentlich zugänglich. Unter www.BDU.de finden Sie daneben zahlreiche Fachaufsätze zu Spezialthemen, die bei der Entscheidung für einen externen Berater hilfreich sind.

Bevor Sie einen Auftrag vergeben, sollten (müssen) Sie sich von dem externen Unternehmensberater grundsätzlich 3 Referenzen nennen lassen. Prüfen Sie diese Referenzen nach. Führen Sie ein persönliches Gespräch mit den Referenzunternehmen, damit Sie sich persönlich einen Eindruck von der Beratungsleistung machen können. Sprechen Sie auch mit den Mitarbeitern des Referenzunternehmens, die den Berater persönlich erlebt haben.

Kosten der Unternehmensberatung: Unternehmensberater berechnen Honorare, die im richtigen Verhältnis zu Art und Umfang der durchgeführten Arbeit stehen und die **vor Beginn der Beratungstätigkeit** mit Ihnen als Beratungskunden abgestimmt worden sind.

Unternehmensberater geben **Festpreisangebote** nur für Projekte ab, deren Umfang zu überblicken ist und bei denen nach honorarpflichtigen Voruntersuchungen Umfang und Schwierigkeitsgrad der zu lösenden Probleme präzise und für beide Vertragsparteien überschaubar und verbindlich herausgearbeitet worden sind.

Werden Tagessätze für die Beratungsleistung vereinbart, sind je nach Leistung und Berater Honorare pro zwischen 500 € und 2000 € pro Berater/Trainer üblich und angemessen. Darüber liegende Honorarsätze sollten Sie nicht akzeptieren.

Unternehmensberater präzisieren ihre Angebote so, dass Sie als Kunde wissen, welche sonstigen Kosten neben dem Honorar in Rechnung gestellt werden.

Abschluss eines Beratervertrages: Der Beratungsvertrag kann als Dienstvertrag oder Werkvertrag, jeweils mit oder ohne Geschäftsbesorgungscharakter oder auch als

Geschäftsbesorgungsvertrag mit dienstvertraglichen oder werkvertraglichen Elementen abgeschlossen werden. Wichtig hierbei ist, dass der Berater als freier Mitarbeiter bzw. Selbständiger tätig wird und nicht als Arbeitnehmer.

Wird nicht nur eine Tätigkeit, sondern ein bestimmter Erfolg geschuldet, den der Unternehmensberater herbeiführen soll, handelt es sich rechtlich um einen sog. Beratungswerkvertrag. Das kann die Herstellung einer rein gegenständlichen Sache oder auch ein bestimmter herbeizuführender Erfolg wie die Hinführung eines neuen Produktes zur Marktreife bzw. die Markteinführung eines neuen Produktes oder die Umstrukturierung eines Unternehmens oder von Teilen davon sein.

Bei diesen Verträgen liegt das unternehmerische Risiko für den Erfolg der Leistung, also das Gelingen des Auftrags, beim Berater.

> **Beispiel**
> Typische Anwendungsfälle sind Verträge über die Erstattung von Gutachten aus den Bereichen Recht, Betriebswirtschaft oder Steuern. In den Verträgen finden sich in der Praxis oft Bezüge zur Geschäftsbesorgung. Bei dem Beispiel eines beauftragten Rechtsanwalts etwa dann, wenn dieser z. B. Verträge und Gutachten erstellen soll, oder wenn etwa eine Werbeagentur zur Markteinführung eine bestimmte Werbekampagne durchführen soll. Auch die Fälle, in denen ein Unternehmensberater mit der Konzeption und Entwicklung einer neuen Organisationsstruktur beauftragt wird, gehören dazu.

Einen Unternehmensberater sollten Sie grundsätzlich nur auf der Grundlage eines schriftlich geschlossenen Vertrages beauftragen, auch wenn dies nicht zwingend vorgeschrieben ist.

Wenn Sie oder der Berater einen formularartig vorformulierte Mustervertrag für den Vertragsschluss verwenden, der in allgemeiner Form gehalten ist und in dem eine Vielzahl von Beratungsverhältnissen geregelt werden, werden zusätzlich die Vorschriften des AGB-Gesetzes angewandt. Das hat zur Folge, dass der strenge Maßstab dieses Gesetzes darüber entscheidet, ob einzelne Klauseln und Vereinbarungen des Vertrages bzw. der Vertrag insgesamt auch rechtswirksam oder nichtig sind bzw. ist. Verträge mit Anlageberatern können unter Umständen der notariellen Beurkundung bedürfen.

Ein Beratervertrag mit dem Unternehmensberater sollte folgende Punkte regeln:

- Exakte Definition der Aufgaben bzw. des zeitlichen Rahmens
- Art der Erledigung des Beratungsauftrages
- Informationspflichten und Weisungsrechte
- Honorar und Aufwendungsersatz
- Schweigepflicht
- Aufbewahrung und Rückgabe von Unterlagen
- Wettbewerbsverbot
- Vertragsdauer, Kündigung
- Allgemeine Bestimmungen

5.3.2 Zusammenarbeit mit dem Steuerberater

Als Geschäftsführer sind Sie verantwortlich für die

- ordnungsgemäße Buchführung,
- die Erstellung und Vorlage der Bilanz,
- die Anmeldung und Voranmeldung von Steuern und
- für die ordnungsgemäße und termingerechte Abgabe aller Steuererklärungen,
- aber auch für die Einrichtung eines effektiven Rechnungswesens (Controlling).

Sie können alle diese Aufgabe durch eine eigene Abteilung in der GmbH erledigen lassen, aber auch alle oder nur einzelne Aufgaben von einem externen Spezialisten erledigen lassen. Trotzdem bleiben Sie verantwortlich.

Im kleinen und mittleren Unternehmen lohnt es meist nicht, spezialisiertes Personal für ein eigenes Rechnungswesen einzustellen. Die einzelnen Aufgaben können Sie delegieren an:

- freiberuflich tätige **Buchführungshelfer** (Buchen, Kontieren, Lohnbuchhaltung)
- freiberuflich tätige **Bilanzbuchhalter** (Vorbereitung und Erstellen des Jahresabschluss nach handelsrechtlichen Vorschriften)
- **Steuerberater** bzw. **Steuerberatungsgesellschaften** (Vorbereitung und Erstellen des Jahresabschlusses, Steuererklärungen, auch: betriebswirtschaftliche Auswertungen).

Die meisten Steuerberater arbeiten mit dem zentralen Erfassungs- und Auswertungssystem der DATEV. Der Steuerberater richtet den für Sie passenden DATEV-Kontenrahmen ein. Er veranlasst und kontrolliert die laufende Erfassung und Auswertung aller Belege bis hin zur Erstellung der vollständigen Bilanz und aller Steuererklärungen.

Wenn Sie alle Leistungen über einen einzigen externen (Steuer-)Berater abwickeln, kostet Sie das in der Regel zwar etwas mehr, dafür haben Sie aber den Vorteil, dass Ihr persönlicher Verwaltungs- und Kontrollaufwand erheblich zurückgeht. Außerdem ist sichergestellt, dass Fehler immer eindeutig dem Steuerberater zugeordnet werden können und nicht zwischen Buchführungshelfer und den Angestellten des Steuerbüros hin und her geschoben werden.

Steuerberater haften grundsätzlich für Fehler, die sie verursachen (Auswirkungen von Fehlbuchungen, fehlerhafte Steuererklärungen, Fristversäumnisse usw.). Für Schäden kommt die Steuerberater-Berufshaftpflichtversicherung auf.

Neben jährlich wiederkehrenden Abläufen hat der Steuerberater die wichtige Aufgabe, alle Ihre unternehmerischen Entscheidungen ständig im Hinblick auf **steuerliche Auswirkungen** zu prüfen und entsprechend zu beraten. Typische Beispiele:

- Sie wollen einen Teilbetrieb verkaufen.
- Sie wollen zusätzlich für geplante Aktivitäten einen GmbH-Mantel mit Verlustvortrag erwerben.

- Sie wollen eine Tochtergesellschaft gründen und einen Gewinnabführungsvertrag abschließen.

Verlassen Sie sich nie auf schnelle Auskünfte am Telefon oder zwischen Tür und Angel von einem Bilanzbuchhalter oder weniger qualifizierten Steuerexperten. Nur Steuerberater dürfen inhaltlich beraten und haften Falschauskünfte.

Auf einen zugelassenen Steuerberater sollten Sie aber auch immer dann zurückgreifen, wenn es um Auseinandersetzungen mit dem Finanzamt geht. Das sind z. B.:

- Anpassungen von Steuervorauszahlungen,
- Einspruch gegen einen Steuerbescheid,
- Schlussbesprechungen im Rahmen einer Betriebsprüfung.

Der Steuerberater kennt für solche Fälle die genauen Verfahrensregeln und weiß auch, wann es besser ist, sich auch einmal taktisch mit dem Finanzamts-Sachbearbeiter unbürokratisch zu einigen oder wann eventuell erst der Finanzamts-Vorsteher eingeschaltet werden sollte, bevor man den Gerichtsweg beschreitet.

So finden Sie den richtigen Berater: Steuerberater erhalten eine Zulassung zur Ausübung des Berufes erst nach langer Ausbildung und einer strengen Prüfung ihrer Fähigkeiten. Steuerberater sind zur ständigen Weiterbildung verpflichtet, auch dazu, über die neueste Rechtsprechung in Steuersachen und auch über bevorstehende Steueränderungen informiert zu sein und entsprechend zu beraten. Andernfalls macht er sich schadenersatzpflichtig.

Steuerberater ist nicht gleich Steuerberater. War es bis vor wenigen Jahren noch üblich, den einmal gewählten Steuerberater nie mehr zu wechseln, ist das unterdessen kein Tabu mehr. Wenn Sie mit Ihrem Steuerberater nicht zufrieden sind, sollten Sie sich nach einem besseren umschauen. Das lohnt immer, auch wenn es in der Übergangsphase zu einer Mehrbelastung für Sie führt (eventuell neue Erfassungsgebühren, weil die alten Unterlagen nicht brauchbar sind).

Als Geschäftsführer sind für Sie folgende Kriterien bei der Auswahl des richtigen Steuerberaters wichtig:

- Wie viele Unternehmen betreut der Steuerberater bereits? (unbedingt: Lassen Sie sich Referenzen geben)
- Betreut der Steuerberater bereits Mandate aus Ihrer Branche? (Handelt es sich um Konkurrenten?)
- Passt die Beratungspraxis zu Ihrem Unternehmen (die mittelständische Praxis passt zur mittelständischen Firma).
- Spricht der Berater Ihre Sprache, kann er Steuerspar-Modelle verständlich darstellen?
- Erwarten Sie nicht, dass Ihr Steuerberater Spezialist für alle Steuerprobleme ist. Wollen Sie ein Sonderproblem lösen (steuerliche günstigste Erbfolgeregelung im Unternehmensverbund mit mehreren Kindern), sollten Sie sich nicht scheuen, dazu neben Ihrem „Haus-"-Steuerberater den entsprechenden Experten einzuschalten.

Steuerberater dürfen nach ihrem Standesrecht nur sehr eingeschränkt Werbung machen. Der Markt ist also nicht besonders transparent. Hier einige Tipps, wie Sie schnell zum richtigen Steuerberater finden:

- Der Steuerberater sollte für das mittelständische Unternehmen in der Region („finanzamtsnähe") ansässig sein.
- Lassen Sie sich von der regionalen Steuerberaterkammer (örtlich auch: Steuerberaterverband oder -verein) Berater mit mehrjähriger Branchenerfahrung nennen.
- Fragen Sie Ihre Geschäftsführer-Kollegen, mit welchen Anwälten diese zusammenarbeiten und welche Erfahrungen sie haben.
- Nutzen Sie das Internet, um potenzielle Steuerberater aus der Region ausfindig zu machen (Suchmaschine: Steuerberater, Region z. B. Bonn, Körperschaftsteuer).
- Lassen Sie sich von den in Frage kommenden Steuerberatern/Kanzleien Imagebroschüren und Referenzadressen geben.
- Lernen Sie Ihren potenziellen Steuerberater persönlich kennen und überzeugen Sie sich zunächst im Gespräch von dessen Kompetenz, bevor Sie sich auf eine Mandatsbeziehung einlassen.
- Für ein gerichtliches Verfahren vor dem Finanzgericht sollten Sie sich an einen Fachanwalt für Steuerrecht wenden.

Für Spezialprobleme finden Sie den Experten über eine Empfehlung der Steuerberaterkammer. Experten sind hier bekannt, weil Sie in aller Regel ihr Expertenwissen auf Weiterbildungsveranstaltungen der Steuerberaterkammer anbieten und damit einer ständigen Qualitätskontrolle unterworfen sind.

Adressen
- **Bundessteuerberaterkammer,** Neue Promenade 4, 10178 Berlin-Mitte, Tel: 030/240087–0, Fax: 030/240087–99, eMail: zentrale@bstbk.de, Internet: www.bstbk.de. Hier erhalten Sie die Kontaktadressen der örtlichen Steuerberaterkammern.
- **Steuerberaterverband,** „Haus der Verbände", Littenstraße 10, 10179 Berlin, Tel.: 030/278 76–2 0 30, Fax: 030/278 76 799, eMail: DStV.Berlin@dstv.de, Internet: http://www.steuerberaterverband.de. Hier erhalten Sie die Kontaktadressen der örtlichen Steuerberaterverbände.
- **Bundesverbandder Bilanzbuchhalter und Controller,** Postfach 26 55, 53016 Bonn, Tel 0228/7669811, Fax 0228/7669813, eMail: info@bvbc.de oder im Internet: www.bvbc.de

Regeln für die erfolgreiche Zusammenarbeit mit Ihrem Steuerberater

1. Schließen Sie mit Ihrem Steuerberater grundsätzlich einen **schriftlichen Steuerberatungsvertrag** ab. Prüfen Sie dazu den vom Steuerberater vorgelegten Mandantenauftrag anhand der unten erläuterten **Allgemeinen Auftragsbedingungen.**

2. Vereinbaren Sie feste Besprechungstermin (jour fix). Kleinere Unternehmen: vierteljährlich, mittelständische Unternehmen: monatlich.
3. Notieren Sie alle steuerlichen Fragen, die während des Monats auftreten, **schriftlich** (Tagesordnung). Das sind alle Fragen zur Buchführung, zur Bilanzierung und im Zusammenhang mit dem laufenden Besteuerungsverfahren (Lohnsteuer, Umsatzsteuer, Körperschaftsteuer, Gewerbesteuer usw.). Notieren Sie auch Anregungen zum Steuersparen aus Wirtschaftsmagazinen, Zeitschriften und sonstigen Informationsquellen.
4. **Protokollieren** Sie alle Aussagen des Steuerberaters und vermerken Sie schriftlich, welche Fragen noch offen sind und **bis wann** der Steuerberater diese beantworten wird (Zielvereinbarung).
5. Informieren Sie Ihren Steuerberater über **alle bevorstehenden** unternehmerischen Entscheidungen. Der Laie übersieht schnell, dass fast alle unternehmerischen Entscheidungen steuerliche Auswirkungen haben (z. B.: Verzicht auf ein Gesellschafterdarlehen, Änderung innerbetrieblicher Verrechnungspreise im Unternehmensverbund, Auflösung eines Teilbetriebes, Verkauf eines Unternehmensteils, Zukauf eines Unternehmens usw.).
6. Wenn Ihre unternehmerische Entscheidung von den steuerlichen Folgen abhängig gemacht wird, lassen Sie sich vom Steuerberater ein **schriftliches Steuergutachten** fertigen.
7. **Stellen Sie Fragen:** Wenn Sie steuerliche Sachverhalte nicht verstehen, ist das kein Makel. Das Steuerrecht der GmbH ist sehr kompliziert. Es ist Aufgabe Ihres Beraters, Ihnen diese Sachverhalte verständlich zu erklären!

Wie Sie Kosten einsparen können: Die Kosten für die Buchführung und die Vorbereitung des Jahresabschlusses (GuV, Bilanz) berechnen sich nach Abwicklungsaufwand und sind damit je nach Branche unterschiedlich.

Arbeitet der Steuerberater nicht mit der DATEV zusammen, sondern mit einem kostengünstigeren Anbieter oder sogar mit einem eigenen Programm, kann dies zu Preisnachlass führen. Holen Sie sich für die jährlichen Buchungs- und Kontierungstätigkeiten Angebote unterschiedlicher Anbieter ein (Buchführungshelfer, Bilanzbuchhalter, Datenverarbeitungsunternehmen). Konfrontieren Sie Ihren Steuerberater mit diesen Preisen und vereinbaren Sie mit dem Steuerberater eine „Pauschale".

Für die Abwicklung der **Lohnabrechnung** gibt es zahlreiche Internet-Unternehmen, die interessante Angebote haben. Beispiel: http://www.lohndirekt.de.

Steuerberater berechnen Ihr Honorar anhand der Steuerberatergebührenverordnung.

Wertgebühren: Die Wertgebühren bestimmen sich nach Tabelle A für Beratungsleistungen. Sie werden nach dem Gegenstandswert berechnet. In derselben Angelegenheit werden die Werte mehrerer Gegenstände zusammengerechnet (Beispiel: Beratung zu einem Teilverkauf des Unternehmens, geschätzter Kaufpreis: 200.000 € = 1816 €).

Rahmengebühren: Ist für die Gebühren ein Rahmen vorgesehen, so bestimmt der Steuerberater die Gebühr im Einzelfall unter Berücksichtigung aller Umstände, insbesondere der Bedeutung der Angelegenheit, des Umfanges und der Schwierigkeit der beruflichen Tätigkeit nach billigem Ermessen.

Zeitgebühr: Die Zeitgebühr wird berechnet

- in den Fällen, in denen dies laut Steuerberatergebührenverordnung vorgesehen ist,
- wenn keine genügenden Anhaltspunkte für eine Schätzung

des Gegenstandswerts vorliegen. Dies gilt nicht im außergerichtlichen Rechtsbehelfsverfahren, im Verwaltungsvollstreckungsverfahren und in gerichtlichen und anderen Verfahren Sie beträgt **19 bis 46 €** je angefangene halbe Stunde.

Pauschalvergütung: Für einzelne oder mehrere für denselben Auftraggeber laufend auszuführende Tätigkeiten kann der Steuerberater eine Pauschalvergütung vereinbaren. Die Vereinbarung ist schriftlich und für einen Zeitraum von mindestens einem Jahr zu treffen. In der Vereinbarung sind die vom Steuerberater zu übernehmenden Tätigkeiten und die Zeiträume, für die sie geleistet werden, im einzelnen aufzuführen. Die Vereinbarung einer Pauschalvergütung ist ausgeschlossen für

- die Anfertigung nicht mindestens jährlich wiederkehrender Steuererklärungen,
- die Ausarbeitung von schriftlichen Gutachten,
- die Teilnahme an Prüfungen,
- die Beratung und Vertretung im außergerichtlichen Rechtsbehelfsverfahren, im Verwaltungsvollstreckungsverfahren und in gerichtlichen und anderen Verfahren.

Abschluss eines Beratervertrages
Treffen Sie mit dem Steuerberater keine besondere Vereinbarung, gelten die **Allgemeinen Auftragsbedingungen** der steuerberatenden Berufe. Danach müssen Sie sich auf folgende Regelungen einstellen:

- Für den Umfang der vom Steuerberater zu erbringenden Leistungen ist der erteilte Auftrag maßgebend. Definieren Sie also genau, welche **Leistungen** der Steuerberater erbringen soll.
- Der Steuerberater wird die vom Auftraggeber genannten Tatsachen, insbesondere Zahlenangaben, als richtig zu Grunde legen. Soweit er **Unrichtigkeiten** feststellt, ist er verpflichtet, darauf **hinzuweisen.** Die Prüfung der Richtigkeit, Vollständigkeit und Ordnungsmäßigkeit der übergebenen Unterlagen und Zahlen, insbesondere der Buchführung und Bilanz, gehört nur zum Auftrag, wenn dies schriftlich vereinbart ist.
- Der Auftrag stellt keine Vollmacht für die Vertretung vor Behörden, Gerichten und sonstigen Stellen dar. Sie ist gesondert zu erteilen. Ist wegen der Abwesenheit des Auftraggebers eine Abstimmung mit diesem über die Einlegung von Rechtsbehelfen oder Rechtsmitteln nicht möglich, ist der Steuerberater im Zweifel zu fristwahrenden Handlungen berechtigt und verpflichtet.

Besonderheiten im GmbH-Konzern 6

6.1 Zentrale Unternehmensplanung

Die zentrale Unternehmensplanung und Kontrolle sind wichtige zentrale Führungsinstrumente für die effiziente Steuerung und Weiterentwicklung der gesamten Unternehmensgruppe. Je nach Anzahl der Konzerngesellschaften, Verzahnung der Geschäftsmodelle und Geschäftstätigkeiten (z. B. Zulieferer), je nach vertikaler und horizontaler Verflechtung der Geschäftsabläufe können mit Hilfe der zentralen Unternehmensplanung die Einzelpläne optimiert, aufeinander abgestimmt und angepasst werden.

Die Unternehmensplanung kann sich dabei auf die vollständige Koordinierung sämtlicher betriebswirtschaftlicher Größen, aber auch auf die Koordinierung weniger Planungsgrößen beziehen (Liquiditätssteuerung, Investitionsplanung). Wesentliche Punkte der zentralen Unternehmensplanung sind:

Beispiel: zentrale Unternehmensplanung
- Management-Grundsätze
- Vision – langfristige und globale Leitlinie
- Darstellung der Produkte und Dienstleistungen und deren Zielgruppen inkl. Nutzen (qualitativ, quantitativ)
- Markt, Marktvolumen, Marktentwicklung
- Konkurrenz-/Wettbewerbssituation
- Stärken/Schwächen – Analysen
- Balanced Scorecard
- Planung von strategischen Maßnahmen, um die Stärken zu verstärken und die Schwächen auszumerzen
- Planung von strategischen Maßnahmen zur Marktdurchdringung
- Investitionsplanung

- Personalplanung (Organigramm)
- Umsatzplanung
- Ergebnisplanung
- Liquiditätsplanung
- Planbilanz
- Ergebnisplanung (Forecast)
- Steuerplanung

In der Regel sind die Geschäftsführer der Tochtergesellschaften in den Planungsprozess einbezogen. Sie sind zuständig für die operative Umsetzung der Plandaten in ihrem Unternehmen. Bei Abweichungen, Besonderheiten und außergewöhnlichen Vorkommnissen sind Sie verpflichtet, die Planungsgremien, das Controlling und die interne Revision zu informieren.

Die zentrale Unternehmensplanung orientiert sich in der Praxis an folgenden Grundsätzen:

- Zielgruppe für die Unternehmensplanung und Kontrolle sind die Gesellschafter, der Vorstand der Holding, der Aufsichtsrat, die Investoren und die Mitarbeiter.
- Die Verantwortung für die Planerstellung, die laufende Überwachung der Pläne und die Erstellung, Durchführung und Kontrolle der notwendigen Maßnahmen bei Abweichungen liegt bei den Geschäftsführern für ihre jeweilige Gesellschaft und bei der Gesamt-Geschäftsleitung für den Unternehmensverbund.
- Zu Beginn des Planungszeitraums wird ein Management-Strategiemeeting mit allen Beteiligten durchgeführt.
- Der Planung- und Controllingprozess wird permanent angepasst und verbessert.
- Informationen für die „Öffentlichkeit" gehen nur nach Abstimmung mit der zentralen Geschäftsleitung nach außen.

Daneben wird in vielen Konzernen eine zentrale Planung für Dienstleistungsfunktionen erstellt, die den einzelnen Unternehmen des Unternehmensverbundes zur Verfügung stehen. Das sind z. B.:

- Personaldienstleistungen
- Aus- und Weiterbildung
- Rechnungswesen und/oder Controlling
- Interne Informationstechnologie
- Personal-/Organisationsentwicklung
- Marketing
- zentrale Projekte
- Vorstand/Verwaltung

Nach § 91 Abs. 2 AktG hat der Vorstand geeignete Maßnahmen zu treffen, insbesondere ein Überwachungssystem einzurichten, damit für den Fortbestand der Gruppe bzw. einzelner Gesellschaften gefährdende Entwicklungen früh erkannt werden. Durch diese

Vorschrift soll nach der Regierungsbegründung zum Gesetz zur Kontrolle und Transparenz im Unternehmensbereich (KonTraG) die Verpflichtung des Vorstands, für ein angemessenes Risikomanagement und eine angemessene interne Revision zu sorgen, verdeutlicht werden.

Es werden momentan folgende Risikofelder, die zu Bestandsgefährdenden Entwicklungen führen können, identifiziert. Es wird hierfür einen speziellen verbindlichen **Risikoleitfaden** für die einzelnen Einheiten geben mit folgenden Inhalten:

- Aussagen zur frühzeitigen Erkennung von Risiken im Unternehmen
- Definition von Risikofeldern, die zu Bestandsgefährdenden Entwicklungen führen können.
- Grundsätze für die Risikoerkennung und Risikoanalyse sowie Risikokommunikation, insbesondere auch über die Feststellung und die Reaktion auf Veränderungen im Zeitablauf
- Festlegungen von Verantwortlichkeiten und Aufgaben für Risikoerkennung, – analyse und kommunikation
- Regelungen zur Berichterstattung und Risikoverfolgung
- Zusammenstellung der wesentlichen integrierten Kontrollen und der Aufgaben der internen Revision

6.2 Cash-Pooling-Finanzierung

Konzern-Unternehmen haben in der Regel im In- und Ausland Tochtergesellschaften und/oder Betriebsstätten. Die Tochtergesellschaften und Betriebsstätten erwirtschaften Einnahmen und Überschüsse – auch in verschiedenen Währungen – und haben Ausgaben und Investitionskosten – ebenfalls in verschiedenen Währungen. In der Regel erwirtschaften einige Unternehmenseinheiten Liquiditätsüberschüsse, die zu möglichst hohen Zinssätzen angelegt werden sollen. Andere Unternehmenseinheiten haben ein Mittelbedarf, den sie zu möglichst niedrigsten Zinskonditionen decken wollen. Im Konzern ist es möglich, die Liquidität zentral zu steuern und damit Vorteile bei der Bereitstellung von Finanzmitteln zu günstigen Konditionen zu ermöglichen.

Um das in der Unternehmensgruppe zu gewährleisten, wenden Unternehmen sog. Cash-Management-Systeme an. Eine Methode ist das Cash-Pooling.

Beim physischen Cash-Pooling werden die Salden der Bankkonten der am Cash-Pooling teilnehmenden Konzerngesellschaften auf ein einziges Zielkonto („Masterkonto") transferiert. Das Masterkonto wird von der Muttergesellschaft geführt. Guthaben der teilnehmenden Gesellschaften werden auf das Masterkonto überwiesen, Kreditbedarf von Konzerngesellschaften wird durch Transfers vom Masterkonto gedeckt. Der Saldo des Masterkontos wird am Kapitalmarkt angelegt oder durch Kreditaufnahme gedeckt.

Für die einzelne Konzerngesellschaft werden so Forderungen und Verbindlichkeiten statt gegenüber der Bank durch Forderungen und Verbindlichkeiten gegenüber einem verbundenen Unternehmen ausgetauscht. Von Banken werden Cash-Pooling-Systeme in der Form angeboten, dass die Ursprungskonten zu einem vertraglich festgelegten Zeitpunkt automatisch entweder vollständig („Zero Balancing") oder nur bis zu vereinbarten Beträgen („Conditional Balancing") ausgeglichen werden.

Beim virtuellen Cash-Pooling („Notional Cash-Pooling") erfolgt keine tatsächliche Übertragung der Banksalden der einzelnen Konzerngesellschaften auf das Masterkonto. Stattdessen werden die Salden lediglich rechnerisch auf einem virtuellen Masterkonto zusammengeführt. Auf diesem zusammengefassten Masterkonto ergibt sich ein Saldo, der als Grundlage für die Bestimmung der jeweiligen Soll- und Habenzinssätze mit der das Cash-Pooling betreibenden Bank dient.

In der Praxis lassen sich durch die virtuelle Verrechnung höhere Haben- und niedrigere Sollzinsen vereinbaren. Demzufolge lässt sich durch dieses Cash-Pooling (Notional Cach Pooling) die Spanne zwischen Soll- und Habenzinssätzen verringern. Beim diesem Vorteilsausgleich unterscheidet man zwischen Zinsoptimierungsmodell und Zinskompensationsmodell:

- Beim Zinsoptimierungsmodell profitieren die einzelnen Konzerngesellschaften unmittelbar von den günstigeren Zinskonditionen. Die Banksalden der Konzerngesellschaften werden auf Basis des virtuellen Masterkontos verzinst, wobei die günstigeren Soll- und Habenzinssätze direkt den Konzerngesellschaften belastet oder gutgeschrieben werden.
- Beim Zinskompensationsmodell partizipieren die einzelnen Konzerngesellschaften nicht an den günstigeren Zinskonditionen. Den Ursprungskonteninhabern werden weder originäre Zinsen unmittelbar berechnet noch gutgeschrieben. Der Vorteilsausgleich erfolgt ausschließlich bei der Konzerngesellschaft.

Da der Ausgleich von Banksalden unterschiedlicher Währungen durch Umtauschkosten oder Kurssicherungskosten kostspielig ist, werden das Cash-Pooling sowie das Notional Cash-Pooling von den Banken auch kombiniert angeboten. Dabei werden nur die auf Euro lautenden Ursprungskonten auch tatsächlich transferiert. Die Ursprungskonten in anderen Währungen werden nur über ein Notional Cash-Pooling einbezogen.

Seit der GmbH-Reform (2009) gelten klare Regeln für die Konzern-Finanzierung. Der Gesetzgeber hat damit das einheitliche Liquiditäts-Management (Cash-Pooling) im Konzern gesetzlich zugelassen und geregelt. Das geht ohne Risiko für die beteiligten Unternehmen, solange die Kredite durch eine vollwertige Gegenleistung gedeckt sind. Damit ist die Haftung zwischen den Gesellschaften geregelt – bei Zahlungsausfall muss eine Tochtergesellschaft nicht für die andere einspringen.

Nachteil: Nicht mehr die beteiligten Gesellschaften tragen das Haftungsrisiko. Dafür steigt das Haftungsrisiko des einzelnen Geschäftsführers. Und zwar deswegen, weil er aus anderen Vorschriften des GmbH-Gesetzes für die GmbH haften kann:

6.2 Cash-Pooling-Finanzierung

- Danach haftet z. B. der Geschäftsführer der Holding beim Zahlungsausfall einer Tochtergesellschaft, weil er das Darlehen nicht rechtzeitig zurückgefordert hat[1].
- Die Rückzahlung eines Konzerndarlehens kann aber auch zu einer verdeckten Sacheinlage führen. Auch in diesem Fall haftet der Geschäftsführer[2].
- Der Geschäftsführer der Tochtergesellschaft haftet u. U., wenn der sich weigert, konzerninterne Weisungen zum gemeinsamen Cash-Pooling auszuführen. Und zwar entweder, weil er für Finanzierungsausfälle verantwortlich gemacht wird oder persönlich, weil sein Anstellungsvertrag nicht verlängert oder sogar gekündigt wird.

▶ **Für die Praxis** Geschäftsführer von Tochtergesellschaften im Konzernverbund sind gegen die persönlichen finanziellen Risiken aus dem Cash-Pooling in der Regel nicht abgesichert. Vorsorglich sollte das Cash-Pooling zwischen der Konzern-Holding und der Tochtergesellschaft auf einer klaren vertraglichen Grundlage geregelt sein. Stimmen Sie der Vereinbarung nur zu, wenn
  - alle Vertragspartner dazu verpflichtet sind, sich gegenseitig über die Ertragslage und den Cash-Flow jedes einzelnen Unternehmens ständig zu informieren.
  - nur gesunde und insolvente Unternehmen bzw. Tochtergesellschaften am Cash-Pooling teilnehmen.
  - die Konzernmutter verpflichtet ist, einen Liquiditätspuffer einzurichten.
  - die Tochterfirmen die Möglichkeit haben, den Vertrag zu beenden und damit aus dem Cash-Pooling auszuscheiden.

Rechtlich ungeklärt ist die Frage, wie das Cash-Pooling im Zusammenhang mit der Erbringung der Stammeinlage zu bewerten ist. Der Bundesgerichtshof hat dazu in einem Grundsatzurteil[3] entschieden: Wird bei Gründung einer GmbH die eingezahlte Stammeinlage sofort oder in engem zeitlichem Zusammenhang in den Cash-Pool des Unternehmensverbundes weitergeleitet, gilt die Stammeinlage weiterhin als „nicht erbracht". Folge: In der wirtschaftlichen Krise des Unternehmens (also z. B. der Tochtergesellschaft) darf der Insolvenzverwalter die Stammeinlage vom Gesellschafter nochmals einziehen. Diese Haftung der Gesellschafter gilt für insgesamt 10 Jahre.

Im Urteilsfall hatten die Gesellschafter eine Einlagezahlung von 870.000 € laut vertraglicher Vereinbarung zwischen den Gesellschaftern in einen Cash-Pool eingezahlt, der von einem der Gesellschafter verwaltet wurde. Als es nach Jahren zum Insolvenzverfahren kam, forderte der Insolvenzverwalter diesen Betrag erneut ein. Der BGH stellte jetzt dazu klar: Zu Recht. Die Gesellschafter müssen das gesamte Stammkapital in Höhe von 870.000 € nochmals bezahlen.

---

[1] § 43a GmbH-Gesetz.
[2] § 19 GmbH-Gesetz.
[3] BGH, Urteil vom 20.07.2009, II ZR 273/07.

▶ **Für die Praxis** Der Geschäftsführer eines Unternehmens, dass Nebengeschäfte über Tochtergesellschaften abwickelt bzw. dass über Beteiligungen expandiert, muss diese Rechtslage unbedingt beachten. Einlagezahlungen an neu gegründete Unternehmen oder in Beteiligungen dürfen auf keinen Fall sofort in den Cash-Pool des Unternehmensverbundes fließen. Besser ist es, die Stammeinlage per Beleg (Vermerk: Erbringung der Stammeinlage) auf ein Konto des neu gegründeten Unternehmens zu überweisen und dort mindestens 6 Monate stehen zu lassen. Damit vermeiden Sie, dass der Insolvenzverwalter ein sog. „Hin- und Herzahlen" unterstellen kann, was ebenfalls zur Nichterbringung der Einlage führen kann. Die Beteiligung am Cash-Pool sollte erst nach einer Anlaufphase des neu gegründeten Unternehmens mit dem üblichen Finanz-Management vollzogen werden.

Neben der Finanzierung über einen Cash-Pool ist es in vielen GmbH-Konzernen üblich, zusätzliche Vereinbarungen über die Finanzierung vertraglich zu vereinbaren. Etwa über den Gewinnabführungsvertrag bzw. die damit verbundene Verpflichtung zum Verlustausgleich[4] oder durch Darlehen oder eine sog. (harten internen) Patronatserklärung, wonach sich die Konzern-Muttergesellschaft zu zusätzlichen Finanzierungen verpflichtet. Als Geschäftsführer einer Konzern-Tochtergesellschaft sind Sie gut beraten, die vertraglichen Beziehungen zwischen der Tochtergesellschaft und der Konzern-Muttergesellschaft detailliert zu kennen und zu prüfen, um eingegangene Finanzierungsverpflichtungen jederzeit richtig einzuschätzen. Zum Beispiel, ob es sich tatsächlich um eine nicht rückzahlbare Patronats-Finanzierung oder lediglich um ein (rückzahlbares) Darlehen der Muttergesellschaft handelt[5].

6.3 Konzernverträge

Aus Gründen der Rechtssicherheit und aus steuerrechtlichen Vorgaben werden neben der kapitalmäßigen Verflechtung der im Unternehmensverbund zusammengeschlossen Unternehmen zwischen der Konzern-Muttergesellschaft und den abhängigen Gesellschaften Verträge geschlossen. Je nach Ausgestaltung ergeben sich daraus für die Organe der beteiligten Gesellschaften unterschiedliche Rechte und Pflichten.

---

[4]vgl. dazu Abschn. 6.3.1.
[5]Vgl. dazu OLG Frankfurt a. M., Urteil vom 30.10.2012, 14 U 141/11.

6.3.1 Gewinnabführungsvertrag

Ein Gewinnabführungsvertrag[6] liegt vor, wenn sich eine Aktiengesellschaft oder Kommanditgesellschaft aus Aktien verpflichtet, ihren ganzen Gewinn an ein anderes Unternehmen abzuführen.

Die zivilrechtlichen Voraussetzungen eines Gewinnabführungsvertrages sind Aktiengesetz geregelt. Ist die Organgesellschaft eine GmbH sind diese Regelungen zum Teil entsprechend gültig. Der Gewinnabführungsvertrag ist zivilrechtlich wirksam vereinbart, wenn er die folgenden Voraussetzungen erfüllt:

- Schriftform.
- Zustimmung der Hauptversammlung der Organgesellschaft/Gesellschafterversammlung mit einer Mehrheit von 3/4 des bei Beschlussfassung vertretenen Grundkapitals/Stammkapitals.
- Zustimmungsbeschluss der Hauptversammlung der Organgesellschaft/Gesellschafterversammlung bedarf der notariellen Beurkundung
- Zustimmung der Hauptversammlung der Organträgerin/Mutter-GmbH mit einer Mehrheit von 3/4 des bei Beschlussfassung vertretenen Grundkapitals/Stammkapitals
- zivilrechtliche Wirksamkeit mit Eintragung in das Handelsregister der Organgesellschaft/Mutter-GmbH. Eine Eintragung des Gewinnabführungsvertrages in das Handelsregister der Organträgerin ist für die zivilrechtliche Wirksamkeit nicht erforderlich;
- der Gewinnabführungsvertrag muss einen Verlustausgleich vorsehen.

Für die steuerliche Anerkennung ist Voraussetzung, dass ein wirksamer Gewinnabführungsvertrag vorliegt und dieser durchgeführt wird. Der Gewinnabführungsvertrag wird erst mit seiner Eintragung in das Handelsregister der Organgesellschaft zivilrechtlich wirksam[7].

Der Gewinnabführungsvertrag muss auf mindestens 5 Jahre abgeschlossen sein[8]. Maßgeblich hierfür sind fünf Zeitjahre, wobei der Fünfjahreszeitraum mit dem Anfang des Wirtschaftsjahres beginnt, in dem erstmals die Rechtsfolgen der Organschaft eintreten. Der Fünfjahreszeitraum beginnt frühestens in dem Wirtschaftsjahr, in dem der Gewinnabführungsvertrag in das Handelsregister eingetragen wird.

Der Gewinnabführungsvertrag muss während seiner gesamten Geltungsdauer (mindestens während der fünfjährigen Mindestvertragsdauer) auch tatsächlich durchgeführt werden[9]. Hierfür ist insbesondere erforderlich, dass die Organgesellschaft den handelsrechtlich zulässigen Höchstbetrag abführt. Wird weniger oder mehr als dieser

---

[6] gemäß § 291 AktG.
[7] vgl. dazu im Einzelnen BMF-Schreiben vom 10.11.2005, BStBl I 2005, 1038.
[8] § 14 Abs. 1 Satz 1 Nr. 3 KStG.
[9] § 14 Abs. 1 Satz 1 Nr. 3 Satz 1 KStG.

Höchstbetrag abgeführt, liegt ein Verstoß gegen das Durchführungsgebot vor. Für die Verlustübernahme gilt Entsprechendes.

Das Durchführungsgebot wird nicht verletzt[10],

- wenn der abzuführende Gewinn durch einen vorvertraglichen Verlustvortrag gemindert wird,
- wenn der Jahresüberschuss um gesetzliche Rücklagen gemindert wird,
- wenn Beträge aus dem Jahresüberschuss in Gewinnrücklagen eingestellt werden, die wirtschaftlich begründet sind,
- wenn von der Organgesellschaft ständig Verluste erwirtschaftet werden,
- wenn der Verlustausgleichsanspruch nicht oder unzutreffend verzinst wird.

Liegt während der fünfjährigen Mindestlaufzeit ein Verstoß gegen das Durchführungsgebot vor, ist der Gewinnabführungsvertrag als von Anfang an unwirksam anzusehen. Die Organgesellschaft muss ihr gesamtes Einkommen dieser Jahre dann selbst versteuern[11]. Ist die Schwelle der Mindestvertragsdauer bereits überschritten, gilt die Organschaft erst ab dem Jahr des Verstoßes dagegen als gescheitert.

6.3.2 Organgesellschaft

Soll im Konzern zwischen mehreren beteiligten (Kapital-) Gesellschaften eine einheitliche Besteuerung erreicht werden, kann eine steuerliche Organgesellschaft[12] begründet werden. Damit wird erreicht, dass das Einkommen der Organgesellschaften für die Zeit des Bestehens der sog. Organschaft dem Organträger (teilweise) zugerechnet wird.

Organträger und Organgesellschaft bleiben zivilrechtlich eigenständige Unternehmen bleiben. Alle beteiligten Gesellschaften müssen eigenständig die handelsrechtlichen Vorschriften erfüllen und nach den Grundsätzen der ordnungsgemäßen Buchführung eigene Jahresabschlüsse erstellen. Die Hinzurechnung des Einkommens der Organgesellschaft erfolgt außerhalb des Jahresabschlusses zu steuerlichen Zwecken. Der Ausweis in der Bilanz richtet sich nach den Grundsätzen für die Bilanzierung von Beteiligungen.

Jede einzelne Organgesellschaft bleibt (teilweise) Steuersubjekt. Das Einkommen der einzelnen Organgesellschaft wird gesplittet. Ein Teil wird dem Organträger zugerechnet. Ein Teil wird bei der Organgesellschaft selbst versteuert. Je nach Rechtsform des Organträgers ergeben sich unterschiedliche Steuerfolgen. Gemeinsam ist, dass die Gewinnabführung nicht als Ausschüttung im Sinne von § 20 Abs. 1 EStG zu werten ist. Bei einer Kapitalgesellschaft als Organträger entfällt daher die Körperschaftssteuerbefreiung[13].

---

[10] R 60 Abs. 5 KStR 2004.
[11] R 60 Abs. 8 Satz 2 KStR 2004.
[12] § 14 KStG.
[13] § 8b Abs. 1 KStG.

Beteiligungsbezogene Aufwendungen des Organträgers können bei Vorliegen einer Organschaft als Betriebsausgabe abgezogen werden, z. B. auch Zinsen für Schulden, die der Organträger zum Erwerb der Organbeteiligung aufgenommen hat, können bei der Ermittlung des Einkommens abgezogen werden.

Mit der körperschaftssteuerlichen Organschaft wird auch die gewerbesteuerliche Organschaft[14] begründet.

▶ **Für die Praxis** Vorteile ergeben sich mit der Möglichkeit der sofortigen Gewerbeverlustverrechnung zwischen den Organgliedern und dadurch, dass Entgelte für Dauerschulden beim Gewerbeertrag nicht doppelt erfasst werden müssen. Bei der gewerbesteuerlichen Organschaft wird die Organgesellschaft als Betriebsstätte des Organträgers angesehen und ist nicht mehr selbst gewerbesteuerpflichtig. Es entfällt die Abgabe einer Gewerbesteuererklärung für die Organgesellschaft. Der Organträger wird Steuerschuldner der Gewerbesteuer für die gesamte Organgesellschaft.

Dazu wird der Gewerbeertrag erst beim Organträger und der Organgesellschaft jeweils getrennt bestimmt und anschließend beim Organträger zusammengefasst. Beim Organträger wird der einheitliche Steuermessbetrag ermittelt und im Zerlegungsverfahren auf die Betriebsstätten verteilt.

Die Mitglieder der Organgesellschaft sind grundsätzlich Kapitalgesellschaften. In Betracht kommen danach als beteiligte Organgesellschaften:

- die Aktiengesellschaft (AG),
- die Kommanditgesellschaft auf Aktien (KGaA) oder
- die Gesellschaft mit beschränkter Haftung (GmbH) bzw. die Unternehmergesellschaft.

Die Organgesellschaft muss in das Unternehmen des Organträgers eingegliedert sein. Dazu genügt die finanzielle Eingliederung, während eine wirtschaftliche und organisatorische Eingliederung nicht erforderlich ist. Entscheidend für die finanzielle Eingliederung ist unter die Mehrheit der Stimmrechte. Wenn dem Organträger die Mehrheit der Stimmrechte aus den Anteilen an der Organgesellschaft unmittelbar oder mittelbar zusteht, liegt eine finanzielle Eingliederung vor[15]. Wie die Mehrheit der Stimmrechte ausgeübt wird, kann auf verschiedene Weise erfolgen:

- Wenn dem Organträger die Stimmrechte unmittelbar zustehen, kommt es darauf an, welche Stimmrechte ihm steuerlich zuzurechnen sind. Sind bei einer Anteilsmehrheit auch stimmrechtslose Anteile enthalten, so werden diese bei der Mehrheitsberechnung nicht einbezogen. Hält eine GmbH mithin 55 % des Grundkapitals einer

---

[14] § 2 Abs. 2 Satz 2 GewStG.
[15] § 14 Nr. 1 Satz 1 KStG.

Organ AG, wovon 10 % stimmrechtslose Vorzugsaktien sind, liegt nur eine 45 % Stimmrechtsbeteiligung vor und damit keine Organschaft.
- Für die mittelbare Beteiligung ist es ausreichend, dass die Beteiligungen, auf denen die mittelbare Beteiligung basiert, die Mehrheit der Stimmrechte darstellt. Darüber hinaus sind auch Mischformen aus unmittelbar und mittelbar zustehenden Anteilen möglich.

In zeitlicher Hinsicht muss die finanzielle Eingliederung vom Beginn des Wirtschaftsjahres des Organs ohne Unterbrechung bestehen.

Weiteres Erfordernis für eine Organschaft ist der Gewinnabführungsvertrag[16]. Dabei handelt es sich um einen Vertrag, durch den sich eine Vertragspartei dazu verpflichtet ihr gesamtes Jahresergebnis an die andere Vertragspartei abzuführen, die sich ihrerseits dazu verpflichtet auch die entstehenden Verluste während der Laufzeit des Vertrags zu übernehmen. Dabei ist zu beachten, dass je nach den beteiligten Gesellschaftsformen bestimmte Anforderungen an den Gewinnabführungsvertrag gestellt werden, sodass nicht jede Vereinbarung über die Ergebnisabführung steuerlich für eine Organschaft ausreichend ist.

6.4 Zustimmungserfordernisse und Weisungen

Regelmäßiger Bestandteil des Geschäftsführer-Anstellungsvertrages ist der sog. Katalog zustimmungspflichtiger Geschäfte. Die darin aufgeführten Geschäfte darf der Geschäftsführer nur mit Zustimmung der Gesellschafter – in der Tochtergesellschaft mit der Zustimmung des Vorstandes/der Geschäftsführung der Muttergesellschaft – ausführen.

Für Tochtergesellschaften ist in der Praxis eine weit reichende Vereinbarung, die die Ausübung der Geschäfte durch den Geschäftsführer auf das operative Geschäft beschränkt, üblich. Üblich ist z. B. folgende Vereinbarung: Zu allen Geschäften, die über den gewöhnlichen Geschäftsbetrieb hinausgehen, muss die vorherige Zustimmung der Gesellschafterversammlung eingeholt werden. Dazu gehören insbesondere:

- Die Veräußerung von Teilen des Unternehmens,
- Die Errichtung oder Aufgabe von Zweigniederlassungen, die Gründung, der Erwerb oder die Veräußerung anderer Gesellschaften sowie Beteiligungen an solchen; die Aufnahme oder Aufgabe eines Geschäftszweiges und die Aufnahme bzw. Aufgabe vorhandener Tätigkeitsgebiete, die Verlegung des Verwaltungssitzes.
- Der Erwerb, die Veräußerung oder Belastung von Grundstücken oder grundstücksgleichen Rechten.
- Der Abschluss, die Beendigung oder Änderung von Unternehmensverträgen, der Abschluss, die Beendigung oder Änderung von Verträgen über Erwerb oder Veräußerung von Urheberrechten, gewerblichen Schutzrechten, Lizenzen, Know-how oder verwandten Rechten.

---

[16] Vgl. dazu oben.

6.4 Zustimmungserfordernisse und Weisungen

- Investitionen, soweit sie im Einzelfall € 100.000 bzw. zusammengerechnet im Jahr mehr als € 500.000 übersteigen oder außerhalb der Jahresplanung liegen.
- Dauerschuldverhältnisse, die zu einer monatlichen Belastung von mehr als € 50.000 oder zu einer Jahresbelastung von mehr als € 100.000 führen.[17]

Unterlässt der Geschäftsführer es, sich die Zustimmung der Gesellschafter für diese Geschäfte einzuholen, berechtigt das zur fristlosen Kündigung des Anstellungsvertrages. Der Geschäftsführer haftet für einen entstandenen Schaden im Innen- und im Außenverhältnis.

▶ **Für die Praxis** Zusätzlich müssen Sie sich als Geschäftsführer darüber informieren, ob es im Gesellschaftsvertrag der GmbH Bestimmungen gibt, die der Zustimmung der Gesellschafter zwingend unterliegen. Das können sein: Die Erweiterung des Gegenstandes der GmbH, das betrifft z. B. die Erschließung neuer Geschäftsfelder, die nicht durch den Gegenstand der GmbH gedeckt sind. Sie sind dann gut beraten, sich die Zustimmung der Gesellschafter bzw. der Konzern-Geschäftsleitung einzuholen – u. U. auch nachträglich.

Außerdem können die GmbH-Gesellschafter bzw. die Konzern-Geschäftsleitung dem Geschäftsführer jederzeit Einzel-Anweisungen erteilen[18]. Jedoch kann weder der einzelne Gesellschafter, noch der Mehrheits-Gesellschafter Weisung geben. Weisungen müssen grundsätzlich durch Beschluss der Gesellschafter ergehen.

Der Beschluss erfolgt mit einfacher Mehrheit der Stimmen, sofern keine besondere Vereinbarung des Gesellschaftsvertrages eine andere Beschlussmehrheit bestimmt.

Die Weisungen können sich beziehen auf

- generelle Anweisungen zur Geschäftspolitik, allgemeine Richtlinien oder
- spezielle Anweisungen, die eine ganz bestimmte Handlung oder Einzelentscheidung betreffen (Vertragsschluss).

Widerspricht eine Weisung geltenden Gesetzen, dem Gesellschaftsvertrag oder dem Anstellungsvertrag des Geschäftsführers, dann haben Sie als Geschäftsführer das Recht, die Weisung nicht auszuführen bzw. Ihr Amt niederzulegen und den Anstellungsvertrag außerordentlich zu kündigen[19] und u. U. sogar Schadensersatz geltend zu machen. Besteht ein Beherrschungsvertrag sind auch für die Tochtergesellschaft nachteilige Weisungen zulässig, wenn sie den Belangen des herrschenden Unternehmens oder dem Konzernverbund dienen.

---

[17] weitere Beispiele unter Abschn. 2.8.
[18] § 37 Abs. 1 GmbHG.
[19] so Kommentar zum GmbH-Gesetz, Hachenburg/Mertens § 37 Rz. 32.

Führt der Geschäftsführer rechtmäßige Weisungen der Gesellschafter nicht aus, ist dies ein wichtiger Grund zur Abberufung und zur Kündigung des Anstellungsvertrages aus wichtigem Grund – also fristlos. Zusätzlich kann die Gesellschaft Schadensersatz geltend machen.

Hat die Tochter-GmbH einen Beirat, der dem angewiesenen Geschäft laut Gesellschaftsvertrag zustimmen muss, ist der Geschäftsführer der Tochtergesellschaft verpflichtet, sich vor Ausführung der Weisung die Zustimmung des Beirats einzuholen.

> **Beispiel**
>
> Gegenstand der Weisung: Für die Geschäfte der X.–GmbH soll eine eigene Immobilie erworben werden. Der Geschäftsführer X. wird hiermit angewiesen, entsprechende Immobilienangebote einzuholen und der Geschäftsleitung des Konzerns bis zum 31.12.2011 zur Entscheidung vorzulegen.

6.5 Auskunfts- und Einsichtsrechte im verbundenen Unternehmen

Die Gesellschafter einer GmbH haben ein umfassendes Auskunfts- und Einsichtsrecht in alle Angelegenheiten der GmbH[20]. Dieses Auskunfts- und Einsichtsrecht umfasst auch verbundene Unternehmen – damit auch Konzerngesellschaften und Tochterunternehmen. Dabei haben die Gesellschafter der Konzern-Muttergesellschaft Anspruch auf Auskünfte über verbundene Unternehmen und alle Beteiligungsgesellschaften.

▶ **Für die Praxis** Das Auskunfts- und Einsichtsrecht im Konzern-Verbund besteht gegenseitig. Danach hat der Gesellschafter Anspruch auf Auskunft und Einsicht über alle Gesellschaften, an denen seine Gesellschaft beteiligt ist und zugleich Anspruch auf Auskunft und Einsicht über alle Gesellschaften, die an seiner Gesellschaft beteiligt sind. Allerdings. Die Tochtergesellschaft hält in der Regel keine eigene Beteiligung an der Muttergesellschaft.

Der Gesellschafter einer herrschenden Gesellschaft kann grundsätzlich über die Abgelegenheit von Tochtergesellschaften in gleichem Umfang Auskunft und Einsicht verlangen wie für seine eigene Gesellschaft, an der er beteiligt ist.

In der Regel ist die Tochtergesellschaft nicht zugleich Gesellschafter der Muttergesellschaft. Damit besteht eine Auskunfts- und Einsichtsverpflichtung nur einseitig, d.h. die Tochtergesellschaft hat keinen Informationsanspruch – auch wenn es sich um Informationen aus der Muttergesellschaft handelt, die für die geschäftlichen und wirtschaftlichen Belange der Tochtergesellschaft von Bedeutung sind. Das betrifft

---

[20] § 51a GmbHG.

z. B. Informationen über Inhalte aus den Gesellschafterversammlungen der Muttergesellschaft, die die Tochtergesellschaft betreffen, oder z. B. Informationen über eine bevorstehende Abberufungen des Geschäftsführers einer Tochtergesellschaft.

Die Gesellschafter der GmbH haben ein umfassendes Auskunfts- und Einsichtsrecht in alle Angelegenheiten der GmbH. Als Geschäftsführer ist es Ihre Aufgabe, diese Rechte sicherzustellen. Auf Verlangen der Gesellschafter müssen Sie auch Einsicht in die Bücher der GmbH gewähren. Die Informationspflicht des Geschäftsführers kann nicht durch Bestimmung des Gesellschaftsvertrages ausgeschlossen werden. Es besteht jedoch die Möglichkeit, im Gesellschaftsvertrag Regelungen über das Verfahren der Informationsweitergabe zu treffen.

Das Auskunfts- und Einsichtsrecht steht nur den Gesellschaftern, dem Insolvenzverwalter und dem Testamentsvollstrecker zu. Die Auskunft kann auf der Gesellschafterversammlung verlangt werden, der Gesellschafter kann sich aber auch direkt an den Geschäftsführer um Auskünfte wenden. Diesem Verlangen muss der Geschäftsführer unverzüglich nachkommen. Der Auskunftssuchende kann sein Ersuchen durch einen Bevollmächtigten (Steuerberater, Wirtschaftsprüfer, Rechtsanwalt) wahrnehmen lassen. Dieser ist zur Geheimhaltung verpflichtet.

Die Gesellschafter der Tochter-Gesellschaft können vom Geschäftsführer Auskunft über und Einsicht in alle Angelegenheiten der GmbH verlangen, das sind z. B.

- abgeschlossene oder schwebende Verträge
- die Ertragssituation
- Planungen und Zielvorgaben
- Beziehungen zu Tochterunternehmen und verbundenen Gesellschaften
- Zu den Angelegenheiten der GmbH gehören auch die der KG in der GmbH & Co. KG
- Gehälter, Tantiemen, Pensionszusagen
- aber auch: Personalangelegenheiten, wie Vergütung, Vertragsart usw. soweit es sich nicht um vertrauliche Unterlagen aus den Personalakten handelt

Das Auskunfts- und Einsichtsrecht bezieht sich auch auf sämtliche Aufzeichnungen (Protokolle), Unterlagen (Vorlagen, Korrespondenz, Berichte) und Datensammlungen (Marktforschung, Kundendaten usw.).

Der Gesellschafter hat grundsätzlich Anspruch auf Einsicht in alle Original-Unterlagen der GmbH, nicht aber, die Originalunterlagen aus den Räumen der GmbH zu entfernen. Er ist berechtigt, davon Kopien auf eigene Kosten zu fertigen. Um einem Missbrauch vorzubeugen, müssen Sie sicherstellen, dass die GmbH auf jeden Fall Kopien zurückbehält. Die GmbH muss den Kopierer zur Verfügung stellen, ansonsten kann der Gesellschafter Aufzeichnungen fertigen.

Im Übrigen hat der Auskunft- und Einsicht suchende Gesellschafter grundsätzlich keinen Anspruch auf einen Arbeitsplatz, auf die Hilfe von Personal, auf die Befragung der Mitarbeiter oder Anspruch auf technische Hilfe durch die GmbH.

▶ **Für die Praxis** Als Geschäftsführer können Sie Auskunft und Einsicht verweigern, wenn Sie befürchten müssen, dass der Gesellschafter die so erlangten Informationen zu gesellschaftsfremden Zwecken verwendet und der Gesellschaft dadurch ein nicht unerheblicher Nachteil entsteht. Das ist insbesondere dann anzunehmen, wenn Informationen aus der Gesellschaft an einen Konkurrenten weitergegeben werden oder alleine schon, wenn begründeter Anlass zu der Befürchtung besteht, dass diese Informationen an ein Konkurrenzunternehmen weitergegeben werden könnten.

Müssen Sie eine gesellschaftsfremde Verwendung befürchten, sind Sie als Geschäftsführer dazu verpflichtet, unverzüglich einen Gesellschafterbeschluss zur Verweigerung des Auskunfts- und Einsichtsrechts herbeiführen[21]. Der betroffene Gesellschafter hat dazu kein Stimmrecht.

Der Gesellschafter kann diesen Beschluss durch das Landgericht von der Kammer für Handelssachen[22] überprüfen lassen. Dabei ist die begehrte Auskunft im Antrag konkret zu bezeichnen. Das Gericht kann die Kosten des Verfahrens nach billigem Ermessen verteilen, also u. U. auch bei abgelehntem Informationsersuchen auf die GmbH.

▶ **Für die Praxis** Als Geschäftsführer drohen Ihnen Schadensersatzforderungen der GmbH
- bei unberechtigter Informationsherausgabe an einen Gesellschafter,
- bei Auskunfts- und Einsichtsverweigerung ohne entsprechenden Gesellschafterbeschluss.

Die unberechtigte Verweigerung von Auskunft und Einsicht durch den Geschäftsführer gegenüber dem Gesellschafter kann die **fristlose Kündigung** Ihres Anstellungsvertrages rechtfertigen[23].

Beispiel

Die Allein-Gesellschafterin einer GmbH verlangt Auskunft darüber, welchen Weg in bar abgehobene Rückvergütungszahlungen an Kunden genommen hätten. Auf die Verweigerung der Auskunft durch den Geschäftsführer reagiert die Gesellschafterin mit dem Hinweis, dass damit der Bestand des Dienstverhältnisses gefährdet sei. Das Gericht wertete dies als Abmahnung, auch wenn dies nicht ausdrücklich so benannt wird. Anschließend kündigt die Gesellschafterin dem Geschäftsführer fristlos. Das Gericht bestätigte die Kündigung.

---

[21] § 51a Abs. 2 Satz 2 GmbHG.
[22] § 51b GmbHG.
[23] OLG Frankfurt, Urteil vom 24.11.1992, 5 U 67/90.

Zur Wahrung des ordnungsgemäßen Betriebsablaufes ist bei der Wahrnehmung des Auskunfts- und Einsichtsersuchens sicherzustellen, dass der dafür in Anspruch genommene Aufwand in einem für alle Beteiligten vernünftigen Verhältnis steht. Als Geschäftsführer können Sie deshalb verlangen, dass das Informationsersuchen des Gesellschafters so präzise gefasst ist, dass damit der Informationszweck tatsächlich erfüllt werden kann. Ein präzises Auskunftsersuchen ist dem sachlichen Gegenstand, dem Umfang der Unterlagen und der zeitlichen Anforderung nach zu definieren.

> **Beispiel: präzises Auskunftsersuchen**
>
> **Zeitliche Präzisierung:** „Die gesamte Korrespondenz mit der Fa. A-GmbH aus den Jahren 01.01.2004 bis 31.12.2008"; Vollständigkeit: „Sämtliche Protokolle, die im Zusammenhang mit der Geschäftsbeziehung zur A-GmbH im Zusammenhang mit dem Projekt B. gefertigt wurden".
>
> **Genauigkeit:** „Sämtliche Unterlagen im Geschäftsverkehr mit der A-GmbH, die gemäß den Vorschriften über die Aufbewahrungsfristen von Geschäftsbriefen von der GmbH aufbewahrt werden".

Ist der Umfang der angeforderten Informationen oder Unterlagen nicht klar, können Sie als Geschäftsführer Präzisierung verlangen. Oft ist in diesem Stadium bereits absehbar, dass sich Konflikte entwickeln, so dass Sie als Geschäftsführer frühzeitig alle anderen Gesellschafter über das Auskunftsersuchen informieren sollten.

Einsicht und Auskunft sind unverzüglich zu erteilen, d. h. ohne schuldhaftes zögern, nicht aber sofort. Wenn die sofortige Erledigung zu einer unangemessenen Beeinträchtigung des Geschäftsbetriebes führen würde oder wenn ohnehin eine Beschlussfassung der Gesellschafter über das Auskunfts- und Einsichtsverlangen des Gesellschafters bevorsteht, genügt es jedoch, wenn Sie dem Verlangen innerhalb einer angemessenen Frist nachkommen.

> **Beispiele**
> - Der Geschäftsführer muss regelmäßig für Auskünfte oder Recherchen zur Verfügung stehen, so dass seine eigentlichen Aufgaben beeinträchtigt werden.
> - Der Gesellschafter möchte Auskunft und Einsicht in Alles und Jedes, so dass ein tatsächlicher, geschäftlicher Informationsbedarf nicht mehr nachzuvollziehen ist.

Rechtlich nicht geklärt ist, welche Maßnahmen Sie als Geschäftsführer ergreifen können, wenn der Gesellschafter von seinem Auskunfts- und Einsichtsrecht in einer Form Gebrauch macht, dass der Betriebsablauf gestört und ein tatsächliches Erkenntnisinteresse nicht mehr zu unterstellen ist (sog. quereler Gesellschafter).

▶ **Für die Praxis** In diesem Fall sollte der Geschäftsführer von seinem Hausrecht Gebrauch machen, und dem Geschäftsführer innerhalb einer fest vorgegebenen Zeit Unterlagen zur Verfügung zu stellen und Einsicht zu gewähren (z. B. 2 h in der Woche zu festgelegten Tagen und Uhrzeiten).

Welche Grenzen der Gesellschafter laut neuester Rechtsprechung bei der Ausübung seines Auskunfts- und Einsichtsrechts beachten muss, ergibt sich aus der Rechtsprechung[24]. Danach müssen folgende Grenzen beachtet werden:

- Bei der Ausübung des Auskunfts- und Einsichtsrechts muss der Gesellschafter das schonendste Mittel zur Erfüllung seiner Informationsbedürfnisses wählen.
- Ein Gesellschafter, der an der Gesellschafterversammlung nicht teilnimmt und nachträglich der Geschäftsführung ständig neue Fragen stellt, verhält sich rechtsmissbräuchlich.
- Der Begriff der „Angelegenheit der Gesellschaft" ist weit und umfassend zu verstehen und umfasst auch die Frage nach der Möglichkeit der Rückführung von Gesellschafterdarlehen und die Höhe der Geschäftsführervergütung.

Dem Gesellschafter, der nicht an einer Gesellschafterversammlung zur Klärung von offenen Auskunfts- und Einsichtsfragen teilnimmt, muss der Geschäftsführer nur dann entsprechende Informationen geben, wenn der Gesellschafter einmalig, klar und präzise Auskunft verlangt. Schiebt der Gesellschafter ständig neue Fragen nach, müssen Sie sich das nicht bieten lassen.

6.6 Steuerpflichten

Der Geschäftsführer ist verantwortlich dafür, dass das Unternehmen seinen steuerlichen Pflichten nachkommt. Ausnahmsweise kann dies auch der faktische Geschäftsführer sein, z. B. wenn der eingetragene Geschäftsführer kaum Rechte hat und der beherrschende Gesellschafter „faktisch" die Geschäfte der GmbH führt. Die steuerlichen Pflichten des Geschäftsführers sind in der Abgabenordnung festgelegt[25].

Im Innenverhältnis können die Geschäftsführer einen für die Steuerpflichten verantwortlichen Geschäftsführer bestimmen. Nach außen bleiben aber alle Geschäftsführer gegenüber der Finanzverwaltung in der Pflicht. Der Geschäftsführer kann sich von den Steuerpflichten auch nicht dadurch befreien, dass andere Personen mit gleichen Befugnissen oder besseren Kenntnissen in der GmbH/Unternehmergesellschaft vorhanden sind oder beauftragt werden.

---

[24] z. B. OLG Thüringen, Beschluss vom 14.09.2004, 6 W 417/04.
[25] § 34 AO.

6.6.1 Die Pflicht zur Abgabe von Steuererklärungen

Der Geschäftsführer ist verpflichtet, die Steuererklärungsverpflichtung der Firma zu erfüllen. Dazu ist für die Abgabe folgender Steuererklärungen zu sorgen:

- die Körperschaftsteuererklärung (dazu gehören: der vollständige handelsrechtliche Jahresabschluss, Lagebericht und ggf. der Prüfungsbericht),
- die Umsatzsteuererklärung,
- die Gewerbesteuererklärung.

Der Geschäftsführer ist auch verantwortlich dafür, dass die GmbH ihre Steuerpflichten, die für bestimmte nicht GmbH-spezifische Sachverhalte – entstehen, durch die GmbH erfüllt werden: Das sind z. B. Grunderwerbsteuer (beim Erwerb von Grundbesitz und Immobilien in Höhe von 3,5 %), Erbschaft- und Schenkungsteuer, aber fallweise auch Sondersteuern wie Grundsteuer, Kfz-Steuer usw.

Zur Abgabe der Erklärungen müssen die amtlichen Muster verwendet werden. Der Geschäftsführer muss die Steuererklärungen persönlich unterschreiben. Die Unterschrift des steuerlichen Beraters genügt nicht.

6.6.2 Termine für die Jahres-Steuererklärungen

Sofern einzelne Steuergesetze nichts anderes bestimmen, müssen Sie die Steuererklärung binnen fünf Monaten nach Ablauf des jeweiligen Besteuerungszeitraumes abgeben – als in der Regel bis zum 31.05. des Folgejahres. Das Finanzamt gewährt in der Regel Fristverlängerungen, insbesondere wenn die den Steuererklärungen zugrunde liegenden Bemessungsgrößen aufwendig zu erstellen sind.

Wenn Sie einen Steuerberater beauftragen läuft die Frist erst neun Monate nach Ende des Bemessungszeitraumes ab – also zum 30.09. des Folgejahres. Auf besonderen Antrag kann diese Frist bis auf 14 Monate – also bis zum 28.02. des übernächsten Jahres verlängert werden.

6.6.3 Pflicht zur Steueranmeldung und Voranmeldung

Neben den Steuererklärungen muss der Geschäftsführer regelmäßig Steueranmeldungen abgeben. Das sind:

- die Umsatzsteuervoranmeldung,
- die Lohnsteueranmeldung und
- die Kapitalertragsteueranmeldung.

Der Geschäftsführer muss dafür sorgen, dass die Steueranmeldungen spätestens 10 Tage (nicht Werktage, sondern: Tage, also z. B. am 10. des Folgemonats) nach Ablauf des Anmeldezeitraums dem Finanzamt vorliegen. Seit 2005 müssen Steuer-Anmeldungen elektronisch durchgeführt werden. Die entsprechenden Formulare und Ausführungsbestimmungen gibt es unter www.elster.de.

6.6.4 Folgen der Nichtabgabe von Steuererklärungen und Anmeldungen

Werden Steuererklärungen nicht rechtzeitig abgegeben, kann das Finanzamt einen Verspätungszuschlag festsetzen (1 % der Steuersumme für jeden angefangenen Monat, max. 10 %). Kommt die GmbH ihren Steuerpflichten überhaupt nicht nach, kann das Finanzamt Zwangsgeld gegen den Geschäftsführer festsetzen (bis zu 25.000 €). Das Zwangsgeld wird zunächst schriftlich angedroht. Wird das Zwangsgeld an die GmbH/Unternehmergesellschaft adressiert, sollte Widerspruch eingelegt werden. Kann der festgesetzte Betrag nicht beigetrieben werden, kann das Amtsgericht ersatzweise Zwangshaft gegen den Geschäftsführer androhen.

In der Praxis werden diese Zwangsmittel selten angewandt. Vielmehr schätzt die Finanzverwaltung die Besteuerungsgrundlagen bzw. die Steuerschuld. Diese kann dann beigetrieben werden. Die GmbH kann Schätzungsbescheide im Rechtsbehelfsverfahren angreifen.

Für den Geschäftsführer drohen auch strafrechtliche Folgen, wenn die GmbH Steuererklärungen dem Finanzamt nicht vorlegt. In diesem Fall kann der Tatbestand der Steuerhinterziehung gegeben sein, wenn dieses Verhalten zu Steuerminderungen führt. Bei nicht vorsätzlichem Handeln bedeutet dies eine leichtfertige Steuerverkürzung, die als Ordnungswidrigkeit mit Geldbuße belegt ist[26].

6.6.5 Verpflichtung zur Zahlung der Steuern

Der Geschäftsführer muss auch für die Begleichung fälliger Steueransprüche sorgen. Das gilt unbeschränkt, solange dafür tatsächlich Mittel zur Verfügung stehen. Er darf dabei Steuerschulden grundsätzlich nicht schlechter behandeln als andere Schulden der GmbH. Werden z. B. Lieferanten und andere Gläubiger der GmbH bevorzugt, muss der Geschäftsführer damit rechnen, dass das Finanzamt den Geschäftsführer persönlich in die Haftung nimmt.

Die Haftung gilt nicht für alle Forderungen des Finanzamtes, insbesondere nicht für zukünftige, noch nicht entstandene Steuerforderungen. Das Finanzamt hat keinen Anspruch auf bevorrechtigte Befriedigung, sondern lediglich auf Gleichbehandlung. Der

---

[26]§ 370 AO.

Geschäftsführer kann also Investitionen der GmbH durchführen, auch wenn dadurch u. U. zukünftige Steuerforderungen liegen bleiben. Er muss allerdings darauf achten, dass die Forderungen des Finanzamtes nicht schlechter gestellt oder benachteiligt werden.

6.6.6 Folgen der Nicht-Zahlung von Steuern

Das Finanzamt kann den Geschäftsführer einer GmbH persönlich in Anspruch nehmen, wenn er dem Finanzamt gegenüber bestehende Pflichten vorsätzlich oder grob fahrlässig verletzt und es dadurch zu Steuerausfällen kommt. Die Haftung umfasst dabei alle Ansprüche aus dem Steuerschuldverhältnis, bezieht sich also auf alle Steuern und sämtliche Nebenleistungen wie Verspätungszuschläge, soweit diese zum Zeitpunkt der Pflichtverletzung bereits entstanden waren. Dies gilt nicht für Säumniszuschläge.

Sanktionen treffen den Geschäftsführer auch, wenn der Bußgeldtatbestand der Gefährdung von Abzugsteuern[27]. vorliegt. Das ist z. B. bei der Nicht-Abführung der Lohnsteuer der Fall. Hier drohen dem Geschäftsführer Geldbußen von maximal 5000 €. Werden überhaupt keine Steueranmeldungen abgegeben, entfällt der Bußgeldtatbestand. Es liegt eine leichtfertige Steuerverkürzung mit Geldbuße (bis 25.000 €) oder Steuerhinterziehung mit strafrechtlichen Folgen vor.

6.6.7 Gewerbesteuer

Die GmbH gilt steuerlich als Gewerbebetrieb. Sie unterliegt damit grundsätzlich in vollem Umfang der Gewerbesteuer. Dies gilt auch für die GmbH/Unternehmergesellschaft & Co. KG als gewerblich geprägte Personengesellschaft. Die Gewerbesteuer ist eine Gemeindesteuer und wird je nach Gemeinde in unterschiedlicher Höhe erhoben. Die Gewerbesteuer ist Betriebsausgabe der GmbH und mindert die Bemessungsgrundlage für die Ermittlung der Körperschaftsteuer.

Die GmbH ist mit Eintragung ins Handelsregister gewerbesteuerpflichtig. Nimmt sie bereits vorher Ihren Geschäftsbetrieb auf und erwirtschaftet die GmbH gewerbesteuerpflichtige Gewinne, so unterliegen auch diese der Gewerbesteuer. Kommt die Eintragung der GmbH nicht zustande, werden die Gewinne und Verluste den Gesellschaftern zugeschrieben und unterliegen damit u. U. nicht der Gewerbesteuer. Die Gewerbesteuerpflicht endet mit Liquidation bzw. Auflösung der GmbH.

Der Geschäftsführer der GmbH haftet für die Zahlung der Gewerbesteuer, wenn er seine steuerlichen Pflichten als gesetzlicher Vertreter der GmbH vorsätzlich oder grob fahrlässig verletzt.

Der Geschäftsführer muss die Gewerbesteuererklärung der GmbH unterschreiben und abgeben. Zuständig ist das Finanzamt, in dessen Bezirk sich die Geschäftsleitung der

---

[27]§ 380 AO.

GmbH befindet. Das Finanzamt stellt den einheitlichen Gewerbesteuermessbetrag fest. Darin wird für die GmbH und die hebeberechtigte Gemeine verbindlich festgestellt:

- Der einheitliche Gewerbesteuermessbetrag,
- die Gewerbesteuerpflicht,
- die Gewerbesteuerschuld der GmbH und
- welcher Gemeinde die Gewerbesteuer zusteht.

Gegen den Gewerbesteuermessbescheid kann innerhalb eines Monats nach Bekanntgabe Widerspruch eingelegt werden. Haben Sie mehrere Betriebsstätten, ergeht ein Zerlegungsbescheid. Darin wird festgestellt, wie der einheitliche Steuermessbetrag auf die einzelnen Gemeinden aufgeteilt wird. Die Gemeinde erlässt dann auf der Grundlage des Gewerbesteuermessbescheids den Gewerbesteuerbescheid. Gegen diesen Bescheid kann Widerspruch eingelegt, jedoch nicht wegen Einwendungen aus dem Gewerbesteuermessbescheid oder dem Zerlegungsbescheid.

6.6.8 Kapitalertragsteuer

Vergleichbar dem Lohnsteuerverfahren, bei dem die GmbH die Einkommensteuer des Arbeitnehmers im Lohnsteuerverfahren vorab an das Finanzamt abführt, führt die GmbH Teile der Einkommensteuer des Gesellschafters in Form der Kapitalertragsteuer vorab an das Finanzamt ab. Die Kapitalertragsteuer ist damit eine besondere Form der Erhebung der Einkommensteuer der Gesellschafter. Der Gesellschafter kann die Kapitalertragsteuer auf die persönliche Einkommensteuer anrechnen.

Der Kapitalertragsteuer unterliegen insbesondere[28]:

- offene Gewinnausschüttungen an die Gesellschafter einschließlich Vorabausschüttungen,
- Gewinnanteile aus einer stillen Beteiligung oder einem partiarischen Darlehen und
- Auszahlungen aufgrund von Kapitalherabsetzungen oder der Auflösung der GmbH.

Kapitalertragsteuer ist auch dann einzubehalten, wenn die GmbH-Beteiligung im Betriebsvermögen einer Personengesellschaft gehalten wird und die Erträge als Einkünfte aus Gewerbebetrieb zu versteuern sind.

Bei einer verdeckten Gewinnausschüttung (vGA) setzt das Finanzamt keine Kapitalertragsteuer gegen die GmbH fest. Die Einkünfte werden dem Gesellschafter dann aber bei der Veranlagung zur Einkommensteuer zugerechnet. Bei einer vGA an einen ausländischen Gesellschafter dagegen muss die GmbH als Haftungsschuldner Kapitalertragsteuer zahlen.

---

[28] § 43 EStG.

Kapitalertragsteuer muss nicht bezahlt werden,

- für die Gewinnausschüttung auf eigene Anteile der GmbH und
- für Gewinnanteile des stillen Gesellschafter oder partiarischen Darlehensgebers, wenn der eine Nicht-Veranlagungs-Bescheinigung vorlegt.

Die Kapitalertragsteuer beträgt einheitlich 25 % der Kapitalerträge. Für Gewinnausschüttungen in der EU an steuerpflichtige Mutterunternehmen kann ein Abschlag vorgenommen werden bzw. ist die Befreiung von Kapitalertragsteuer unter bestimmten Voraussetzungen möglich.

Die einbehaltene Kapitalertragsteuer muss der Geschäftsführer jeweils mit der Gewinnausschüttung dem Finanzamt anmelden und abführen. Die Anmeldung erfolgt auf dem amtlichen Vordruck an das für die Besteuerung der GmbH zuständige Finanzamt. Maßgeblicher Zeitpunkt für die Entstehung der Steuerschuld ist der Zufluss beim Gesellschafter.

Die Gewinnausschüttung fließt dem Gesellschafter grundsätzlich an dem Tag zu, der im Ausschüttungsbeschluss vorgesehen ist. Ist im Beschluss kein Termin genannt, gilt der Tag der Beschlussfassung als Zuflusstag. Das gilt auch für den Allein-Gesellschafter einer GmbH. Wurde eine Stundung der Auszahlung vereinbart, weil die GmbH nicht zur Zahlung in der Lage ist, müssen Sie die Kapitalertragsteuer erst mit Ablauf der Stundung einbehalten bzw. abführen. Bei Gewinnanteilen des stillen Gesellschafters fließt der Kapitalertrag mit der Bilanzaufstellung zu, sofern vertraglich nichts anderes vereinbart wurde.

6.6.9 Steuerbescheinigung für den Gesellschafter

Der Geschäftsführer muss den Gesellschaftern eine Bescheinigung über einbehaltene Kapitalertragsteuer ausstellen. Diese enthält Angaben zu:

- Name und die Anschrift des Gesellschafters,
- die Art und Höhe der Kapitalerträge unabhängig von der Vornahme eines Steuerabzugs,
- den Zahlungstag,
- den Betrag der Kapitalertragsteuer,
- das Finanzamt, an das die Steuer abgeführt worden ist.

Wird der Gesellschafter nicht zur Einkommensteuer veranlagt, wird die Kapitalertragsteuer erstattet. Voraussetzung: Die Vorlage der Nicht-Veranlagungs-Bescheinigung. Bei Nicht-Abführung der Kapitalertragsteuer haftet die GmbH – bzw. Sie als gesetzlicher Vertreter der GmbH. Bei Fahrlässigkeit oder grober Pflichtverletzung kann der Geschäftsführer persönlich in die Haftung genommen werden.

6.6.10 Körperschaftsteuer/Solidaritätszuschlag

Unbeschränkt körperschaftsteuerpflichtig ist Ihre GmbH, wenn sie ihren Sitz oder ihre Geschäftsleitung im Inland hat. Sitz der GmbH ist der Ort der Niederlassung laut Gesellschaftsvertrag, das ist in der Regel ein Ort oder eine Gemeinde im Bezirk des eintragenden Registergerichts. Die Geschäftsleitung ist der Ort, an dem die für das Unternehmen maßgeblichen Entscheidungen getroffen werden. Sind Sie z. B. (operativer) Geschäftsführer einer Tochtergesellschaft, die in Deutschland eingetragen ist und deren Muttergesellschaft alle wichtigen Geschäftsführungs-Entscheidungen am ausländischen Sitz der Muttergesellschaft trifft, liegt keine unbeschränkte Steuerpflicht vor.

Die Körperschaftsteuer-Erklärung muss binnen fünf Monaten nach Ablauf des jeweiligen Besteuerungszeitraumes abgeben – als in der Regel bis zum 31.05. des Folgejahres. Das Finanzamt gewährt in der Regel großzügige Fristverlängerungen, insbesondere wenn die den Steuererklärungen zugrunde liegenden Bemessungsgrößen aufwendig zu erstellen sind. Wenn Sie einen Steuerberater beauftragen läuft die Frist erst neun Monate nach Ende des Bemessungszeitraumes ab – also zum 30.09. des Folgejahres. Auf besonderen Antrag kann diese Frist bis auf 14 Monate – also ausnahmsweise bis zum 28.02. des übernächsten Jahres verlängert werden.

Die GmbH ist buchführungspflichtig und ermittelt ihren Gewinn als Einkünfte aus Gewerbebetrieb. Ermittelt wird der Gewinn nach handelsbilanzrechtlichen Vorschriften. Zusätzlich sind die steuerlichen Gewinnermittlungsgrundsätze zu berücksichtigen. Ihre GmbH ermittelt das steuerpflichtige Einkommen nach folgendem Schema:

>   Jahresüberschuss bzw. -fehlbetrag laut Handelsbilanz
>   +/- steuerliche Gewinnkorrekturen
>   ___
>   = Steuerbilanzgewinn/Steuerbilanzverlust
>   + verdeckte Gewinnausschüttungen
>   + nicht abziehbare Aufwendungen
>   - verdeckte Einlagen
>   - andere steuerfreie Vermögensmehrungen
>   - abziehbare Spenden
>   ___
>   = Summe der Einkünfte aus Gewerbebetrieb
>   - Verlustvortrag
>   ___
>   = zu versteuerndes Einkommen der GmbH

Das Einkommen der GmbH unterliegt der Körperschaftsteuer. Der Körperschaftsteuersatz beträgt einheitlich 15 % für einbehaltene und ausgeschüttete Gewinne. Zusätzlich wird auf die Körperschaftsteuerschuld der Solidaritätszuschlag in Höhe von 5,5 % der Körperschaftsteuer berechnet.

6.6.11 Lohnsteuer

Arbeitnehmer sind lohnsteuerpflichtig[29]. Wann in Einzelnen ein Arbeitsverhältnis bzw. ein lohnsteuerpflichtiges Beschäftigungsverhältnis vorliegt, regelt sich nach den Vorschriften der Lohnsteuerdurchführungsverordnung. Geschäftsführer sind wie auch der Vorstand einer AG lohnsteuerpflichtig. Nicht lohnsteuerpflichtig sind Mitglieder von Überwachungsorganen, also z. B. die Gesellschafter und andere Personen (Steuerberater, Wirtschaftsprüfer), die den Beirat der GmbH bilden.

Die GmbH hat die Höhe der Lohnsteuer zu ermitteln, anzumelden und abzuführen. Der Geschäftsführer ist für die Durchführung verantwortlich und haftet für Versäumnisse. Die GmbH ist verpflichtet an der Betriebsstätte für jeden Arbeitnehmer und für jedes Kalenderjahr ein Lohnkonto zu führen. Das Lohnkonto muss enthalten:

- Daten des Arbeitnehmers (Name, Geburtsdatum, Wohnsitz),
- die Gemeinde, die die Lohnsteuerkarte ausstellt,
- das Finanzamt, in dessen Bezirk die Lohnsteuerkarte ausgestellt wird,
- allgemeine Besteuerungsmerkmale (Familienstand, Kinder, Religion)
- Zeitpunkt von Veränderungen,
- der steuerfreie Jahresbeitrag,
- Tag der Lohnzahlung und Lohnzahlungszeitraum,
- Arbeitslohn (Barlohn, Sachbezug, Lohnsteuer),
- Sonderfälle (Kurzarbeitergeld, Schlechtwettergeld usw.),
- U bei Wegfall eines Anspruches auf Arbeitslohn aus sonstigen Gründen,
- steuerfreie Bezüge,
- Freistellungen nach Doppelbesteuerungsabkommen und
- Pauschal besteuerte Bezüge.

Der vereinbarte Monatslohn wird auf den Jahreslohn hochgerechnet. Die sich nach der Einkommensteuer-Grundtabelle ergebende Jahreslohnsteuer wird durch 12 dividiert. Daraus ergibt sich der monatlich abzuführende Lohnsteuerbetrag, der vom Arbeitslohn einzubehalten ist[30]. Zu berücksichtigen sind dabei die verschiedenen Lohnsteuerklassen (I bis VI) und entsprechende Freibeträge.

Die Angaben der Lohnsteuerkarte (Steuerklasse, Anzahl der Kinder, Freibeträge, Religion) sind für die GmbH bindend. Legt der Arbeitnehmer keine Lohnsteuerkarte vor, ist

---

[29] § 19 EStG.
[30] § 38a Abs. 3 EStG.

die GmbH verpflichtet, die Lohnsteuer nach der ungünstigsten Tabelle VI zu ermitteln. Trifft den Arbeitgeber kein Verschulden für die Nichtvorlage (Gemeinde stellt nicht aus), dann ermittelt die GmbH den Lohnsteuerabzug nach den ihr vorliegenden Daten (Familienstand, usw.). Die GmbH kann von Januar bis März eines neuen Kalenderjahres die Angaben des Vorjahres zugrunde legen, wenn der Arbeitnehmer bis spätestens 31.03 vorlegt. Tut er das nicht, muss Lohnsteuerklasse VI angewandt werden.

Die Lohnsteuer-Anmeldung ist eine Steuer-Erklärung. Dazu müssen die amtlich vorgeschriebenen Vordrucke verwendet und eigenhändig bzw. von einer vertretungsberechtigten Person (Personalleiter mit Prokura) unterschrieben werden.

Anmeldezeitraum[31] für die Lohnsteuer ist

- das Kalenderjahr, sofern die abzuführende Lohnsteuer für das vorangegangene Kalenderjahr nicht mehr als 1080 € betragen hat,
- das Kalendervierteljahr, wenn die Vorjahreslohnsteuer zwischen 1080 € und 5000 € gelegen hat, und
- der Kalendermonat, wenn im Vorjahr der Betrag von 5000 € überschritten wurde.

Zu beachten sind die besonderen Vorschriften für die pauschalierte Erhebung der Lohnsteuer[32].

Die GmbH muss die einbehaltene Lohnsteuer an das Finanzamt abführen bzw. zahlen. Das ist möglich in Form der Barzahlung (nur bei Vollstreckung), durch Scheck, Banküberweisung, Einzahlung mit Zahlschein oder Postüberweisung. Die Frist entspricht der Lohnsteueranmeldung, also in der Regel bis spätestens zum 10. des Folgemonats. Eine wirksame Zahlung erfolgt bei Scheckübergabe am Tag des Eingangs (also: Scheck zum 10. des Folgemonats). Ansonsten erfolgt die Zahlung mit Gutschrift auf dem Konto der Finanzbehörden – also zeitverzögert. Barzahlung am Einzahlungstag ist möglich, davon raten wir in der Praxis jedoch ab (nur an empfangsberechtigte Personen im FA einzahlen!). Achtung: Bei Überweisungen unbedingt den genauen Zweck der Zahlung (Lohnsteuer/September 2019) angeben.

6.6.12 Folgen nicht ordnungsgemäßer Anmeldung und Entrichtung der Lohnsteuer

Das Finanzamt kann die Abgabe der Lohnsteueranmeldung mit Zwangsgeld bis 5000 € gegen den Geschäftsführer durchsetzen. Kann das Zwangsgeld nicht beigetrieben werden, kann das Amtsgericht auf Antrag des Finanzamtes nach Anhörung des Arbeitgebers ersatzweise Zwangshaft anordnen. Der Haftbefehl ergeht gegen den Geschäftsführer. Die Zwangshaft beträgt mindestens einen Tag und höchstens zwei Wochen.

---

[31] § 41a EStG.
[32] § 40 EStG.

Daneben kann das Finanzamt die Besteuerungsgrundlagen schätzen. Die GmbH muss dabei hinnehmen, dass dadurch ein Zuschlag entsteht, der jedoch nicht unangemessen hoch sein darf. Bei unangemessen hohem Zuschlag (mehr als 15 %) sollte innerhalb eines Monats Widerspruch gegen den Schätzungsbescheid eingelegt werden. Dieser muss mit Einreichung der Lohnsteueranmeldung begründet werden. Der Geschäftsführer ist zur Zahlung des in der Schätzung ausgewiesenen Betrages verpflichtet. Er bleibt auch weiter zur Abgabe der Lohnsteueranmeldung verpflichtet. Hat der Bescheid Bestandskraft, nützt auch die Einreichung der korrekten Lohnsteueranmeldung nichts mehr.

Zahlt die GmbH die angemeldete oder geschätzte Steuerschuld nicht, kann das Finanzamt diese zwangsweise im Wege der Vollstreckung durchsetzen[33]. Voraussetzung: Der Steuerbescheid liegt vor, Verstreichen einer Ein-Wochenfrist, Mahnung mit einer Zahlungsfrist von einer Woche. Anschließend: Vollstreckung. Führt die Vollstreckung nicht zum Ergebnis, kommt die Annahme einer eidesstattlichen Versicherung in Betracht. Ebenfalls möglich ist das Gewerbeuntersagungsverfahren oder Insolvenzantrag.

Wird die Lohnsteuer nicht ordnungsgemäß angemeldet, so dass der Lohnsteueranspruch nicht in voller Höhe oder rechtzeitig verwirklicht werden kann, handelt es sich um Steuerhinterziehung, wenn Vorsatz oder grobe Fahrlässigkeit vorliegt. Dann drohen Freiheitsstrafe bis zu 5 Jahren oder eine Geldstrafe[34].

Wird die Lohnsteuer zwar angemeldet, die Steuerschuld aber nicht, nicht rechtzeitig oder nicht vollständig gezahlt, handelt es sich um eine Ordnungswidrigkeit, sofern Vorsatz oder grobe Fahrlässigkeit vorliegt. In diesem Fall kann das Finanzamt gegen den Geschäftsführer eine Geldbuße in Höhe bis zu 25.000 € verhängen. Wurde dem Arbeitnehmer Lohnsteuer als Bestandteil des Lohnes ausgezahlt, kann ausnahmsweise auch der Arbeitnehmer zur Erstattung der Lohnsteuer herangezogen werden[35].

Für die Kirchensteuer (laut Lohnsteuerkarte) und den Solidaritätszuschlag (5,5 % ab Mindestbetrag) gelten die gleichen rechtlichen Maßstäbe wie zur Anmeldung und Entrichtung der Lohnsteuer.

6.6.13 Umsatzsteuer

Mit der Umsatzsteuer wird der private Verbrauch besteuert. Dazu bedient sich der Gesetzgeber der Unternehmen, auch der GmbH. Die GmbH berechnet ihren Abnehmern gegenüber Umsatzsteuer, muss aber auch Umsatzsteuer für bezogene Lieferungen und Leistungen zahlen. Diese Vorsteuer kann die Gesellschaft mit der erhobenen Umsatzsteuer verrechnen.

---

[33] §§ 249 ff. AO.
[34] § 370 AO.
[35] § 42d Abs. 3 EStG.

Die GmbH hat dazu Umsatzsteuervoranmeldungen zu erstellen und dem Finanzamt einzureichen. Der Geschäftsführer ist verantwortlich für die ordnungsgemäße Abwicklung.

Anmeldezeitraum[36] für die Umsatzsteuer ist:

- bei Jahresumsätzen unter 1000 € muss – sofern beim Finanzamt beantragt – keine Umsatzsteuervoranmeldung erfolgen,
- das Kalendervierteljahr, sofern die Umsatzsteuer für das Vorjahr zwischen 1000 € und 7500 € gelegen hat, bzw.
- der Kalendermonat, wenn die Umsatzsteuer im Vorjahr mehr als 7500 €

In der Voranmeldung sind die im Voranmeldungszeitraum entstandene Umsatzsteuer auf getätigte Umsätze und die abzugsfähige Vorsteuer anzugeben. Die Differenz ergibt die Zahllast, die ebenfalls bis zum 10. des Folgemonats entrichtet werden muss.

Daneben ist jährlich die Umsatzsteuer-Jahreserklärung einreichen. Die Umsatzsteuererklärung ist binnen einem Monat nach Ablauf des kürzeren Besteuerungszeitraums abzugeben. Ergibt sich aus der Summe der Umsatzsteueranmeldungen und der Umsatzsteuer-Erklärung eine Zahllast, muss diese innerhalb eines Monats nach Eingang der Umsatzsteuer-Jahreserklärung gezahlt werden. Bei Nichteinhaltung der Anmelde- bzw. Erklärungsfrist ist mit Verspätungs- und Säumniszuschlägen rechnen.

Umsatzsteuersätze/Rechnungsausweis

- die allgemeine Umsatzsteuer beträgt 19 %
- der ermäßigte Steuersatz beträgt 7 %.

Die GmbH ist berechtigt, die Umsatzsteuer in ihren Rechnungen auszuweisen. Liefert die Unternehmergesellschaft an einen anderen Unternehmer, dann hat dieser einen Anspruch auf Ausweis der Umsatzsteuer in der Rechnung[37]. Rechnungen sind Abrechnungsbelege wie Quittungen, Kassenzettel oder Kassenbons. Damit der Umsatzsteuerausweis vom Finanzamt anerkannt wird, muss diese enthalten[38]:

- den vollständigen Namen und die vollständige Anschrift des leistenden Unternehmers und des Leistungsempfängers,
- die dem leistenden Unternehmer vom Finanzamt erteilte Steuernummer oder die ihm vom Bundeszentralamt für Steuern erteilte Umsatzsteuer-Identifikationsnummer,
- das Ausstellungsdatum,

---

[36] § 18 UStG.
[37] § 14 UStG.
[38] § 14 Abs. 4 UStG.

6.6 Steuerpflichten

- eine fortlaufende Nummer mit einer oder mehreren Zahlenreihen, die zur Identifizierung der Rechnung vom Rechnungsaussteller einmalig vergeben wird (Rechnungsnummer),
- die Menge und die Art (handelsübliche Bezeichnung) der gelieferten Gegenstände oder den Umfang und die Art der sonstigen Leistung,
- den Zeitpunkt der Lieferung oder sonstigen Leistung; in den Fällen des Absatzes 5 Satz 1 den Zeitpunkt der Vereinnahmung des Entgelts oder eines Teils des Entgelts, sofern der Zeitpunkt der Vereinnahmung feststeht und nicht mit dem Ausstellungsdatum der Rechnung übereinstimmt,
- das nach Steuersätzen und einzelnen Steuerbefreiungen aufgeschlüsselte Entgelt für die Lieferung oder sonstige Leistung (§ 10) sowie jede im Voraus vereinbarte Minderung des Entgelts, sofern sie nicht bereits im Entgelt berücksichtigt ist,
- den anzuwendenden Steuersatz sowie den auf das Entgelt entfallenden Steuerbetrag oder im Fall einer Steuerbefreiung einen Hinweis darauf, dass für die Lieferung oder sonstige Leistung eine Steuerbefreiung gilt und
- in den Fällen des § 14b Abs. 1 Satz 5 einen Hinweis auf die Aufbewahrungspflicht des Leistungsempfängers.

Für die GmbH gelten die umsatzsteuerlichen Bestimmungen aus dem UStG und der Umsatzsteuer-Durchführungsverordnung, die für alle Unternehmen gelten, insofern sind hier keine Besonderheiten zu berücksichtigen.

6.6.14 Steuerbelastung der GmbH und der Gesellschafter

Die GmbH zahlt auf ihren steuerpflichtigen Gewinn

- 15 % Körperschaftsteuer + Solidaritätszuschlag
- Gewerbesteuer (je nach Gewerbesteuersatz bis zu 14,83 % des steuerpflichtigen Gewinns)

Das Gehalt, das dem Geschäftsführer der GmbH gemäß Anstellungsvertrag gezahlt wird, unterliegt der Lohnsteuer.

Gewinne der GmbH, die an den Gesellschafter ausgezahlt (Fachbegriff: ausgeschüttet) werden, unterliegen der Abgeltungssteuer von 25 %. Liegt der persönliche Steuersatz des Gesellschafters unter 25 %, wird der ausgeschüttete Gewinnanteil des Gesellschafters auf Antrag mit seinem geringeren persönlichen Steuersatz versteuert.

Steuerberechnungsschema für die GmbH

Gewinn der GmbH vor Ertragsteuern	100
Ertragsteuern (KSt, Solidaritätszuschlag, GewSt)	29,83
Gewinnausschüttung an die Gesellschafter	70,17
Abgeltungsteuer (25% von 70,17)	−17,54
Solidaritätszuschlag	−0,96
Gewinnausschüttung	51,67
Besteuerung von 100% GmbH-Gewinn beim Gesellschafter	18,51
Ertragsteuern der GmbH	29,83
Steuerliche Gesamtbelastung GmbH und Gesellschafter	48,33

Ausschüttungen, die eine unbeschränkt körperschaftsteuerpflichtige GmbH aus einer Beteiligung an einer anderen Körperschaft erzielt, sind körperschaftsteuerfrei. Bei Ermittlung des Einkommens ist daher eine entsprechende Kürzung vorzunehmen. Erfasst werden auch Ausschüttungen ausländischer Kapitalgesellschaften, soweit sie nicht ohnehin aufgrund eines Doppelbesteuerungsabkommens in Deutschland steuerfrei sind.

6.7 Der Jahresabschluss im GmbH-Konzern

GmbH-Tochtergesellschaften sind rechtlich selbständige Unternehmen und müssen einen handels- und steuerrechtlichen Jahresabschluss erstellen – je nach Größe bestehend aus Bilanz, Gewinn- und Verlustrechnung, Anhang und Lagebericht. In der Regel wird im Konzern ein konsolidierter Jahresabschluss erstellt und veröffentlicht – darin fließen die Einzelabschlüsse aller Konzernunternehmen ein. Grundlage des konsolidierten Konzernabschlusses ist der Jahresabschluss des Tochterunternehmens – hier ist der Geschäftsführer zuständig für die ordnungsgemäße Buchführung und die Erstellung des Jahresabschlusses der Tochter-GmbH.

6.7.1 Grundlagen des GmbH-Jahresabschlusses

Nach Handelsrecht werden Unternehmen in der Rechtsform GmbH je nach Größe unterschiedlich behandelt. Man unterscheidet kleine, mittelgroße und große Kapitalgesellschaften.

Unternehmens-Größenklassen[39]

kleine Kapitalgesellschaft	Bilanzsumme bis 6.000.000 €
	Umsatzerlöse bis 12.000.000 €
	Mitarbeiter bis 50
mittelgroße Kapitalgesellschaft	Bilanzsumme bis 6 bis 20 Mio. €
	Umsatzerlöse bis 12 bis 40 Mio. €
	Mitarbeiter 51–250
große Kapitalgesellschaft	Bilanzsumme mehr als 20 Mio. €
	Umsatzerlöse mehr als 40 Mio. €
	Mitarbeiter mehr als 250

Besonderheiten bei der Ermittlung der Größenklasse

- Die Bilanzsumme ist um einen auf der Aktivseite ausgewiesenen Fehlbetrag zu kürzen.
- Umsatzerlöse sind die Erlöse aus den typischen Geschäftstätigkeiten minus Erlösschmälerungen und Umsatzsteuer.
- Bei der Zahl der Mitarbeiter wird auf den Jahresdurchschnitt abgestellt. Als durchschnittliche Zahl der Arbeitnehmer gilt der vierte Teil der Summe aus den Zahlen der jeweils am 31.03., 30.06., 30.09. und 31.12. beschäftigten Arbeitnehmern einschließlich der im Ausland beschäftigten Arbeitnehmer, ohne Auszubildende.

Die Zuordnung, ob eine GmbH klein, mittelgroß oder groß ist, richtet sich danach, das jeweils zwei der drei genannten Kriterien an zwei Abschlussstichtagen hintereinander über- oder unterschritten werden. Bei Umwandlung oder Neugründung wird nicht auf zwei hintereinander folgende Stichtage abgestellt. Die Gesellschaft wird dann bereits als klein oder mittelgroß eingestuft, wenn die entsprechenden Voraussetzungen zum Abschlussstichtag vorliegen.

Der Geschäftsführer legt den Jahresabschluss der GmbH den Gesellschaftern zur Feststellung vor. Dazu sind folgende internen Abstimmungsprozesse vornehmen:

- In der kleinen GmbH ohne Beirat/Aufsichtsrat müssen Sie den Jahresabschluss den Gesellschaftern unmittelbar vorlegen
- In kleinen Gesellschaften mit Beirat/Aufsichtsrat müssen Sie den Jahresabschluss zunächst dem Aufsichtsgremium vorlegen. Der Beirat/Aufsichtsrat leitet dann den Jahresabschluss zusammen mit einem Prüfungsbericht wieder den Geschäftsführern zu, damit Sie die Beschlussunlagen dann den Gesellschaftern vorlegen können

---

[39] gemäß § 267 HGB.

- In mittelgroßen und großen Kapitalgesellschaft ohne Aufsichts-/Beirat müssen Sie den Jahresabschluss zunächst dem Abschlussprüfer vorlegen. Dieser legt den Jahresabschluss und seinen Prüfungsbericht dem Geschäftsführer/Vorstand der Konzern-Obergesellschaft vor.
- In mittelgroßen und großen Kapitalgesellschaft mit Aufsichts-/Beirat müssen Sie den Jahresabschluss zunächst dem Abschlussprüfer vorlegen. Dieser übergibt den Jahresabschluss mit seinem Prüfungsbericht dem Aufsichts-/Beirat. Dieser leitet den geprüften Jahresabschluss an die Geschäftsführung der Konzern-Obergesellschaft weiter.

Den Gesellschaftern ist der gesamte Jahresabschluss, bestehend aus der Bilanz, der Gewinn- und Verlustrechnung, dem Anhang und – je nach Größenklasse – dem Lagebericht vorzulegen. Prüfungspflichtige GmbH müssen zusätzlich den Prüfungsbericht des Abschlussprüfers den Gesellschaftern vorlegen. Vorzulegen sind auch freiwillige Prüfungsberichte.

Für kleine, mittelgroße und große GmbH gelten unterschiedliche Anforderungen hinsichtlich der Rechnungslegung, der Prüfung und der Publizität[40].

Große Kapitalgesellschaften müssen einen Jahresabschluss (Bilanz, GuV, Anhang) und einen Lagebericht aufstellen und prüfen zu lassen. Jahresabschluss, Lagebericht, Vorschlag für sowie Beschluss über die Ergebnisverwendung und der Bestätigungsvermerk oder der Vermerk über dessen Versagung sind im elektronischen Unternehmensregister bekannt zu machen. Wurde zwischen der Konzern-Obergesellschaft und der Tochter-GmbH ein Gewinnabführungsvertrag geschlossen, ist der Gewinn gemäß den vertraglichen Vereinbarungen abzuführen.

Für die Bilanz und die Gewinn- und Verlustrechnung ist ein gesetzlich einheitliches Gliederungsschema vorgeschrieben. Der Anlagespiegel ist nach der Bruttomethode aufzustellen. Bei jeder Forderung sind die Beträge mit einer Restlaufzeit von mehr als einem Jahr, bei jeder Verbindlichkeit die Beträge mit einer Restlaufzeit bis zu einem Jahr gesondert zu vermerken. In der Bilanz dürfen keine Wertberichtigungen ausgewiesen werden. Gesamt- und Umsatzkostenverfahren sind zulässig.

Für mittelgroße Kapitalgesellschaften gelten Erleichterungen: Sie müssen lediglich eine verkürzte Gewinn- und Verlustrechnung aufstellen. Umsatzerlöse können mit bestimmten Aufwendungen saldiert werden. Der Anhang kann in verkürzter Form aufgestellt werden. Zusätzliche Erleichterungen gelten für die Offenlegung. Es sind lediglich die verkürzte Bilanz und der zusätzlich verkürzte Anhang offen zu legen. Noch weitergehende Erleichterungen gelten für kleine Kapitalgesellschaft:

- Aufstellung einer stark verkürzten Bilanz[41]
- Aufstellung eines stark verkürzten Anhangs[42]
- Es entfallen[43]: Aufstellung eines Anlagengitters, Erläuterung bestimmter Forderungen im Anhang, Erläuterung bestimmter Verbindlichkeiten im Anhang, der

---

[40]vgl. dazu § 267 ff. HGB.
[41]§ 266 HGB.
[42]§ 288 HGB.
[43]274a HGB.

gesonderte Ausweis eines Disagios, Erläuterungen der Kosten für Ingangsetzung und Erweiterung des Geschäftsbetriebes, Erläuterungen zu außerordentlichen Aufwendungen und Erträgen
- Keine Abschlussprüfung
- ein Lagebericht ist nicht aufzustellen
- Die Gewinn- und Verlustrechnung ist nicht offenzulegen[44]
- Der Jahresabschluss muss im elektronischen Unternehmensregister veröffentlicht werden. Ausnahme: Im Konzern genügt der Verweis auf die Veröffentlichung des konsolidierten Konzern-Abschlusses.

Beispiel: Gliederung der Bilanz der kleinen Kapitalgesellschaft[45]

Aktiva	Passiva
A. Anlagevermögen	A. Eigenkapital
I. Immaterielle Vermögensgegenstände	I. Gezeichnetes Kapital
II. Sachanlagen	II. Kapitalrücklage
III. Finanzanlagen	III. Gewinnrücklagen
B. Umlaufvermögen	IV. Gewinnvortrag/Verlustvortrag
I. Vorräte	V. Jahresüberschuss/Jahresfehlbetrag
II. Forderungen und sonstige Vermögensgegenstände	B. Rückstellungen
III. Wertpapiere	C. Verbindlichkeiten
IV. Kassenbestand, Bundesbank-Guthaben, Guthaben bei Kreditinstituten und Schecks	D. Rechnungsabgrenzungsposten
C. Rechnungsabgrenzungsposten	

Der Anhang zum Jahresabschluss Der Anhang hat die Aufgabe, ergänzende Angaben zur Bilanz und zur Gewinn- und Verlustrechnung zu machen[46]. Die Gliederung des Anhangs ist gesetzlich nicht vorgeschrieben. In der Praxis hat sich folgende Darstellung bewährt und durchgesetzt:

- Allgemeines
- Bilanzierungs- und Bewertungsgrundsätze
- Erläuterungen zur Bilanz
- Erläuterungen zur Gewinn- und Verlustrechnung
- sonstige Angaben

---

[44] § 326 HGB.
[45] § 266 HGB.
[46] §§ 284 – 288 HGB.

Die Einzeldarstellung ist in der Praxis Aufgabe der Fachabteilung bzw. des Steuerberaters, der die Bilanz erstellt. Der Geschäftsführer hat die Aufgabe, die wesentlichen Grundlagen zu prüfen und sich die Vollständigkeit und Richtigkeit der Angaben und Erläuterungen bestätigen zu lassen.

Bei der mittleren und großen Kapitalgesellschaft (nicht bei der kleinen) sind im Anhang Angaben über die Gesamtbezüge (Vergütungen) der Mitglieder der Geschäftsführung, der Aufsichtsorgane, des Beirats und ähnlicher Einrichtungen, sowie die Gesamtbezüge der früheren Mitglieder der oben bezeichneten Organe und ihrer Hinterbliebenen dazustellen (Altersvergütung, Hinterbliebenenrenten usw.)[47].

Dabei geht es nur um die Bezüge des Gremiums insgesamt und nicht um die Bezüge der einzelnen Mitglieder. Deshalb müssen Angaben über die Gesamtbezüge der Mitglieder der Geschäftsführung oder eines Beirats nicht offen gelegt werden, wenn sich dadurch die Bezüge eines Mitglieds dieser Organe feststellen lässt[48]. Außerdem entfällt die Verpflichtung, Angaben über die Ergebnisverwendung zu machen, wenn sich anhand dieser Angaben die Gewinnanteile von natürlichen Personen feststellen lassen[49].

Der Lagebericht zum Jahresabschluss Mittelgroße und große Kapitalgesellschaften[50] müssen neben der Bilanz, der Gewinn- und Verlustrechnung und dem Anhang einen Lagebericht aufzustellen. Sie müssen den Lagebericht in den ersten drei Monaten des Geschäftsjahres für das vorangegangene Geschäftsjahr erstellen. Kleinen Kapitalgesellschaften/Unternehmergesellschaften ist es freigestellt, einen Lagebericht aufzustellen.

Wird ein Lagebericht erstellt, verlängert sich die Aufstellungsfrist für den Jahresabschluss auf sechs Monate nach Ablauf des Geschäftsjahres. Lagebericht und Anhang dürfen nicht miteinander verwechselt werden. Während der Anhang die Aufgabe hat, Bilanz und Gewinn- und Verlustrechnung durch zusätzliche Angaben zu erläutern, soll der Lagebericht den Geschäftsverlauf und die Lage der GmbH abbilden. Gemäß § 289 HGB muss der Lagebericht den Geschäftsverlauf und die Lage der Gesellschaft so darzustellen, dass ein den tatsächlichen Verhältnissen entsprechendes Bild vermittelt wird. Außerdem muss der Lagebericht eingehen auf:

- Vorgänge von besonderer Bedeutung, die nach Schluss des Geschäftsjahres eingetreten sind (sofern vorhanden)
- die voraussichtliche Entwicklung der Gesellschaft
- den Bereich Forschung und Entwicklung (sofern vorhanden)
- bestehende Zweigniederlassungen der Gesellschaft (sofern vorhanden).
- Wie der Lagebericht formell gestaltet wird, bleibt der Geschäftsführung und dem steuerlichen Berater überlassen. Allerdings muss er klar und übersichtlich sein. Hier ein Überblick über die möglichen Einzelangaben zu den fünf Berichtsbereichen:

---

[47] § 285 Nr. 9a und b HGB.
[48] § 286 HGB.
[49] § 325 Abs. 1 Satz 1 HGB.
[50] § 264 Abs. 1 HGB.

Angaben zum Geschäftsverlauf der Gesellschaft: Bei der Beschreibung des Geschäftsverlaufs soll dargestellt werden, wie sich die Gesellschaft im Laufe des Geschäftsjahres entwickelt hat und welche Umstände zu dieser Entwicklung geführt haben.

Dazu bietet es sich an, zunächst einen allgemeinen Überblick über die Historie der Gesellschaft zu geben, wobei auch die Geschäftsfelder der GmbH aufgeführt werden sollten. In diesen kurzen allgemeinen Überblick können auch gesamtwirtschaftliche Rahmendaten des Geschäftsjahres mit einbezogen werden. Anschließend ist dann über den konkreten Ablauf des Geschäftsjahres zu informieren, wobei es beispielsweise möglich ist, sich an den einzelnen Schritten der Leistungserstellung in der GmbH zu orientieren. Entsprechend können sich die Angaben erstrecken auf:

- Auftragseingang und Auftragsbestand mit Vergleichen zu den Vorjahren
- der Beschaffungssektor. Entwicklung der Beschaffungspreise, Versorgungslage bei Roh-, Hilfs- und Betriebsstoffen sowie zur Lagerhaltung
- der Produktionsbereich: Kapazitätsauslastung, Rationalisierungsmaßnahmen, das Produktionsprogramm sowie Veränderungen
- der Absatzbereich. die Entwicklung der Absatzmengen, der Umsätze oder Marktanteile
- Investitionen und Finanzierung. begonnene Investitionsmaßnahmen, Kapitalbeschaffung, Kreditpolitik und Entwicklung des Zinsniveaus und der Zinsbelastung
- Personal- und Sozialwesen. Mitarbeiterzahl und -fluktuation, Lohn- und Gehaltsentwicklung, Arbeitszeit, betriebliche Altersversorgung, Tarifregelungen, Aus- und Weiterbildungsmaßnahmen usw.
- besondere Einzelaspekte während des Geschäftsverlaufs, z. B. Gründungen von Zweigniederlassungen, Ereignisse bei verbundenen Unternehmen u. ä.

Angaben zur Lage der Gesellschaft: Angaben zur Lage der Gesellschaft beziehen sich vor allem auf deren Vermögens-, Finanz- und Ertragslage. Sachlogisch schließen diese Angaben unmittelbar an die Entwicklung im vorangegangenen Geschäftsjahr an. Angaben zur Lage der GmbH können sich beziehen auf:

- die Bilanzstruktur, wobei auf wesentliche Veränderungen in den Relationen von Anlage- zu Umlaufvermögen und von Eigen- zu Fremdkapital eingegangen werden kann
- die Eigenkapitalausstattung, die Fremdkapitalausstattung und die Rentabilität
- die Liquidität, den Verschuldungsgrad und den Cashflow
- schwebende Geschäfte und noch nicht abgeschlossene Projekte
- wichtige Planungen und Vorhaben

Insgesamt soll es aufgrund dieser Daten möglich sein, eine Gesamtbeurteilung der Situation der GmbH vorzunehmen.

Angaben zu Vorgängen von besonderer Bedeutung nach Schluss des Geschäftsjahres: Diese Angaben betreffen Vorgänge, die zwischen dem Abschlussstichtag und dem Zeitpunkt der Berichterstattung eingetreten sind. Dabei ist nur auf wesentliche Vorgänge einzugehen, die z. B. für die Beurteilung der Existenz der GmbH und für ihre zukünftigen Erfolgsaussichten erheblich sind, zum Beispiel:

- Umsatzeinbußen oder erhebliche Preissteigerungen auf Beschaffungsmärkten
- sinkende Preise auf Absatzmärkten
- Kündigungen oder Abschlüsse von wichtigen Verträgen
- erhebliche Verluste, z. B. aus Konkursen von Kunden, verlorenen Schadensersatzprozessen oder Veränderungen auf wichtigen Märkten
- Anschaffungen oder Verkäufe von Grundstücken oder Beteiligungen usw.

Ob solche Vorgänge tatsächlich von besonderer Bedeutung sind, kann nur im Einzelfall beurteilt werden. Beachten Sie jedoch, dass sich die Pflicht zur Berichterstattung sowohl auf positive als auch auf negative Ereignisse bezieht.

Angaben zur voraussichtlichen Entwicklung der GmbH: Auch hier schreibt das Gesetz nicht vor, welche Angaben im Einzelnen zu machen sind. Daher kommt es auf die Einschätzung der Geschäftsführung an, wie die künftige Entwicklung der GmbH gesehen wird. Diese Prognose kann sich auf folgende Bereiche beziehen: die Entwicklungstendenzen innerhalb der GmbH, z. B. hinsichtlich Produktion, Absatz, Personal, Fertigungsanlagen, Forschung und Entwicklung oder auf die Entwicklungstendenzen außerhalb der GmbH, z. B. auf Absatz- und Beschaffungsmärkten usw.

Angaben zu Forschung und Entwicklung: Diese können sich darauf beziehen, welche Forschungseinrichtungen die Unternehmergesellschaft unterhält, wie viele Mitarbeiter in diesem Bereich eingesetzt werden und mit welchen Zielsetzungen die Forschung und Entwicklung betrieben wird. Angaben über die Höhe der Aufwendungen für Forschung und Entwicklung sind nicht erforderlich.

Angaben zu Zweigniederlassungen: Hierzu sind Angaben zur wirtschaftlichen Entwicklung und zur Anzahl der Mitarbeiter zu machen.

6.7.2 Verantwortlichkeit des GmbH-Geschäftsführers

Der Geschäftsführer ist verantwortlich dafür, dass der Jahresabschluss der GmbH erstellt, geprüft und den Gesellschaftern zur Feststellung vorgelegt wird. Er ist dazu verpflichtet, den Jahresabschluss unverzüglich nach der Aufstellung den Gesellschaftern zur Feststellung vorzulegen[51]. Ist der Jahresabschluss durch einen Abschlussprüfer zu prüfen, haben die Geschäftsführer den Jahresabschluss prüfen zu lassen und den geprüften Jahresabschluss zusammen mit dem Lagebericht und dem Prüfungsbericht unverzüglich vorzulegen. Hat die GmbH einen Aufsichts-/Beirat, dann sind diese Unterlagen auch diesem Gremium vorzulegen.

---

[51] § 42a GmbH-Gesetz.

In der Praxis kann diese Aufgabe einem Geschäftsführer zur Erledigung übertragen werden (in der Regel: der kaufmännische Geschäftsführer). Dann hat der ressortfremde Geschäftsführer sich von der ordnungsgemäßen Erledigung zu überzeugen und regelmäßige Kontrollen vorzunehmen, ob der damit beauftragte Geschäftsführer dieser Verpflichtung nachkommt (Steuerberatervertrag, regelmäßige Berichtspflicht des kaufmännischen Geschäftsführers – mindestens einmal jährlich im Zusammenhang mit der Erstellung des Jahresabschlusses).

Der Geschäftsführer muss den Jahresabschluss nicht selbst erstellen, er hat lediglich für die ordnungsgemäße Erledigung zu sorgen. Dazu genügt es, wenn der zuständige Geschäftsführer (in der Regel: der kaufmännische Geschäftsführer) eine Bilanzbuchhaltung einrichtet und personell besetzt, diese anleitet und überwacht. Der dafür verantwortliche Geschäftsführer muss jederzeit in der Lage sein, in die Bilanzierung einzugreifen und Mängel abzustellen. Diese Grundsätze gelten auch, wenn die – was in der Praxis üblich ist – Bilanzierung, Vorbereitung und Erstellung des Jahresabschlusses außerhalb – etwa durch einen Steuerberater – erledigt wird. Dieser hat regelmäßig zu berichten und auf Probleme hinzuweisen, die bei der Erledigung dieser Aufgaben entstehen.

Mitarbeiter, die mit dem Steuerberater zu tun haben, sollten angewiesen werden, alle Vorgänge mit sachlichem Inhalt (Kontierungsfragen, Bilanzierungsfragen, Steuerfragen) schriftlich zu dokumentieren. Der Steuerberater haftet für Fehlauskünfte und daraus entstehende Zusatzkosten bzw. Schäden.

Die Geschäftsführer tragen insgesamt die Verantwortung für die Erstellung, Prüfung und Vorlage des Jahresabschlusses. Bei ihnen liegt die Entscheidung darüber,

- welcher Vorschlag zum Jahresabschluss den Gesellschaftern vorgelegt wird und
- wie Bilanzierungswahlrechte ausgeübt werden.

Alle Geschäftsführer müssen den Jahresabschluss (Bilanz, Gewinn- und Verlustrechnung, Lagebericht) unterzeichnen. Ist der Geschäftsführer nicht von der ordnungsgemäßen Vorlage überzeugt, muss er sich weigern, den Jahresabschluss zu unterzeichnen. Die Verantwortlichkeit für die Erfüllung dieser Pflichten obliegen allen Geschäftsführern, diese kann nicht durch Gesellschaftsvertrag, Ressortverteilung oder Geschäftsordnung auf einen Geschäftsführer übertragen werden.

Bei Zweifeln an der ordnungsgemäßen Erstellung des Jahresabschlusses hat sich jeder Geschäftsführer selbst um die ordnungsgemäße Erfüllung dieser Pflichten zu kümmern und gegebenenfalls sachverständige Dritte einzuschalten. Pflichtverletzungen können Schadensersatzansprüche auslösen und Grund zur Abberufung aus wichtigem Grund sein.

Checkliste: Gesamtverantwortung für Buchführung und Bilanzierung

Vorgang	Prüfen
Ressortaufteilung	Ist die Verantwortlichkeit aus §§ 41, 42a GmbHG dem kaufmännisch verantwortlichen Geschäftsführer eindeutig zugewiesen? – wenn Nein: Es liegt keine echte Ressortdelegation vor, Sie sollten sich selbst um die Erledigung dieser Aufgaben kümmern (Gespräch mit dem Steuerberater, Bericht durch den Abteilungsleiter Rechnungswesen usw.)
Es besteht echte Ressortdelegation	Regelmäßige Berichterstattung zum Rechnungswesen durch den kaufmännisch verantwortlichen Geschäftsführer an die anderen Geschäftsführer (Buchführung, Bilanzierung, Steuerangelegenheiten)
	Auch wenn keine berichtenswerten Besonderheiten vorliegen, lassen Sie dies regelmäßig im Geschäftsführungs-Protokoll vermerken („TOP ReWe": Keine besonderen Sachverhalte und Vorkommnisse)
	Offene TOPs dazu systematisch ansprechen und – bei Nicht-Erledigung – terminieren und vortragen
	Haben Sie den Eindruck, dass die Aufgabe nicht ordnungsgemäß erledigt wird, sollten Sie – nach Rücksprache mit den anderen Kollegen und Vortrag in der GF-Sitzung – das Gespräch mit dem Abteilungsleiter, Steuerberater suchen
	Informieren Sie die Gesellschafter, dass Sie Anzeichen für eine nicht-ordnungsgemäße Erledigung der Verpflichtungen aus §§ 41, 42a GmbHG haben
	Werden Ihre Bedenken nicht ausgeräumt, schalten Sie – nach Rücksprache mit ihren GF-Kollegen – einen externen Sachverständigen ein und beauftragen Sie diesen mit der Prüfung der offenen Sachverhalte
Erstellung und Vorlage des Jahresabschluss	Lassen Sie sich vom kaufmännisch verantwortlichen Geschäftsführer/Abteilungsleiter den gesamten JA ausführlich erörtern
	Bei Prüfungspflicht: Warum wird welcher Prüfer vorgeschlagen
	Lassen Sie sich zusätzlich den Jahresabschluss von Ihrem Steuerberater (Prüfer) erörtern
	Vergleichen Sie das Zahlenwerk unmittelbar mit den Vorjahres- und Planzahlen und lassen sich Abweichungen und ungeplante Veränderungen erläutern – positive wie negative
	Gleichen Sie den Vorschlag über die Gewinnverwendung mit Ihren Ressortplänen ab

Der Geschäftsführer muss den Jahresabschluss der großen und mittelgroßen Kapitalgesellschaft unverzüglich nach der Aufstellung zur Prüfung vorlegen. Die Gesellschafter wählen die Abschlussprüfer. Bevor die Gesellschafter den Jahresabschluss feststellen,

- muss dieser ordnungsgemäß auf Richtigkeit und Vollständigkeit geprüft
- und entsprechend attestiert sein.

Dies gilt uneingeschränkt für den Jahresabschluss der mittelgroßen und großen GmbH. Dabei schreibt der Gesetzgeber vor, „dass ein Wirtschaftsprüfer oder vereidigter Buchprüfer nicht Abschlussprüfer sein kann, wenn er bei der Führung der Bücher oder der Aufstellung des zu prüfenden Jahresabschlusses der Kapitalgesellschaft über die Prüfungstätigkeit hinaus mitgewirkt hat"[52].

Um den Jahresabschluss einer prüfungspflichtigen GmbH prüfen zu lassen, wird der Abschlussprüfer von den Gesellschaftern bestimmt[53]. Durch den Gesellschaftsvertrag der GmbH kann bestimmt werden, dass der Abschlussprüfer von einem anderen Organ (Beirat) gewählt wird. Dabei soll der Prüfer vor Ablauf des Geschäftsjahres gewählt werden, für das er prüfend tätig wird. Ist dies nicht der Fall, so hat das Gericht auf Antrag der gesetzlichen Vertreter, der Gesellschafter oder des Beirates den Abschlussprüfer zu bestellen.

Sobald der Abschlussprüfer den Prüfungsauftrag angenommen hat, ist dieser nur noch aus wichtigem Grunde zu kündigen. Dabei gelten Meinungsverschiedenheiten über den Inhalt des Bestätigungsvermerkes oder eine generelle Versagung nicht als wichtiger Grund.

Bestätigungsvermerk

Die Buchführung und der Jahresabschluss entsprechen nach pflichtgemäßer Prüfung den gesetzlichen Vorschriften. Der Jahresabschluss vermittelt unter Beachtung der Grundsätze ordnungsgemäßer Buchführung ein den tatsächlichen Verhältnissen entsprechendes Bild der Vermögens-, Finanz- und Ertragslage der Kapitalgesellschaft. Der Lagebericht steht im Einklang mit dem Jahresabschluss.

Feststellung und Beschluss des Jahresabschlusses Sämtliche Unterlagen sind zusammen vorzulegen und nicht etwa sukzessive. Das gilt auch für den Konzernabschluss. Allerdings gehören dazu nicht die Einzelabschlüsse der Tochterunternehmen. Die Gesellschafter können verlangen, dass einzelne Unterlagen vorab bereitgestellt werden, z. B. den Prüfungsbericht unmittelbar nach Zugang.

Für die Vorlage besteht eine sog. Vorlagepflicht, d. h. die Geschäftsführung muss von sich aus Verzögerung tätig werden. Konkret: Liegt der Abschlussbericht des Prüfers vor, so sind die gesamten Unterlagen innerhalb einer Woche (d. h.: Abschicken der Unterlagen nach einer Bearbeitungszeit von einer Woche), bei aufwendiger Zusammenstellung der Unterlagen angemessen länger, den Gesellschaftern zuzuleiten. Die Vorlage des Jahresabschlusses kann von den Gesellschaftern mit Leistungsklage erzwungen werden, auch per einstweiliger Verfügung.

In der Einpersonen-GmbH oder wenn die Gesellschafter einen Sprecher oder Gesellschafterausschuss mit Sprecher gebildet haben, muss der Jahresabschluss dem alleinigen Gesellschafter bzw. dem Sprecher zugeschickt werden. Bei mehreren Gesellschaftern genügt es, wenn die Geschäftsführung die Unterlagen in den Geschäftsräumen der GmbH zur Einsichtnahme auslegt und jeden Gesellschafter über die Auslegung informiert (brieflich, unverzüglich).

---

[52] § 319 Abs. 2 Nr. 5 HGB.
[53] § 318 HGB.

Der Gesellschafter hat das Recht, sich durch einen zur Verschwiegenheit verpflichteten Bilanzkundigen (Rechtsanwalt, Steuerberater, WP oder vBP) unterstützen zu lassen. Für die Praxis ist zu empfehlen: Bei ordnungsgemäßen und konfliktfreiem Verhältnis sollte zum vereinbarten Einsichtstermin für jeden Gesellschafter einen vollständigen Jahresabschluss bereitgehalten werden.

Beschlussfassung zum Jahresabschluss Mit der Feststellung des Jahresabschlusses genehmigen die Gesellschafter (hier: Die Konzern-Obergesellschaft) die vorgelegten wirtschaftlichen Zahlen und Fakten zur Geschäftsführung der GmbH. Die Beschlussfassung erfolgt in der Regel mit einfacher Mehrheit.

Außerdem beschließen die Gesellschafter über die Gewinnverwendung. Wie das im festgestellten Jahresabschluss ausgewiesene Jahresergebnis verwendet wird, richtet sich dabei nach den Bestimmungen des Gewinnabführungsvertrages bzw. den gesetzlichen Vorschriften[54].

Offenlegung des Jahresabschlusses der GmbH-Tochtergesellschaft Seit dem 1. Januar 2007 gibt es ein zentrales elektronisches Unternehmensregister für Deutschland. Im Unternehmensregister werden alle veröffentlichungspflichtigen Daten eines Unternehmens hinterlegt. Beim Unternehmensregister werden die Daten aus unterschiedlichen Quellen zusammengeführt, z. B. Daten aus dem elektronischen Handelsregister und dem Bundesanzeiger. Das Unternehmensregister dient als Sammelstelle zu Zwecken der Information. Dies ist insbesondere im Verhältnis zum Handelsregister wichtig. Werden die Angaben des Handelsregisters beispielsweise im Unternehmensregister falsch übernommen, so sind im Zweifel allein die Angaben im Handelsregister verbindlich.

Das zentrale Unternehmensregister kann über das Internet eingesehen werden. Die Einsichtnahme zu Informationszwecken ist jedermann gestattet. Adresse: http://www.unternehmensregister.de.

> **Für die Praxis** Alle veröffentlichungspflichtigen Unternehmens-Informationen sind damit sehr leicht zugänglich. Jeder kann sofort per Internet Firmen-Einträge (JA, GuV, Anhang, Lagebericht) einsehen (http://www.unternehmensregister.de). Dies ermöglicht z. B. zeitnahe Informationen über die Geschäftslage von neuen Geschäftspartnern oder über Änderungen in bestehenden Geschäftsbeziehungen.

Die GmbH ist dazu verpflichtet, den Jahresabschluss durch Veröffentlichung im Bundesanzeiger oder Einreichung zum Handelsregister zu veröffentlichen[55]. Dabei richtet sich der Umfang der Veröffentlichungs- bzw. Offenlegungspflichten nach der Größenklasse der

---

[54] § 29 GmbH-Gesetz.
[55] § 325 HGB.

6.7 Der Jahresabschluss im GmbH-Konzern

GmbH. Nach Handelsrecht werden Unternehmen in der Rechtsform GmbH je nach Größe unterschiedlich behandelt. Man unterscheidet kleine, mittelgroße und große GmbH.

Die Zuordnung, ob eine GmbH klein, mittelgroß oder groß[56] ist, richtet sich danach, das jeweils zwei der drei genannten Kriterien an zwei Abschlussstichtagen hintereinander über- oder unterschritten werden. Bei Umwandlung oder Neugründung wird nicht auf zwei hintereinander folgende Stichtage abgestellt. Die Gesellschaft wird dann bereits als klein oder mittelgroß eingestuft, wenn die entsprechenden Voraussetzungen zum Abschlussstichtag vorliegen.

Der Geschäftsführer einer kleinen GmbH muss lediglich die Bilanz und den Anhang – bereinigt um die Anmerkungen zur GuV-Rechnung – innerhalb von 12 Monaten nach dem Bilanzstichtag beim Registergericht einzureichen. Außerdem haben sie auf die Veröffentlichung im Bundesanzeiger hinzuweisen.

Der Geschäftsführer einer mittelgroßen GmbH muss den Jahresabschluss, also Bilanz und Gewinn- und Verlustrechnung, spätestens innerhalb von 12 Monaten nach dem Bilanzstichtag einschließlich des Bestätigungsvermerkes des Abschlussprüfers beim Handelsregister einzureichen. Außerdem sind der Lagebericht und der Beschluss über die Ergebnisverwendung vorzulegen. Für mittlere GmbH gelten gemäß § 327 HGB zahlreiche Erleichterungen. Die Einreichung der Unterlagen beim Handelsregister ist im Bundesanzeiger bekanntzumachen.

Der Geschäftsführer einer großen GmbH muss der vollen Offenlegungspflicht nach HGB nachkommen. Danach sind Jahresabschluss, einschließlich Anhang und Lagebericht, Bestätigungsvermerk, Bericht des Aufsichtsrates und Gewinnverwendungsvorschlag beim Registergericht binnen 12 Monaten nach dem Bilanzstichtag einzureichen. Neben der Veröffentlichung im Handelsregister ist die große GmbH dazu verpflichtet, den vollständigen Jahresabschluss, den Lagebericht, den Bericht des Aufsichtsrates sowie den Bestätigungsvermerk im Bundesanzeiger zu publizieren.

Checkliste: Offenlegung in der Tochter-GmbH

Sachverhalt	Prüfen
Aufstellung des Jahresabschluss	verkürzte Bilanz
	verkürzter Anhang
	kein Lagebericht
	keine Angaben zu den Geschäftsführer- und Beiratsvergütungen
	Registerpublizität
	Frist voll ausnutzen: 12 Monate
Offenlegung	JA, aber zum spätesten Zeitpunkt ins Internet einstellen, damit die veröffentlichten Daten nur noch wenig Aufschluss auf die gegenwärtige Geschäftslage geben (31.12.)

---

[56]zu den Größenklassen vgl. Abschn. 6.7.

6.7.3 Der Konzern-Abschluss

Der Konzernabschluss ist ein Jahresabschluss, der mit dem Jahresabschluss nach Handelsrecht vergleichbar ist. Darin werden die Jahresabschlüsse der einzelnen Tochterunternehmen zu einem einheitlichen Jahresabschluss des Mutterunternehmens zusammengefasst.

Verpflichtung zur Aufstellung eines Konzernabschlusses
Die Einzelvorschriften zur Aufstellung eines Konzernabschlusses regelt das HGB[57]. Danach müssen die Geschäftsführer der Konzern-Obergesellschaft in den ersten **5 Monaten** des Geschäftsjahrs für das vergangene Konzerngeschäftsjahr einen Konzernabschluss und einen Konzernlagebericht aufzustellen, wenn diese auf ein anderes Unternehmen (Tochterunternehmen) unmittel- oder mittelbar einen beherrschenden Einfluss ausüben kann.

Ist das Mutterunternehmen eine Kapitalgesellschaft muss der Konzernabschluss und der Konzernlagebericht in den ersten **4 Monaten** des Konzerngeschäftsjahrs für das vergangene Konzerngeschäftsjahr aufgestellt werden.

Beherrschenden Einfluss hat die Konzern-Obergesellschaft, wenn

- sie bei einem anderen Unternehmen die Mehrheit der Stimmrechte der Gesellschafter hat,
- ihr bei einem anderen Unternehmen das Recht zusteht, die Mehrheit der Mitglieder des die Finanz- und Geschäftspolitik bestimmenden Verwaltungs-, Leitungs- oder Aufsichtsorgans zu bestellen oder abzuberufen, und sie gleichzeitig Gesellschafter ist,
- Ihr das Recht zusteht, die Finanz- und Geschäftspolitik auf Grund eines mit einem anderen Unternehmen geschlossenen Beherrschungsvertrages oder auf Grund einer Bestimmung in der Satzung des anderen Unternehmens zu bestimmen, oder
- Wenn sie bei wirtschaftlicher Betrachtung die Mehrheit der Risiken und Chancen eines Unternehmens trägt, das zur Erreichung eines eng begrenzten und genau definierten Ziels des Mutterunternehmens dient (Zweckgesellschaft).

Welcher Teil der Stimmrechte einem Unternehmen zusteht, bestimmt sich für die Berechnung der Mehrheit nach dem Verhältnis der Zahl der Stimmrechte, die es aus den ihm gehörenden Anteilen ausüben kann, zur Gesamtzahl aller Stimmrechte. Von der Gesamtzahl aller Stimmrechte sind die Stimmrechte aus eigenen Anteilen abzuziehen, die dem Tochterunternehmen selbst, einem seiner Tochterunternehmen oder einer anderen Person für Rechnung dieser Unternehmen gehören.

Ein Mutterunternehmen ist von der Pflicht, einen Konzernabschluss und einen Konzernlagebericht aufzustellen, befreit, wenn es nur Tochterunternehmen hat, die nicht in den Konzernabschluss einbezogen werden müssen[58].

---

[57] § 290 HGB.
[58] gemäß § 296 HGB.

6.7 Der Jahresabschluss im GmbH-Konzern

Nicht alle Konzerne sind verpflichtet, einen Konzernabschluss zu erstellen. Im HGB sind die Bedingungen[59] dazu genannt, um vom Konzernabschluss befreit zu werden. Das sind:

Ein Mutterunternehmen ist von der Pflicht, einen Konzernabschluss und einen Konzernlagebericht aufzustellen, befreit, wenn am Abschlussstichtag seines Jahresabschlusses und am vorhergehenden Abschlussstichtag mindestens zwei der drei nachstehenden Merkmale zutreffen:

- Die Bilanzsummen in den Bilanzen des Mutterunternehmens und der Tochterunternehmen, die in den Konzernabschluss einzubeziehen wären, übersteigen insgesamt nach Abzug von in den Bilanzen auf der Aktivseite ausgewiesenen Fehlbeträgen nicht 24.000.000 €.
- Die Umsatzerlöse des Mutterunternehmens und der Tochterunternehmen, die in den Konzernabschluss einzubeziehen wären, übersteigen in den zwölf Monaten vor dem Abschlussstichtag insgesamt nicht 48.000.000 €.
- Das Mutterunternehmen und die Tochterunternehmen, die in den Konzernabschluss einzubeziehen wären, haben in den zwölf Monaten vor dem Abschlussstichtag im Jahresdurchschnitt nicht mehr als 250 Arbeitnehmer beschäftigt.

oder

am Abschlussstichtag eines von ihm aufzustellenden Konzernabschlusses und am vorhergehenden Abschlussstichtag mindestens zwei der drei nachstehenden Merkmale zutreffen:

- Die Bilanzsumme übersteigt nach Abzug eines auf der Aktivseite ausgewiesenen Fehlbetrags nicht 20.000.000 €.
- Die Umsatzerlöse in den zwölf Monaten vor dem Abschlussstichtag übersteigen nicht 40.000.000 €.
- Das Mutterunternehmen und die in den Konzernabschluss einbezogenen Tochterunternehmen haben in den zwölf Monaten vor dem Abschlussstichtag im Jahresdurchschnitt nicht mehr als 250 Arbeitnehmer beschäftigt.

Ein Mutterunternehmen, das zugleich Tochterunternehmen eines Mutterunternehmens mit Sitz in einem Mitgliedstaat der Europäischen Union oder in einem anderen Vertragsstaat des Abkommens über den Europäischen Wirtschaftsraum ist, braucht einen Konzernabschluss und einen Konzernlagebericht nicht aufzustellen, wenn ein den gesetzlichen Anforderungen entsprechender Konzernabschluss und Konzernlagebericht seines Mutterunternehmens einschließlich des Bestätigungsvermerks oder des Vermerks über dessen Versagung nach den für den entfallenden Konzernabschluss und Konzernlagebericht maßgeblichen Vorschriften in deutscher Sprache offengelegt wird.

Ein befreiender Konzernabschluss und ein befreiender Konzernlagebericht können von jedem Unternehmen unabhängig von seiner Rechtsform und Größe aufgestellt werden, wenn das Unternehmen als Kapitalgesellschaft mit Sitz in einem Mitgliedstaat der Europäischen Union oder in einem anderen Vertragsstaat des Abkommens über den Europäischen Wirt-

---

[59] § 293 HGB.

schaftsraum zur Aufstellung eines Konzernabschlusses unter Einbeziehung des zu befreienden Mutterunternehmens und seiner Tochterunternehmen verpflichtet wäre[60].

Zudem müssen nach dem HGB nur Unternehmen mit einer Kapitalgesellschaft an der Spitze einen Konzernabschluss durchführen. Jedoch sind auch weitere Gesetze, wie das Publizitätsgesetzt zu beachten, dass einen Konzernabschluss wieder vorschreiben kann.

Inhalt des Konzernabschlusses

Der Konzernabschluss besteht aus der Konzernbilanz, der Konzern-Gewinn- und Verlustrechnung, dem Konzernanhang, der Kapitalflussrechnung und dem Eigenkapitalspiegel. Er ist unter Beachtung der Grundsätze ordnungsmäßiger Buchführung aufzustellen und muss ein den tatsächlichen Verhältnissen entsprechendes Bild der Vermögens-, Finanz- und Ertragslage des Konzerns vermitteln. Führen besondere Umstände dazu, dass der Konzernabschluss ein den tatsächlichen Verhältnissen entsprechendes Bild nicht vermittelt, so sind im Konzernanhang zusätzliche Angaben zu machen. Die gesetzlichen Vertreter eines Mutterunternehmens müssen die Einhaltung dieser Vorgaben mit ihrer Unterzeichnung schriftlich versichern.

Im Konzernabschluss ist die Vermögens-, Finanz- und Ertragslage der einbezogenen Unternehmen so darzustellen, als ob diese Unternehmen insgesamt ein einziges Unternehmen wären. Die auf den vorhergehenden Konzernabschluss angewandten Konsolidierungsmethoden sind beizubehalten. Abweichungen sind in Ausnahmefällen zulässig. Sie sind im Konzernanhang anzugeben und zu begründen. Ihr Einfluss auf die Vermögens-, Finanz- und Ertragslage des Konzerns ist anzugeben.

Im Konzernabschluss werden die Unternehmen zu einem fiktiven, einheitlichen Unternehmen zusammengefasst. Dafür müssen innere Verflechtungen herausgerechnet werden. Das geschieht mittels folgender Konsolidierungen:

- **Kapitalkonsolidierung:** Verrechnung der Beteiligungen des Mutterunternehmens mit dem Eigenkapital der Tochterunternehmen. Hierbei gibt es verschiedene Bewertungsmethoden, wobei die gängigste die Erwerbsmethode ist.
- **Zwischenerfolgseliminierung:** Konzerninterne Lieferungen und Leistungen werden herausgerechnet. Damit wird sichergestellt, dass nur tatsächlich im Markt realisierte Gewinne im Konzernabschluss enthalten sind. Gewinne aus Geschäften von den Tochtergesellschaften untereinander werden herausgerechnet.
- **Schuldenkonsolidierung:** Konzerninterne Verbindlichkeiten und Forderungen werden herausgerechnet.
- **Aufwands- und Ertragskonsolidierung:** Erträge und Aufwände von Tochtergesellschaften werden im Konzern gegeneinander verrechnet. Durch die Verrechnung wird die Konzern-GuV um solche Beträge bereinigt.

Da die Einzelabschlüsse der Tochterunternehmen durch die Verflechtungen innerhalb des Konzerns eine eingeschränkte Aussagekraft haben, soll der Konzernabschluss eine

---

[60]Zu den einzelnen Voraussetzungen zur Befreiung für die Aufstellung eines Konzernabschlusses vgl. § 291 HGB.

objektivere Darstellung der Konzernlage geben. Dem Adressaten soll eine objektive, ganzheitliche Analyse der Vermögens-, Finanz- und Ertragslage ermöglicht werden. Durch die Konsolidierungen hat der Konzernabschluss nur einen informativen Charakter.

Die Berechnungen von Gewinnausschüttungen und Ertragssteuern erfolgt auf Basis der Einzelabschlüsse der Tochterunternehmen.

6.7.4 Offenlegung des Jahresabschlusses im Konzern

Tochterunternehmen in der Rechtsform einer GmbH brauchen ihre Jahresabschlussunterlagen nur dann nicht zu veröffentlichen, wenn das Mutterunternehmen zur Aufstellung eines Konzernabschlusses (§ 290 HGB) verpflichtet ist. Das ist der Fall, wenn

1. dazu die Zustimmung aller Gesellschafter des Tochterunternehmens (Befreiungsbeschluss) vorliegt und der Befreiungsbeschluss im Bundesanzeiger angezeigt ist,
2. wenn das Mutterunternehmens im Bundesanzeiger bekannt macht, dass die Befreiung für die Tochter-GmbH in Anspruch genommen wird,
3. wenn die Tochter-GmbH in den Konzernabschluss der Mutter einbezogen wird und dieser Abschluss im Bundesanzeiger veröffentlicht wird.
4. wenn auf die Befreiung des Tochterunternehmens im Anhang des veröffentlichten Konzernabschlusses der Muttergesellschaft verwiesen wird und
5. sofern eine gesetzliche Verpflichtung des Mutterunternehmens zur Verlustübernahme oder die freiwillige Verpflichtung zur Verlustübernahme besteht. Die freiwillige Verlustübernahmeverpflichtung ist im Bundesanzeiger zu veröffentlichen.

Nur wenn **alle** genannten Voraussetzungen erfüllt sind, ist die GmbH von der eigenen Pflichtveröffentlichung des Jahresabschlusses befreit. In diesen Fällen sieht der Eintragvermerk im elektronischen Unternehmensregister dann wie folgt aus:

MUSTER GmbH + Co. KG Freiburg im Breisgau

Bekanntmachung nach 264b Nr. 3 HGB zum Geschäftsjahr vom 01.01.2018 bis zum 31.12.2019

Die Gesellschaft macht von der Inanspruchnahme der Befreiungsmöglichkeit des § 264 b Nr. 3 HGB betreffend die Offenlegung des Jahresabschlusses und des Lageberichtes für den Jahresabschluss des Geschäftsjahres 2018/2019 Gebrauch.

Die Gesellschaft ist in den Konzernabschluss der MASTER GmbH + Co. zum 31.12.2019 einbezogen, der im elektronischen Bundesanzeiger gemäß § 325 HGB offen gelegt ist.

Freiburg im Breisgau, Dezember 2019
MUSTER GmbH & Co. KG
Die Geschäftsführung

In der Regel wird der Geschäftsführer einer Tochter-GmbH, deren Rechnungslegung in der Konzernzentrale erledigt wird bzw. deren Jahresabschluss in den Konzernabschluss einbezogen ist, in die Aufstellung, Feststellung und Offenlegung des Jahresabschlusses kontinuierlich informiert und einbezogen. Das gilt auch für die termingerechte Offenlegung.

Laut Landgericht Bonn[61] kommt eine Tochter-GmbH den Veröffentlichungspflichten nur dann ordnungsgemäß, wenn sie alle Voraussetzungen gemäß § 264 Abs. 3 HGB erfüllt. Dazu gehört auch, dass im Konzernabschluss der Muttergesellschaft darauf verwiesen wird, dass der Jahresabschluss der Tochtergesellschaft in den Konzernabschluss einbezogen ist.

▶ **Für die Praxis** Dennoch sollte sich der Geschäftsführer persönlich über die ordnungsgemäße Erfüllung der Offenlegungspflichten „seiner" GmbH im elektronischen Unternehmensregister versichern. Die Veröffentlichung finden Sie unter www.unternehmensregister.de > zur Detailsuche > Rechnungslegung/Finanzberichte > Eingabe der Firma, Ort bzw. HR-Nummer.

6.8 Innerbetriebliche Verrechnungspreise

Innerhalb eines GmbH-Verbundes müssen die internen Verrechnungspreise dem Finanzamt gegenüber glaubhaft gemacht werde. Das bedeutet: Sie müssen dokumentieren, warum Sie welche Preise intern ansetzen. Welche Methoden werden von den Finanzämtern anerkannt?

- Für Produkte, für die es keine Markt-Vergleichs-Preise gibt (z. B. Halbfertigfabrikate) wird die sog. Kostenaufschlagmethode angewandt. Basis sind die eigenen Produktionskosten (Vollkosten). Darauf wird ein bestimmter Prozentsatz als Unternehmermarge aufgerechnet. Die Spanne muss dem Branchenvergleich standhalten.
- Gibt es je nach Lieferland unterschiedliche Verkaufspreise, wird die Wiederverkaufspreismethode angewandt. Ausgangspreis ist der Preis, der im jeweiligen Land erzielt werden kann. Davon wird noch eine Unternehmermarge abgezogen. Damit wird je nach Land mit unterschiedlichen Preisen gerechnet.

▶ **Für die Praxis** Produzieren Sie in mehreren selbständigen Unternehmenseinheiten, in ausländischen Betriebsstätten oder Tochtergesellschaften, müssen Sie alle internen Kalkulationen zur Ermittlung der Verrechnungspreise vollständig dokumentieren[62]. Wollen Sie sicher gehen und keine Auseinandersetzungen mit den in- und ausländischen Finanzbehörden riskieren, können

---

[61]LG Bonn, Urteil vom 6.5.2010, 36 T 837/09.
[62]BMF-Schreiben vom 12.04.2005 Az: IV B 4 – S 1341 – 1/05.

die Preise vorab mit den Finanzbehörden per Advancce Pricing Agreement abgeklärt werden.

Konzerninterne Lieferungen in Europa können Sie vorab per Advance Pricing Agreement (APA) im Hinblick auf ihre steuerlichen Auswirkungen prüfen lassen – und zwar vorab. Vorteil: Bei Verrechnungen innerhalb ihrer Unternehmensgruppe können Sie davon ausgehen, dass es bei einer anschließenden Betriebsprüfung nicht mehr zu steuerlichen Auseinandersetzungen und sogar Steuernachforderungen kommen wird. Aber auch Doppelbesteuerungen durch ausländische Finanzbehörden können damit rechtssicher ausgeschlossen werden. Nachteil: Sie sind an das Agreement weitgehend gebunden und können Ihre Verrechnungspreise nicht mehr spontan an Marktsituationen anpassen.
Das Verfahren:

- Zunächst wird beim Bundeszentralamt für Steuern (BZSt) einen Termin für ein Vorgespräch beantragt, in dem Gegenstand und Inhalt des APA abgestimmt werden.
- Anschließend stellen Sie schriftliche APA-Anträge bei den beteiligten in- und ausländischen Steuerbehörden. Dazu sind je nach Vorgang verschiedene Unterlagen bereitzustellen.
- Kosten: Grundgebühr 20.000 EUR für ein APA bzw. die Verlängerungs- (15.000 €) und Veränderungsgebühr (10.000 €).

▶ **Für die Praxis** Das Verfahren erhöht die Rechtssicherheit und verhindert Doppelbesteuerungen.
Aber: Das Verfahren ist teuer und bindet Sie in Ihrem Pricing. Außerdem müssen Sie u. U. sensible Unternehmensdaten offen legen. Das Bundesfinanzministerium hat zum APA-Verfahren ein ausführliches Merkblatt herausgegeben, in dem alle Einzelheiten zur Durchführung und zur rechtlichen Reichweite ausführlich erläutert sind[63].

6.9 Die GmbH in der wirtschaftlichen Krise

Kennzahlen sind aufschlussreich und wichtig. Sie informieren objektiv und zeitnah. Informative Controlling-Instrumente fördern kleine und kleinste Veränderungen zu Tage. Zeitnah aktuell, manchmal mit leichter Verzögerung. Auf jeden Fall so, dass eine bevorstehende Krise der GmbH frühzeitig erkannt wird.

Noch genauer – Untersuchungen belegen dies – ahnen und wissen die Geschäftsführer der krisengefährdeten GmbH, dass etwas nicht in Ordnung ist. Die Tagesumsätze

---

[63]BMF-Schreiben vom 05.10.2006, IV B 4 – S 1341 – 38/06 zur sog. Gewinnabgrenzungsaufzeichnungsverordnung (GAuzV).

gehen zurück, ausstehende Forderungen müssen abgeschrieben werden, Aufträge bleiben aus. Als Geschäftsführer haben Sie ein sehr genaues Gespür für die wirtschaftliche Situation Ihrer GmbH – völlig ahnungslos schlittert keine GmbH in die Krise. Der Unternehmer erkennt die Krise der GmbH, ohne dass es eines komplizierten betriebswirtschaftlichen Krisenfrühwarnsystems bedarf.

Auf die ersten Anzeichen gibt es zwei mögliche Reaktionen: Viele Geschäftsführer neigen dazu, die Anzeichen zu ignorieren, zu verdrängen, zu vertuschen. Andere neigen zur Überreaktion und beschließen voreilig den Gang in ein Insolvenzverfahren. Beide Reaktionen bergen enorme wirtschaftliche Risiken:

- Wer die Krise „verdrängt", verschlechtert Tag für Tag des Nicht-Handelns die eigene Ausgangssituation für erfolgreiches Gegensteuern und eine wirkliche Sanierung.
- Wer voreilig in das Insolvenzverfahren flüchtet, riskiert, dass Stammkunden zur Konkurrenz wechseln, Banken abspringen und Zulieferer neue Konditionen durchsetzen.

Das Problem ist also meist nicht die verspätete Wahrnehmung der Krise durch die Geschäftsführung, sondern die verzögerte und falsche Reaktion des Unternehmens auf erste Krisenanzeichen. Zusätzliche Probleme entstehen, wenn die Geschäftsführung die innerbetrieblichen Frühwarnsysteme manipuliert. Abgesehen davon, dass damit für den weiteren Krisenverlauf haftungs- und strafrechtlich relevante Tatbestände geschaffen werden, wird dabei übersehen, dass externe Dritte, Mitarbeiter und nicht zuletzt die Banken solche Manipulationen schneller erkennen als die Initiatoren dies ahnen und dass für den Betrieb schädliche Auswirkungen trotz der vermeintlichen „Verdrängung" eintreten (Kündigungen von wichtigen Führungskräften).

▶ **Für die Praxis** Machen Sie sich nichts vor. Sie wissen genau, wann Ihre GmbH in die Krise steuert. Gehen Sie offensiv damit um. Legen Sie die Zahlen schonungslos auf den Tisch und besprechen Sie diese mit den Gesellschaftern, mit Ihrem Steuerberater, mit den Ressortleitern und mit Ihrem Bankberater.

6.9.1 So prüfen die Banken

Unternehmen, die Finanzierungen über 750.000 € aufnehmen, kennen die Praxis der Banken, sich vor der Kreditvergabe und während der gesamten Laufzeit die wirtschaftlichen Verhältnisse durch Vorlage der Jahresabschlüsse offenlegen zu lassen[64]. Daneben wenden die Banken gezielt Frühwarnsysteme auf alle Kreditnehmer an, die dann zu zusätzlichen Einblicken in die wirtschaftlichen Verhältnisse genutzt werden.

---

[64]§ 18 KWG.

6.9 Die GmbH in der wirtschaftlichen Krise

Diese Krisen-Indikatoren „checken" die Banken bereits im laufenden Tagesgeschäft:

- angespannte Kontoführung mit Überziehungstendenz
- Rückgang des Kontoumsatzes
- überraschender Kreditbedarf
- Nichtrückführung von Saison- und befristeten Zusatzkrediten;
- Abweichungen zwischen angekündigten und tatsächlichen Zahlungsein- und -ausgängen
- hohes Scheckobligio
- Umstellung von Überweisung auf Scheckzahlung und von Scheck- auf Wechselzahlung
- Ausstellung vordatierter Schecks
- Ausnutzung von Respekttagen bei Wechseln und späte Abschaffung der Deckung für Schecks/Wechsel
- Verschlechterung in der Qualität der zum Diskont eingereichten Wechsel
- Zahlungen an Rechtsanwälte und Gerichtsvollzieher
- Pfändungen, insbesondere wegen Steuern und Sozialabgaben
- Häufung von Auskunftsanfragen und Verschlechterung neuer Auskünfte

▶ **Für die Praxis** Machen Sie nicht den Fehler zu glauben, mit Schönfärberei die Krise vertuschen zu können. Das wird Ihnen nicht gelingen, Banken und Gläubiger verstehen sehr schnell und – noch wichtiger: Man informiert sich und redet über Krisenkandidaten. Gehen Sie rechtzeitig in die Offensive, ergreifen Sie frühzeitig die Initiative!

Aufschlüsse über die wirtschaftliche Situation der GmbH erhalten Sie als Geschäftsführer auch durch Auswertung des Jahresabschlusses, insbesondere der Bilanz. Erste Krisenindikatoren sind:

- Verschiebungen von Bilanzierungszeitpunkten (insbesondere bei Mutter- und Tochtergesellschaften)
- negative Abweichungen von vorläufigen und endgültigen Zahlen
- Änderung der Abschreibungsmethoden
- Verringerung von Investitionen; steigende Vorräte ohne Erhöhung der Außenstände
- Hohe Forderungen gegen verbundene Unternehmen;
- Eigenkapitalmangel
- Abzug von Gesellschafterdarlehen
- hohe Privatentnahmen
- falsche Finanzierungen
- Auflösung von Reserven
- Aufdeckung stiller Reserven
- Umbuchungen vom Umlaufvermögen in Anlagevermögen

Sobald Sie Ihren Jahresabschluss z. B. für eine Kreditgewährung vorlegen müssen, werden diese Positionen besonders kritisch geprüft.

Alle diese Sachverhalte sind Ihrer Bank bekannt, offensichtlich, werden geprüft und können dazu führen, dass Ihre GmbH schwerer (zusätzliche Sicherheiten) oder keine Kredite mehr erhält. Neben innerbanking Routine-Kontrollmitteilungen werden in der Praxis von den Banken und den Unternehmen selbst verschiedene Verfahren zur Bestimmung der wirtschaftlichen Situation von Unternehmen angewandt.

6.9.2 Zahlungsunfähigkeit und Überschuldung

Es ist Ihre Aufgabe als GmbH-Geschäftsführer, Sanierungsmaßnahmen einzuleiten, wenn sich Ihre GmbH in der Krise befindet. Oder – wenn Ihre GmbH zahlungsunfähig oder überschuldet ist – Insolvenzantrag zu stellen (§ 64 GmbHG). Tritt Zahlungsunfähigkeit ein, ohne dass Sie zuvor einen Sanierungsversuch unternommen haben, machen Sie sich gegenüber der GmbH bzw. den Gesellschaftern schadensersatzpflichtig. Das gilt auch, wenn Sie einen notwendigen Insolvenzantrag nicht oder verspätet stellen. Es ist deshalb für Sie besonders wichtig, die Kriterien Zahlungsunfähigkeit und Überschuldung stets im Auge zu behalten.

Eine GmbH (GmbH & Co. KG) ist gemäß § 17 InsO zahlungsunfähig, wenn sie fällige Zahlungsverpflichtungen nicht mehr erfüllen kann, also praktisch ihre Zahlungen eingestellt hat. Dabei gilt seit 01.01.1999 dass Sie sofort handeln müssen, wenn Sie auch nur eine fällige Rechnung nicht zahlen können. Setzen Sie sich unverzüglich mit Gläubigern, die Sie nicht bedienen können, in Verbindung und verhandeln über neue Zahlungsmodalitäten. Ist absehbar, dass Sie kein Zahlungsaufschub erreichen können, müssen Sie darauf eingestellt sein, dass die Drei-Wochen-Frist, innerhalb derer Sie den Insolvenzantrag stellen müssen, mit Zahlungsverzug beginnt und Sie entsprechende Haftungsrisiken eingehen. Unabhängig davon, kann der Gläubiger sofort Insolvenzantrag stellen.

Gemäß § 18 InsO können Sie auch bei drohender Zahlungsunfähigkeit Insolvenzantrag stellen – also dann, wenn Ihre GmbH voraussichtlich nicht in der Lage ist, Zahlungsverpflichtungen mit ihrer Fälligkeit zu erfüllen. So haben Sie die Möglichkeit, Vollstreckungen vorzubeugen, indem frühzeitig Insolvenzantrag stellen. Das sollte jedoch unbedingt unter anwaltlicher Beratung erfolgen, da das Gericht hier besondere Nachweise in Form von Finanz- und Liquiditätsplänen einfordern kann. Die Ernsthaftigkeit einer entsprechenden Fortsetzungsprognose ist zu belegen. Die GmbH ist überschuldet, wenn das Vermögen der GmbH die Schulden nicht mehr deckt. Das gilt selbst dann, wenn Ihre wirtschaftlichen Analysen ergeben, dass die GmbH fortbestehen könnte. Ist Ihre GmbH rein rechnerisch überschuldet, müssen Sie deshalb innerhalb von drei Wichen ab Feststellung der Überschuldung Insolvenzantrag stellen.

Eine Überschuldung kann bereits durch einfache bilanzielle Maßnahmen beseitigt werden. Haben Sie z. B. Gesellschafter-Darlehen in Ihre GmbH eingebracht (Fremdkapital), dann können Sie durch Verzicht auf das Darlehen (Rangrücktritt) eine Bilanzverkürzung erreichen, so dass die Überschuldung beseitigt ist.

Nach den Regelungen der neuen InsO nehmen künftig auch nachrangige Verbindlichkeiten am Insolvenzverfahren teil (§ 39 Abs. 2 InsO). Folge für die Praxis: Umstritten ist, welche Auswirkungen dies tatsächlich für Gesellschafter-Darlehen mit Rangrücktrittsvereinbarung hat. Als Vorsichtsmaßnahme wird empfohlen, in Zweifelsfällen einen Forderungsverzicht, ggf. mit Besserungsoption, zu vereinbaren. Das kann allerdings steuerlich nachteilige Folgen haben.

Eine Überschuldung kann grundsätzlich nur durch die Zuführung von Eigenkapital beseitigt werden. Das kann geschehen durch

- eine Kapitalerhöhung und/oder
- Zuzahlungen der bisherigen Gesellschafter in das Eigenkapital nach § 272 Abs. Nr. 4 HGB.

Sofern die Gesellschafter eigenkapitalersetzende Leistungen in die GmbH eingebracht haben (Gesellschafterdarlehen), ist eine Kapitalerhöhung nicht zu empfehlen, weil die Unterbilanz nur in Höhe des Agios beseitigt wird. In Frage kommt aber ein Kapitalschnitt, d. h. eine vereinfachte Kapitalherabsetzung in Verbindung mit einer Kapitalerhöhung.

Wirksames Mittel zur Beseitigung einer Überschuldung ist der Rangrücktritt oder der Forderungsverzicht mit Besserungsschein. In beiden Fällen entfällt die Passivierung. Beide wirken jedoch unterschiedlich in Hinsicht auf ihre Stellung als Sicherheit. Die rechtlichen und steuerrechtlichen Folgen entsprechender Maßnahmen sind unbedingt mit dem Steuerberater/Justitiar abzuklären.

▶ **Für die Praxis** Da die Feststellung der Überschuldung in der Praxis nicht ganz einfach ist, sollten Sie – sofern Sie eigene Anhaltspunkte sehen – sofort den Steuerberater einschalten und diesen ggf. mit der Aufstellung einer Zwischenbilanz (Überschuldungsstatus) beauftragen. Stellen Sie den Insolvenzantrag erst, wenn sich bei Vorlage des Überschuldungsstatus (= Fristbeginn) zweifelsfrei eine Überschuldung ergibt.

Bei drohender Zahlungsunfähigkeit haben Sie als Geschäftsführer eine Sanierungspflicht gegenüber der Firma. Tritt Zahlungsunfähigkeit ein, ohne dass Sie zuvor einen Sanierungsversuch unternommen hat, machen Sie sich gegenüber der Gesellschaft schadensersatzpflichtig.

Zunächst müssen Sie eine Sanierungsprüfung durchzuführen. Die Firma ist sanierungsfähig, wenn sie nach Durchführung der Sanierungsmaßnahmen nachhaltig einen Überschuss der Einnahmen über die Ausgaben erzielen kann, so dass die Insolvenz vermieden wird. Zur Sanierungsprüfung gehört eine Schwachstellenanalyse und die Prüfung, ob die Schwachstellen im leistungs- bzw. finanzwirtschaftlichen Bereich in angemessener Zeit beseitigt werden können.

▶ **Für die Praxis** Ist die GmbH kurzfristig nicht in der Lage, Ihr Gehalt als Geschäftsführer rechtzeitig und in voller Höhe zu zahlen, können Sie zur Vermeidung der Zahlungsunfähigkeit Ihre Gehaltszahlungen vorübergehend kürzen oder in ein Darlehen umwandeln.

6.9.3 Sanierung

Zwischen drohender Zahlungsunfähigkeit, tatsächlicher Zahlungsunfähigkeit und der 3-Wochenfrist zur Beantragung des Insolvenzverfahren bleiben Ihnen als Geschäftsführer in der Praxis nur wenig Zeit, um ein realistisches Sanierungskonzept zu erarbeiten. In erster Linie zielen die Maßnahmen dann darauf, Gespräche mit den Gesellschaftern, den Beratern der GmbH, Gläubigern und den Vertretern der Banken zu führen. In dieser Phase der Krise sollten Sie als Geschäftsführer folgende Schwerpunkte setzen:

- Sicherung der kurzfristigen Zahlungsfähigkeit durch zusätzliche Kredite der Banken.
- Sicherung der kurzfristigen Zahlungsfähigkeit durch zusätzliche Darlehen der Gesellschafter.
- Sicherung der kurzfristigen Zahlungsfähigkeit durch sonstige Maßnahmen (Gehaltsverzicht, Umwandlung von Gehalt in Darlehen).
- Vereinbarungen mit Gläubigern zur Aussetzung, Streckung und Minderung von Zahlungen (Zahlungspläne).
- Sicherung der Stellung des Managements durch aktives Gestalten des Sanierung-/Insolvenzablaufes.
- Erstellung eines nachhaltigen Sanierungskonzeptes, das die oben genannten Bereiche abdeckt).

Diese Maßnahmen sind darauf ausgerichtet, die tatsächliche Zahlungsunfähigkeit und die damit verbundenen wirtschaftlichen Folgen (Verlust von Kunden, Abwandern von Mitarbeitern usw.) zu verhindern. Die Erfolgswahrscheinlichkeit eines solchen außergerichtlichen Vergleichsverfahrens sind in der Praxis jedoch sehr gering, da alle Parteien (Banken, Gläubiger, Belegschaft) der Sanierung zustimmen müssen und keinerlei Zustimmungspflichten bestehen. Trotzdem sind diese außergerichtlichen Verhandlungen sehr wichtig, weil sie Ihnen Zeit verschaffen, das anschließende Insolvenzverfahren optimal vorzubereiten.

6.9 Die GmbH in der wirtschaftlichen Krise

Prüfungsschema: Ist die Firma noch zu retten

```
┌─────────────────────────────────────────────────┐
│ Erfassen der Unternehmensstammdaten             │
│ Berechnung der Kennzahlen und Trends            │
└─────────────────────────────────────────────────┘

┌─────────────────────────────────────────────────┐
│ Analyse der Krisenursachen und                  │
│ Krisensymptome (Ist-Lage)                       │
└─────────────────────────────────────────────────┘

┌─────────────────┬───────────┬───────────┬───────────┐
│ Strategische Lage│ Finanzlage│ Ertragslage│ Manegement│
└─────────────────┴───────────┴───────────┴───────────┘

┌─────────────────────────────────────────────────┐
│ Auswertung der Ergebnisse                       │
│ (Stärken-Schwächen-Analyse)                     │
└─────────────────────────────────────────────────┘

┌─────────────────────────────────────────────────┐
│ Prüfung von Sanierungsmöglichkeiten             │
└─────────────────────────────────────────────────┘

┌────────┬────────┬──────────┬───────────┬──────────┬───────────┐
│ ohne   │ mit    │ Sanierung│ Übertragende│ Leistungs-│ Finanzwirt-│
│Insolvenz-│Insolvenz-│ des    │ Sanierung │ wirtschaft-│ schaftliche│
│verfahren│verfahren│ Rechts- │           │ liche Sanie-│Sanierungsmaß│
│        │        │ trägers  │           │ rungsmaßn │ nahmen    │
│        │        │         │           │ ahmen     │           │
└────────┴────────┴──────────┴───────────┴──────────┴───────────┘

┌─────────────────────────────────────────────────┐
│ Erstellung eines Sanierungskonzeptes            │
└─────────────────────────────────────────────────┘

┌─────────────────────────────────────────────────┐
│ Umsetzung des Sanierungskonzeptes               │
└─────────────────────────────────────────────────┘
```

6.9.4 Insolvenzverfahren

Der Antrag auf Insolvenz ist beim Insolvenzgericht (Amtsgericht) zu stellen. Örtlich zuständig ist das Amtsgericht am Sitz der GmbH (laut Gesellschaftsvertrag). Welches Amtsgericht in Ihrem Landgerichtsbezirk zuständig ist, erfahren Sie auf Nachfrage beim für Sie zuständigen Landgericht.

Der Antrag auf Eröffnung des Insolvenzverfahren ist von den Geschäftsführern in vertretungsberechtigter Anzahl zu stellen. Es wird empfohlen, den Antrag von allen Geschäftsführern stellen zu lassen. Sie können den Insolvenzantrag mit Hilfe eines Finanz- und Liquiditätsplans glaubhaft machen. Der Nur-Gesellschafter hat kein Antragsrecht.

Mit dem Insolvenzantrag sollten Sie einen bis dahin ausgearbeiteten Insolvenzplan vorlegen, der es der GmbH erlaubt, den Gläubigern einen Sanierungsvorschlag[65] zu unterbreiten, über den in Gruppen mit einfacher Mehrheit abgestimmt wird[66]. Auch

---

[65] § 218 Abs. 1 Satz 2 InsO.
[66] § 244 Abs. 1 InsO.

wenn die erforderlichen Mehrheiten nicht erreicht werden, gilt die Zustimmung einer Abstimmungsgruppe als erteilt, wenn u. a. die Gläubiger dieser Gruppe durch den Insolvenzplan nicht schlechter gestellt werden, als sie ohne einen Plan stünden[67]. Vorteile dieser Lösung sind:

- Es kann ein echter Schuldenerlass erreicht werden. Die erzielten Sanierungsgewinne sind allerdings steuerpflichtig,
- unter Eigentumsvorbehalt gelieferte Waren können nicht abgezogen werden,
- der Insolvenzverwalter kann über ein sicherungsübereignetes Warenlager verfügen, auch über Sicherungsabtretungen von Forderungen,
- zur Sicherheit überlassene bewegliche Sachen dürfen weiter benutzt werden.
- Arbeitnehmern kann mit einer Kündigungsfrist von drei Monaten zum Monatsende gekündigt werden.
- Das Sozialplanvolumen für Entlassungen ist begrenzt, dadurch ist der Personalabbau im Insolvenzverfahren wesentlich erleichtert.

▶ **Für die Praxis** Vorsicht ist geboten, wenn Sie die angeschlagene GmbH an eine Auffanggesellschaft veräußern. Hier liegt der strafbare Tatbestand des betrügerischen Bankrotts vor, wenn die Sanierung misslingt[68].

Das Insolvenzgericht bestellt einen vorläufigen Insolvenzverwalter. Dieser hat die Aufgabe, das Vermögen der GmbH zu sichern und zu verwalten. Er ist grundsätzlich dazu verpflichtet, das Unternehmen fortzuführen. Eine Stilllegung ist angesagt, wenn die GmbH erhebliche Verluste erwirtschaftet und keine Aussicht auf Sanierung besteht.

Sie können mit dem Insolvenzantrag einen Antrag auf Eigenverwaltung stellen[69]. Ordnet das Amtsgericht Eigenverwaltung an, bleiben Sie als Geschäftsführer im Amt. Sie stehen zwar (formal) unter der Aufsicht des Sachverwalters, können aber die Aufgaben eines Insolvenzverwalters weitgehend selbst ausüben.

Mit dem Antrag auf Eröffnung des Insolvenzverfahrens wird das Verfahren öffentlich. Damit entstehen zusätzliche Risiken – z. B. dass weitere Kunden abspringen oder dass Sie nicht mehr beliefert werden. Auch hier gilt: Ergreifen Sie die Initiative und suchen Sie offensiv das Gespräch mit den Entscheidungsträgern Ihrer Geschäftspartner.

Der vorläufige Insolvenzverwalter hat die Möglichkeit Verbindlichkeiten einzugehen. Der vorläufige Insolvenzverwalter haftet dem Gläubiger gegenüber persönlich, wenn nach Insolvenzeröffnung die Masseverbindlichkeit aus der Insolvenzmasse nicht voll erfüllt werden kann[70].

---

[67] § 245 InsO.
[68] § 283 Abs. 1 StGB.
[69] §§ 270 ff. InsO.
[70] §§ 21 Abs. 2 Nr. 1 InsO.

Als Geschäftsführer haben Sie dem vorläufigen Insolvenzverwalter Einsicht in die Bücher und Geschäftspapiere der GmbH zu geben. Sie müssen Auskünfte erteilen und den Insolvenzverwalter bei der Ausübung seiner Tätigkeit unterstützen. Das gilt auch für den ausgeschiedenen Geschäftsführer, sofern er in den letzten beiden Jahren vor Antrag auf Insolvenz ausgeschieden ist.

Stellt der Insolvenzverwalter einen Insolvenzgrund fest, wird er prüfen, ob das Vermögen der GmbH ausreicht, die Kosten des Verfahrens zu decken. Ist dies nicht der Fall, wird das Verfahren mangels Masse eingestellt und die GmbH liquidiert.

Die Eröffnung des Insolvenzverfahrens löst z. B. die GmbH auf[71]. Die Auflösung und ihr Grund werden von Amts wegen in das Handelsregister eingetragen und damit veröffentlicht.

Die Fortsetzung der Firma kann beschlossen werden, wenn das Verfahren auf Antrag der GmbH eingestellt oder nach der Bestätigung eines Insolvenzplans aufgehoben wird. Der Fortsetzungsbeschluss ist – sofern im Gesellschaftsvertrag nicht anders vereinbart – mit ¾-Mehrheit der Stimmen zu fassen.

6.9.5 Stellung des Geschäftsführers im Insolvenzverfahren

Mit Benennung des vorläufigen Insolvenzverwalters bleiben Sie – auch wenn keine Eigenverwaltung angeordnet wurde – weiterhin im Amt als Geschäftsführer und vertreten die GmbH gerichtlich und außergerichtlich. Vom Geschäftsführer erteilte Vollmachten erlöschen (Prokura, Handlungsvollmacht). Im Außenverhältnis wirksam ist das Verbot, über einen Gegenstand der Insolvenzmasse zu verfügen (Eintragung ins Grundbuch).

Der Insolvenzverwalter kann den Geschäftsführer nicht abberufen, er kann aber den Anstellungsvertrag des Geschäftsführers mit einer Frist von drei Monaten zum Monatsende kündigen. Eine vertragliche Befristung steht dem nicht entgegen. Eine Kündigung aus wichtigem Grund ist möglich. Das Insolvenzverfahren an sich oder die Unmöglichkeit zur Zahlung der Geschäftsführer-Vergütung ist jedoch kein Grund zur fristlosen Kündigung. Mit der Kündigung sind die Vergütungsansprüche des Geschäftsführers keine Masseforderungen mehr.

Die Kündigung bedeutet aber nicht Abberufung. Diese kann nur von den Gesellschaftern ausgesprochen werden. Auch wenn der Anstellungsvertrag gekündigt ist, bleibt der Geschäftsführer verpflichtet, seinen verfahrensrechtlichen Pflichten nachzukommen.

Vergütungsansprüche des Geschäftsführers aus der Zeit vor der Insolvenzeröffnung sind ebenso wie Ansprüche, die in der Zeit zwischen Insolvenzeröffnung und Kündigung des Anstellungsvertrages entstehen, einfache – also nicht bevorrechtigte – Insolvenzforderung. Pensionszusagen sind nur insolvenzgesichert, wenn der Geschäftsführer nicht zugleich beherrschender Geschäftsführer (mindestens 50 %) ist.

---

[71] § 60 Abs. 1 Nr. 4 GmbHG.

Im Insolvenzverfahren geht die Verwaltungs- und Verfügungsbefugnis auf den Insolvenzverwalter über. Ordnet das Insolvenzgericht (auf Antrag der GmbH) Eigenverwaltung an, bleibt der Geschäftsführer berechtigt, die Insolvenzmasse zu verwalten und über sie zu verfügen.

Der Insolvenzverwalter:

- kann Arbeitsverträge zu kündigen
- übernimmt handels- und steuerrechtliche Pflichten
- stellt den Jahresabschluss auf
- ist berechtigt, das gesamte Unternehmen zu veräußern (unter Mitwirkung der Gläubigerversammlung)

Entdeckt der Geschäftsführer während des Insolvenzverfahrens neue Geschäftschancen, so hat der diese dem Insolvenzverwalter anzubieten. Er kann diese Geschäfte dann im Auftrag des Insolvenzverwalters auf Rechnung der Masse wahrnehmen. Ist der Insolvenzverwalter nicht interessiert, kann der Geschäftsführer diese Geschäfte in Abstimmung mit den Gesellschaftern auf eigene Rechnung, auf Rechnung der Gesellschaft oder in einer neu gegründeten Auffanggesellschaft durchführen.

Der Insolvenzverwalter hat nach heutigem Verständnis auch die Aufgabe, unternehmerisch tätig zu sein. Dies ist in der Praxis für den meist außerhalb der Branche stehenden Insolvenzverwalter schwierig, so dass er sich hierfür der Hilfe des amtierenden Geschäftsführers bedient. Das ist möglich, der Insolvenzverwalter kann diese Aufgabe dem Geschäftsführer übertragen. Wichtig: Das Risiko aus solchen Geschäften liegt beim Insolvenzverwalter.

Der Geschäftsführer bleibt zuständig für die inneren Angelegenheiten der Firma. Das sind:

- Einladung und Durchführung von Gesellschafterversammlungen (Informationspflicht)
- Erteilung der Genehmigung für die Teilung und Abtretung von Geschäftsanteilen
- Anfechtungs- und Nichtigkeitsklagen

Der Geschäftsführer hat eine starke Stellung im Insolvenzverfahren, die er zum Fortbestand der Firma gezielt einsetzen kann.

Systematisches Vorgehen des Geschäftsführers
- Systematische Analyse der Situation;
- Realistische Beurteilung der Sanierungsfähigkeit;
- Einbeziehung von Gläubigern, Kunden, Beratern und Mitarbeitern;
- Erstellung eines Sanierungsplans;
- Versuch des außergerichtlichen Vergleichs;

- Antrag auf Eröffnung des Insolvenzverfahrens unter Vorlage eines Insolvenzplans;
- Zustimmung der Gläubiger zum Insolvenzplan;
- Fortführungsbeschluss der Gesellschafter:

Alternativ:

- Solange nur drohende Zahlungsunfähigkeit/Überschuldung vorliegt prüfen, inwieweit produktive Betriebsteile ausgelagert werden können.
- Prüfen, inwieweit auf die Gläubiger im außergerichtlichen Vergleichsverfahren Druck im Hinblick auf eine geringere Quote ausgeübt werden kann.

6.10 „Ihre" Tochter-GmbH wird verkauft

Wenn die Konzern-Obergesellschaft die Tochter-GmbH oder Anteile an der Tochtergesellschaft verkaufen will: Der Geschäftsführer ist für die ordnungsgemäße Abwicklung der Verkaufs (Mergers) zuständig. Das betrifft Fragen wie: *Wie viel darf/muss für den Anteil gezahlt werden? Was ist die richtige Bewertungsmethode? Was gehört in den Kaufvertrag?* Fehlt dem Geschäftsführer dafür die „Sachkunde", muss er sich beraten lassen[72].

Häufiges Problem: Die Ermittlung des Kaufpreises anhand einer realistischen Unternehmensbewertung. Wichtig ist dabei, dass u. U. existenzielle Informationen über die GmbH nicht nach außen dringen, damit sie später – etwa bei Nicht-Zustandekommen des Verkaufes – nicht gegen die Tochter-GmbH genutzt werden können.

Beispiel

Ein 25 % – Anteil an Ihrer GmbH soll verkauft werden. Gleichzeitig steht der Abschluss eines Großauftrages als Zulieferer kurz bevor. Darf das der potentielle Käufer wissen? Umgekehrt bedeutet das aber: Wenn der neue Auftrag in die Unternehmensbewertung eingeht, führt dies zu einer satten Erhöhung des Kaufpreises. Umgekehrt bedeutet das aber: Weiß der potenzielle Käufer von Ihrem Deal, so ist zu befürchten, dass er Ihnen den Auftrag wegschnappt. Die damit verbundenen Rechtsprobleme sind in der Praxis ausgesprochen schwierig.

Der Geschäftsführer trägt ein beträchtliches Haftungsrisiko – insbesondere dann, wenn er nicht zugleich auch Gesellschafter ist. Wir raten dazu, sich in einer solchen „Mittlerposition" zwischen Verkäufer und Käufer ausführlich über Rechte und Pflichten zu informieren. Als Geschäftsführer einer GmbH, deren Anteile verkauft werden, machen Sie Alles richtig, wenn Sie sich an der folgenden Checkliste orientieren:

---

[72]OLG Oldenburg, Urteil vom 22.06.2006, 1 U 34/03.

Checkliste: Die richtigen Schritte beim Verkauf einer GmbH

Prüfen Sie	Das müssen Sie dazu beachten	Diese Maßnahmen und rechtlichen Schritte sind zur Lösung geeignet
Verkaufs-hindernisse	Ein Gesellschafter möchte verkaufen, weiß aber nicht, wie die Mitgesellschafter solchen Plänen gegenüberstehen	Mediationsgespräch mit dem Haupt-Gesellschafter
	Die Gesellschafter haben unterschiedliche Vorstellungen (Zeitpunkt, Käufer, Kaufpreis) über den Verkauf	
Der Umgang mit Vorkaufsrechten	Laut Gesellschaftsvertrag besteht ein Vorkaufsrecht für die GmbH	Mediationsgespräch mit allen Gesellschaftern
	Laut Gesellschaftsvertrag besteht ein Vorkaufsrecht für den Mehrheitsgesellschafter der GmbH	Wahrnehmung des Vorkaufsrechts
	Der Inhaber des Vorkaufsrechts macht von seinem Recht Gebrauch	Zusammenlegung von Geschäftsanteilen
Suche nach potenziellen Käufern	Das Kauf-/Verkaufsvorhaben soll geheim gehalten werden	Einschaltung eines M&A-Spezialisten (Merchers & Akquisitions)
	Potenzielle Interessenten aus der Branche sollen unter Wahrung höchster Diskretion angesprochen werden	Vereinbarung von Bußgeldern
Abschluss eines Vorvertrages	Formulierung der gemeinsamen Zielvorstellungen	Einschaltung eines M&A-Spezialisten
	Festlegen des weiteren Vorgehens (Gutachten, Verfahren zur Bestimmung des Unternehmenswertes und des Verfahrens zur Bestimmung des Kaufpreises, Terminierung)	Abschluss des Vorvertrages
	Verschwiegenheitspflichten, Vertragsstrafen	
Due diligence (Verfahren zur Bewertung eines Unternehmens)	Einverständnis der Vertragsparteien zur Durchführung des Bewertungsverfahrens und der Kaufpreisermittlung nach den Grundsätzen des Due diligence	Bestimmung von Zeitzielen
	Bestimmung der durchführenden Berater und des Zeitpunktes	Bestimmen und Bevollmächtigen von Teilnehmern (StB, WP, RA), durchführenden Beratern und Auskunftspersonen
Ermittlung des Kaufpreises	Definition des konkreten Kaufpreises, Aufteilung der Beraterkosten	Ermittlung des Gesamtkaufpreises

	Bestimmung der optimalen steuerlichen Behandlung des Verkaufserlöses	Aufzinsungen
	Festlegen der Fälligkeiten/Abzahlungsmodalitäten, Verzinsung ausstehender Forderungen	Steuergutachten
Gestaltung des Kaufvertrages	Vorbesprechung: Listung aller regelungsbedürftigen Sachverhalte	Protokoll
	Festlegen der Nebenbestimmungen (Sprache, Anzahl der Vertragswerke, Gerichtsstand, Zeichnungsberechtigung usw.)	Vereinbarung Notariatstermin
Steuerplanung zur Optimierung der Steuerbelastung	Einholung eines steuerlichen Gutachtens, das alle steuerlichen Auswirkungen, die mit dem Unternehmenskauf/-verkauf verbunden sind, ausführlich darstellt (Veräußerungsgewinn, wesentliche Beteiligung, Verlustvor- und -rücktrag, Aufdeckung stiller Reserven, Konzernbesteuerung)	Steuergutachten
Prüfung kartellrechtlicher Vorschriften	Im Rahmen des Unternehmenszusammenschlusses bzw. der Unternehmensübernahme (Fusion) ist zu prüfen, inwieweit kartellrechtliche Bedenken bestehen	Einschalten eines Rechtsanwalts mit Kenntnissen der EU-Bestimmungen bzw. der aktuellen EuGH-Rechtsprechung
	Es ist zu prüfen, inwieweit für eine internationale Ausdehnung des Geschäftsbetriebes Zulassungsvoraussetzungen zu beachten sind bzw. inwieweit nationale Bestimmungen einzuhalten sind	
	Prüfen der EU-Bestimmungen zur Übernahme von Unternehmen	

6.11 Häufige Fragen

„Muss der Geschäftsführer eine fehlerhafte Bilanz unterschreiben?"

Oft es bei der Erstellung des Jahresabschlusses bereits im Vorfeld zu Meinungsverschiedenheiten zwischen den Gesellschaftern darüber, wie die Bilanz auszusehen hat – z. B., wenn die Konzern-Mutter unbedingt einen Gewinnausweis sehen will – etwa, weil sie auf eine hohe Gewinnausschüttung spekuliert oder die Tochtergesellschaft verkaufen und entsprechend gestalten will.

Grundsätzlich ist es Sache der Geschäftsführer, den Jahresabschluss (und den Lagebericht) unverzüglich nach Aufstellung den Gesellschaftern zum Zwecke der Feststellung vorzulegen (§ 42a GmbH-Gesetz). Allerdings: Bereits hier kann es in der Praxis zu Kompetenzgerangel kommen. Erwarten die Gesellschafter bei Erstellung des

Jahresabschlusses, dass dabei bestimmte Eckwerte berücksichtigt werden (Gewinnverwendungsvorschläge, Ausübung von Wahlrechten), so können die Gesellschafter den Geschäftsführer anweisen, den Steuerberater in diesem Sinne zu beauftragen. Für die materielle Richtigkeit des Jahresabschlusses ist der Steuerberater (Wirtschaftsprüfer) zuständig. Jedenfalls, solange die vorgelegten Unterlagen vollständig und wahrheitsgemäß eingereicht werden.

Die endgültige Feststellung des Jahresabschlusses ist Sache der Gesellschafterversammlung. Der Bestimmung der Gesellschafter unterliegen

- die Feststellung des Jahresabschlusses und
- die Verwendung des Ergebnisses (§ 46 GmbH-Gesetz).

In den Kommentierungen zum GmbH-Gesetz[73] heißt es zu den Rechtsfolgen bei Mängeln: „Bei der Feststellung des Jahresabschlusses haben die Gesellschafter grundsätzlich freie Hand. Sie sind namentlich nicht an den von den Geschäftsführern aufgestellten Abschluss gebunden, sondern können diesen beliebig abändern, wobei sie lediglich Gesetz und Satzung sowie die Grundsätze ordnungsgemäßer Buchführung beachten müssen". Der Geschäftsführer hat lediglich ein Vorschlagsrecht bzw. eine Hinweispflichtung, sofern er Verstöße feststellt.

▶ **Für die Praxis** Es kann vorkommen, dass der Geschäftsführer gebeten wird, den von den Gesellschaftern beschlossenen und festgestellten Jahresabschluss gegenzuzeichnen. Liegen hier strittige Beurteilungen vor, wird eine Weigerung des Geschäftsführers zur Zeichnung schnell als Misstrauensbeweis gewertet. In diesen Fällen empfiehlt es sich, den Jahresabschluss mit zu tragen, Einwände jedoch in Form von Hinweisen protokollieren zu lassen und dem Hauptgesellschafter bzw. dem Vorstand des Mutterunternehmens zur Kenntnis zu geben. Solange keine Verstöße gegen die oben genannten gesetzlichen Vorschriften vorliegen, dürfte dies für eine Haftungsbefreiung genügen. Stellen Sie jedoch fest, dass Weisungen tatsächlich gegen geltendes Recht verstoßen, sollten Sie diese nicht ausführen. Besondere Vorsicht ist geboten, wenn ausschließlich mündlich Weisungen erteilt werden.

„*Darf sich der Geschäftsführer der Tochtergesellschaft auf die zentrale Buchhaltung verlassen?*" JEIN. Sofern das Rechnungswesen zentral erledigt wird und der Jahresabschluss als konsolidierter Konzernabschluss erfolgt: JA. In allen anderen Fällen: NEIN. Dazu gibt es ein Urteil des OLG Thüringen. Die Ausführungen des Gerichts sind wichtig für alle Geschäftsführer von Konzern-Tochtergesellschaften[74]. Für den Praktiker wichtig sind dabei zwei Aspekte des Urteils:

---

[73]z. B. Scholz, Kommentar zum GmbH-Gesetz zu § 29 Rz. 61.
[74]OLG Thüringen, Urteil vom 12.08.2009, 7 U 244/07.

- 1. Jeder Geschäftsführer einer Konzern-Tochtergesellschaft ist selbst und aufgrund seines Amtes dazu verpflichtet, die Buchführung des Unternehmens ständig zu kontrollieren. Er muss Kontrollen einbauen, die Fehl- und Scheinbuchungen ausschließen.
- 2. Lässt die Konzern-Obergesellschaft die Buchhaltung der Tochtergesellschaft durch einen unabhängigen Gutachter prüfen und stellt dieser Mängel fest, beginnt die 2-Wochen-Frist, in der die Gesellschafter Kenntnis von den Verfehlungen haben und den Geschäftsführer kündigen können, erst mit der Vorlage des Prüfungsberichtes und nicht bereits mit der Erteilung des Prüfungsauftrages[75].

Der Geschäftsführer der Tochtergesellschaft muss sich jederzeit selbst ein Bild über die Erfüllung der buchhalterischen und bilanziellen Verpflichtungen der Gesellschaft machen können. Er kann sich nicht auf irgendeine Form von Arbeitsteilung berufen. Auch nicht darauf, dass er als Geschäftsführer nur für sein Ressort zuständig ist. Die Erfüllung der oben genannten Pflichten betrifft jeden einzelnen Geschäftsführer – und zwar unabhängig von seiner Ressortverantwortung.

▶ **Für die Praxis** Werden dem Geschäftsführer im Konzern Informationen vorenthalten, empfiehlt sich folgendes Vorgehen: Zunächst sind die Unterlagen schriftlich von der Konzern-Obergesellschaft einzufordern. Erhalten Sie weiterhin keine ausreichenden Informationen, sollte der Geschäftsführer eine Gesellschafterversammlung einberufen. TOP: Ordnungsgemäße Erfüllung der Buchhaltungs- und Bilanzierungsvorschriften. Unterstützen die Gesellschafter den Geschäftsführer nicht in seinem Auskunfts- und Einsichtsanliegen, sollte er den Aufsichtsrat des Konzerns (schriftlich) einschalten und ggf. das Amt niederlegen. Nur so ist garantiert, dass der Geschäftsführer nicht persönlich für die Versäumnisse im Konzern zur Verantwortung gezogen werden kann (Verstoß gegen § 41 GmbH-Gesetz, Verstoß gegen Bilanzpflichten, Verstoß gegen die ordnungsgemäße Erstellung, Prüfung und Offenlegung des Jahresabschlusses der GmbH).

„*Welche Pflichten hat der Geschäftsführer einer Tochtergesellschaft bei der Pflicht-Offenlegung?*" Tochtergesellschaften, die in den Konzernabschluss einer Muttergesellschaft einbezogen sind, können bei der Offenlegung Erleichterungen[76] nutzen. Tochterunternehmen in der Rechtsform einer Kapitalgesellschaft (AG, KGaA, GmbH) brauchen danach ihre Jahresabschlussunterlagen nicht zu veröffentlichen, wenn das Mutterunternehmen zur Aufstellung eines Konzernabschlusses verpflichtet ist[77]. Folgende Voraussetzungen müssen dazu eingehalten werden:

---

[75]§ 626 Abs. 2 BGB.
[76]§§ 264 Abs. 3, 264b HGB.
[77]vgl. § 264 Abs. 3 HGB und § 290 HGB.

- 1. Alle Gesellschafter des Tochterunternehmens haben dem Befreiungsbeschluss und dem Beschluss zur Offenlegung des Befreiungsbeschlusses im elektronischen Bundesanzeiger zugestimmt.
- 2. Im elektronischen Bundesanzeiger wurde unter Angabe des Mutterunternehmens, der Hinweis veröffentlicht, dass für die Tochter die Befreiung nach § 264 Abs. 3 HGB in Anspruch genommen wird,
- 3. Einbeziehung Die Tochter wird in den Konzernabschluss der Muttergesellschaft einbezogen und die Veröffentlichung dieses Abschlusses erfolgt im elektronischen Bundesanzeiger.
- 4. Angabe Auf die Befreiung des Tochterunternehmens wird im Anhang des veröffentlichten Konzernabschlusses der Muttergesellschaft verwiesen.
- 5. Gesetzliche Verpflichtung des Mutterunternehmens zur Verlustübernahme[78] oder freiwillige Verpflichtung zur Verlustübernahme. Eine freiwillige Verlustübernahmeverpflichtung ist im elektronischen Bundesanzeiger zu veröffentlichen.

Für die Befreiung von Personenhandelsgesellschaften, bei denen keine natürliche Person persönlich haftet (vor allem GmbH & Co. KG), genügt es, wenn die Voraussetzungen 2 bis 4 erfüllt sind.

▶ **Für die Praxis** Als Geschäftsführer einer Tochtergesellschaft sind Sie dennoch verantwortlich dafür, dass die Offenlegungspflichten eingehalten werden. Lassen Sie sich vom Steuerberater der Konzern-Obergesellschaft bestätigen, dass der JA termingerecht veröffentlicht wurde. Prüfen Sie unter www.unternehmensregister.de, ob die Unternehmensdaten der GmbH tatsächlich veröffentlicht sind. Mahnen Sie die Obergesellschaft bzw. den Steuerberater schriftlich an, wenn das nicht der Fall ist.

„*Muss ich die vom Steuerberater erstellten Steuererklärungen zusätzlich prüfen?*" Als Geschäftsführer der GmbH sind Sie verantwortlich dafür, dass der abgegebene Inhalt der Steuererklärungen korrekt ist – genau genommen dürfen Sie sich also nicht „blind" auf Ihren Berater verlassen. Das sehen auch die Gerichte so, die zu entsprechenden Haftungsfragen entscheiden mussten. Laut Bundesfinanzhof[79] muss der Geschäftsführer „*die vom Steuerberater erstellten Steuererklärungen auf Richtigkeit prüfen*". Unterlässt er das, muss er Steuerrückstände einer zwischenzeitlich liquidierten GmbH aus der eigenen Tasche zahlen. Im entschiedenen Fall hatte der Geschäftsführer übersehen, dass ein größerer Betrag (250.000 €) als umsatzsteuerfreie Ausfuhrlieferungen aufgeführt war. Dem Geschäftsführer – so das Gericht – hätte das auffallen müssen.

---

[78]§ 302 AktG
[79]BFH, Urteil vom 28.08.2008, VII B 240/07

6.11 Häufige Fragen

▶ **Für die Praxis** Der oben beschriebene Fall ist sicherlich eine Ausnahme. Für die Praxis empfiehlt es sich dennoch, die Steuererklärungen nicht „blind" zu unterschreiben, sondern zumindest immer eine Vollständigkeitsprüfung (KSt-Erklärung, Anlage A – Nicht abziehbare Aufwendungen –, Anlage WA – weitere Angaben –, Erklärung zur gesonderten Feststellung, Gewerbesteuererklärung, Umsatzsteuererklärung) und eine Plausibilitätsprüfung der ausgewiesenen Beträge vorzunehmen.

7 Beendigung der Zusammenarbeit

Ob Altersbedingt, nach Ablauf und Nicht-Verlängerung des Anstellungsvertrages oder nach einer außerordentlichen Kündigung – im Konflikt zwischen den Gesellschaftern und dem Geschäftsführer, mit dem Ende der Zusammenarbeit sind zahlreiche rechtliche Besonderheiten zu beachten. Dabei ist das Verfahren umso einfacher, je klarer, eindeutiger und vollständiger die Beendigung der Zusammenarbeit bereits in den Vereinbarungen des Anstellungsvertrages geregelt wurde[1].

Je nach gesonderter Vereinbarung ist zu unterscheiden:

- die Beendigung der Zusammenarbeit zum vereinbarten Vertragsende
- die Beendigung der Zusammenarbeit durch Abberufung und eine ordentliche Kündigung
- die Beendigung der Zusammenarbeit durch Abberufung und eine außerordentliche Kündigung
- die Beendigung der Zusammenarbeit durch Amtsniederlegung

In diesen Fällen sind jeweils unterschiedliche rechtliche Regelungen zu beachten. Zum einen wird der Geschäftsführer aus seinem Amt abberufen. Zum anderen endet sein Anstellungsverhältnis mit seinem Arbeitgeber „GmbH".

---

[1] Vgl. dazu die Ausführungen unter Kap. 2

7.1 Beendigung der Zusammenarbeit zum vereinbarten Vertragsende

Rechtlich ist dies der einfachste Fall der Beendigung der Zusammenarbeit zwischen dem Geschäftsführer und seinem Arbeitgeber. Es gelten die Vereinbarungen aus dem Anstellungsvertrag. Das ist

- entweder ein fixes Datum, zu dem die Zusammenarbeit beendet wird, z. B. ... *„nach fünf Jahren zum 31.12.2014"*.
- oder zum Erreichen einer bestimmten Altersgrenze, z. B. *„mit Erreichen des 63./65./67 Lebensjahres"*.

Diese Vorgaben sind verbindlich. Unabhängig davon besteht die Möglichkeit, dass sich die Vertragsparteien auf eine Fortsetzung der Zusammenarbeit einigen. Das kann mit einer einfachen Zusatzklausel geschehen (*„Der Anstellungsvertrag vom 31.1.2010 wird zu unveränderten Bedingungen bis zum 31.12.2015 verlängert"*). Zuständig für Änderungen bzw. eine Fortsetzung des Anstellungsvertrages ist die Gesellschafterversammlung der GmbH – im Tochterunternehmen ist dazu in der Regel die Geschäftsführung des Mutterunternehmens befugt.

> **Für die Praxis** Gibt es neben der beherrschenden Organ-Muttergesellschaft noch weitere Gesellschafter, sollte sich der Geschäftsführer vor der Verlängerung seines Anstellungsvertrages davon überzeugen, dass ein entsprechender Gesellschafterbeschluss gefasst wird. Dann ist sichergestellt, dass die Änderung des Anstellungsvertrages wirksam ist.

Daneben ist zu prüfen, ob nachvertragliche Rechte und Pflichten vereinbart sind, z. B. Abfindungsansprüche, nachvertragliche wettbewerbliche Vereinbarungen, Ansprüche aus der betrieblichen Altersversorgung oder aus einer Pensionszusage.

Wird der befristete Anstellungsvertrag eines Geschäftsführers nicht verlängert und ein neuer Bewerber als Geschäftsführer eingestellt, kann der Geschäftsführer das Einstellungsverfahren ggf. gerichtlich überprüfen lassen. Und zwar – so wie andere Arbeitnehmer auch – auf der Grundlage des Allgemeinen Gleichbehandlungsgesetzes (AGG). Kommt es hier bei einer Neubesetzung der Stelle zu einem Verstoß gegen die Vorschriften des AGG, hat der Geschäftsführer u. U. einen Anspruch auf eine Entschädigungszahlung.

Nach einem Grundsatz-Urteil des Bundesgerichtshofs[2] gilt das Allgemeine Gleichbehandlungsgesetz (AGG) auch für den GmbH-Geschäftsführer und damit auch für den Geschäftsführer einer Tochter-GmbH, z. B. wenn der Anstellungsertrag nicht verlängert

---

[2]BGH, Urteil vom 23.04.2012, II ZR 163/10.

wird und bei der Auswahl des Nachfolgers zum Nachteil des bisherigen Geschäftsführers gegen Bestimmungen des AGG verstoßen wird. Im entschiedenen Fall ging es um die Weiterbeschäftigung des medizinischen Geschäftsführers einer Klinik-GmbH, der mit einem zeitlich befristeten Dienstvertrag angestellt war. Weil nicht er, sondern ein jüngerer Kollege eingestellt wurde, klagte er auf Verstoß gegen das AGG und Zahlung einer Entschädigung und bekam Recht.

7.2 Abberufung des Geschäftsführers

Die Abberufung des Geschäftsführers ist **jederzeit** möglich[3]. Die Abberufung ist dem Handelsregister durch die verbleibenden, vertretungsberechtigten Geschäftsführer zu melden. Berufen die Gesellschafter den einzigen Geschäftsführer ab und können diese sich nicht auf die Berufung eines neuen Geschäftsführers einigen, bestellt das Amtsgericht auf Antrag der Gesellschafter einen Not-Geschäftsführer, der dann die Abberufung des Geschäftsführers dem Handelsregister meldet.

Die Abberufung kann im Gesellschaftsvertrag auf wichtige Gründe beschränkt werden, sie kann vertraglich nicht ausgeschlossen werden. Der Gesellschafter, der ein Sonderrecht zur Geschäftsführung hat, kann grundsätzlich nur aus wichtigem Grund abberufen werden.

Die Abberufung beendet nur ausnahmsweise den Anstellungsvertrag des Geschäftsführers. Dieser muss gesondert beendet werden.

Der Beschluss zur Abberufung des Geschäftsführers erfolgt mit einfacher Mehrheit. Bei der ordentlichen Abberufung darf der Gesellschafter-Geschäftsführer mitstimmen. Bei einer Abberufung aus wichtigem Grund darf der Gesellschafter-Geschäftsführer nicht mitstimmen[4].

Nach der Beschlussfassung durch die Gesellschafter ist die Abberufung grundsätzlich wirksam. Mit der Anfechtungsklage kann die Unwirksamkeit gerichtlich festgestellt werden.

7.3 Kündigung des Anstellungsvertrages

Mit der Bestellung wird der Geschäftsführer zum handlungsbevollmächtigten Organ der GmbH. Unabhängig davon entsteht zwischen der GmbH und dem Geschäftsführer ein Rechtsverhältnis – ein Anstellungsverhältnis –, dessen Inhalt im Geschäftsführer-Anstellungsvertrag bestimmt wird. Der Geschäftsführer wird für die GmbH im Rahmen dieses Anstellungsverhältnisses im Innenverhältnis tätig. Darin werden alle Rechte und Pflichten festgelegt.

---

[3] § 38 Abs. 1 GmbHG.
[4] § 47 Abs. 4 GmbHG.

Bei entgeltlicher Tätigkeit des Geschäftsführers handelt es sich um einen Geschäftsbesorgungsvertrag[5], auf den die Regeln eines Dienstvertrages Anwendung finden. Wird der Geschäftsführer (die Geschäftsführung) unentgeltlich tätig, handelt es sich um ein Auftragsverhältnis[6]. GmbH-Geschäftsführer sind nach allgemeiner Auffassung keine Arbeitnehmer[7]. Es finden keine Anwendung für Sie als GmbH-Geschäftsführer:

- der Kündigungsschutz[8]
- die Rechte der Arbeitnehmer gemäß Betriebsverfassungsgesetz[9]
- die Rechte der leitenden Angestellten[10]
- das arbeitsgerichtliche Verfahren[11]
- die Vorschriften des Mitbestimmungsgesetzes[12]

Für Streitigkeiten aus dem Geschäftsführer-Anstellungsvertrag sind regelmäßig die **ordentlichen Gerichte** (Amtsgericht, LG) zuständig. Nur ausnahmsweise kann das Arbeitsgericht zuständig sein.

Das Bundesarbeitsgericht[13] behandelt den GmbH-Geschäftsführer ausnahmsweise als Arbeitnehmer, wenn die konkrete Vertragsgestaltung seine Befugnisse außergewöhnlich stark einschränkt bzw. er stark persönlich abhängig ist. Das ist der Fall, wenn Sie als GmbH-Geschäftsführer regelmäßig einem bezüglich Zeit, Dauer, Art und Ort der Ausführung seiner Tätigkeit umfassenden Direktionsrecht unterliegen.

▶ **Für die Praxis** Enthält der Anstellungsvertrag ausführliche Vorschriften bezüglich Zeit, Dauer, Art und Ort der Tätigkeit (z. B. Arbeitszeiten, Dienstort, Auswahl der zustimmungspflichtigen Geschäfte) bzw. erteilen die Gesellschafter regelmäßig entsprechende Weisungen an Sie, berufen Sie sich im Falle einer Abberufung bzw. Kündigung des Geschäftsführer-Anstellungsvertrages auf Ihre (arbeitnehmerähnliche) Stellung als Arbeitnehmer. Folge: Das örtliche Arbeitsgericht ist zuständig. Die Kündigung ist erschwert, da das Kündigungsschutzgesetz im Regelfall Anwendung findet. Sie können Sie bei gütlicher Einigung eine höhere Abfindungszahlung durchsetzen – die Arbeitsgerichte sind tendenziell „arbeitnehmerfreundlich".

---

[5]BAG NJW 1995, 675; §§ 611 bis 630 BGB.
[6]§§ 662 ff. BGB.
[7]BGHZ 79, 291.
[8]§ 14 Abs. 1 Nr. KSchG.
[9]§ 5 Abs. 2 Nr. 1 BetrVG.
[10]§ 1 Abs. 1 SprAuG.
[11]§ 5 Abs. 1 Satz 3 ArbGG.
[12]§ 3 Abs. 1 Satz 1 MitbestG.
[13]BAGE 39, 16.

7.3 Kündigung des Anstellungsvertrages

Zuständig für den Abschluss des Geschäftsführer-Anstellungsvertrages ist in der Regel die Gesellschafterversammlung[14]. Der Gesellschaftsvertrag kann diese Aufgabe einem anderen Organ übertragen (Beirat).

Für unter das Mitbestimmungsgesetz 1976 fallende GmbH ist der Aufsichtsrat für den Abschluss und für die Änderung des Anstellungsvertrags des Geschäftsführers zwingend zuständig[15].

▶ **Für die Praxis** Ein Anstellungsverhältnis zwischen der GmbH und dem Geschäftsführer entsteht auch dann, wenn kein schriftlicher Vertrag abgeschlossen wird. Auch durch mündliche Vereinbarung oder die tatsächliche Durchführung des Anstellungsverhältnisses entsteht ein wirksamer Vertrag, den Sie im Konfliktfall gerichtlich durchsetzen können.

Der Geschäftsführer-Anstellungsvertrag kann von vorne herein befristet werden. Die Befristung kann dabei

- über einen bestimmten Zeitraum (5 Jahre) oder
- bis zu einem bestimmten Lebensalter (67. Lebensjahr) ausgesprochen werden.

Für den auf einen Zeitraum begrenzten Anstellungsvertrag wird in der Regel eine Anschlussoption vereinbart, wonach sich der Anstellungsvertrag um weitere 2, 3 oder 5 Jahre oder unbefristet zu den gleichen Bedingungen verlängert, sofern keine der Vertragsparteien das Anstellungsverhältnis beendet.

Besteht ein unbefristetes Anstellungsverhältnis mit einem Fremd-Geschäftsführers und soll dieses mit Erreichen des 65./67. Lebensjahres beendet werden, ist zu beachten, dass der Anstellungsvertrag auf diesen Zeitpunkt mit ordentlicher oder außerordentlicher Kündigung bei Vorliegen eines wichtigen Grundes beendet werden kann. Eine Befristung des Vertrages auf das 65. Lebensjahr ist nur möglich, wenn dieser drei Jahre vor Erreichen der Altersgrenze abgeschlossen wird oder innerhalb dieser Frist bestätigt (Verlängerungsoption) wurde.

▶ **Für die Praxis** Für den Geschäftsführer hat der Abschluss eines befristeten Vertrages den Vorteil, dass er nach Ablauf neu über die Vertragskonditionen (Gehalt) verhandeln kann, sofern nicht ohnehin eine Anpassungsklausel vereinbart ist.

---

[14] § 46 Nr. 5 GmbHG.
[15] § 31 MitbestG.

Die Beendigung des Anstellungsvertrages kann aber auch an ein bestimmtes Ereignis gekoppelt werden:

- Verlust einer Qualifikation
- Strafverfahren
- Geschäftsunfähigkeit
- längere Krankheit
- Verlust der Gesellschafterstellung
- nicht rechtzeitige Erstellung und Vorlage des Jahresabschlusses

▶ **Für die Praxis** Wenn die Gesellschafter sicherstellen wollen, dass der/die Geschäftsführer seinen Buchführungs- und Bilanzierungverpflichtungen unbedingt nachkommt, ist es zulässig zu vereinbaren, dass bei nicht fristgerechter Erstellung und Vorlage des Jahresabschlusses der Anstellungsvertrag automatisch beendet wird.

Tritt eine der Beschränkungen ein, verliert der Geschäftsführer automatisch sein Geschäftsführer-Amt und der Anstellungsvertrag ist gekündigt.

7.3.1 Ordentliche Kündigung

Die ordentliche Kündigung wird durch Beschluss der Gesellschafterversammlung mit einfacher Mehrheit (sofern keine andere Mehrheit vereinbart!) ausgesprochen. Der betroffene Geschäftsführer behält dabei sein Stimmrecht, solange es sich nicht um eine fristlose Kündigung aus wichtigem Grund handelt. Die Kündigungsfrist richtet sich nach den Bestimmungen des Anstellungsvertrages.

Sind hier keine Fristen genannt gelten die gesetzlichen Kündigungsfristen, das sind vier Wochen zum 15. eines Monats oder zum Monatsende (§ 622 Abs. 1 BGB). Bei einer Beschäftigungsdauer von zwei Jahren beträgt die Frist einen Monat zum Monatsende, bei einer Beschäftigungsdauer von fünf Jahren beträgt sie zwei Monate zum Monatsende. In der Staffelung von 8, 10, 12, 15 und 20 Jahre erhöht sich die Kündigungsfrist um jeweils einen Monat (§ 622 Abs. 2 BGB).

Beispiel
Bei 15jähriger Beschäftigung beträgt die Kündigungsfrist 6 Monate zum Monatsende.

7.3.2 Außerordentliche Kündigung

Die außerordentliche Kündigung ist immer fristlos. Sie ist nur wirksam, wenn ein wichtiger Grund vorhanden ist. Dieser kann sich aus den Voraussetzungen im

7.3 Kündigung des Anstellungsvertrages

Anstellungsvertrag ergeben oder aus faktischen Verhältnissen (grob fahrlässige Pflichtverstöße). Die Kündigung wird von der Gesellschafterversammlung beschlossen. Der betroffene Geschäftsführer hat kein Stimmrecht.

Wichtige Gründe können nicht Gründe sein, die den Gesellschaftern bei der Bestellung des Geschäftsführers schon bekannt waren. Die Kenntnis eines Mit-Gesellschafters über einen kündigungsrelevanten Sachverhalt reicht dazu allerdings nicht aus. Die Abberufung des Geschäftsführers alleine ist kein wichtiger Grund, der eine außerordentliche Kündigung rechtfertigt.

▶ **Für die Praxis** Erfüllt der Geschäftsführer bereits die Voraussetzungen, die laut Anstellungsvertrag einen wichtigen Grund zur Kündigung darstellen (wettbewerbliche Tätigkeit im Rahmen eines bestimmten Projektes, Nebentätigkeiten), dann sollte er alle Gesellschafter frühzeitig von diesem Sachverhalt unterrichten (nachweislich mit Protokollnotiz). Schließen die Gesellschafter den Anstellungsvertrag dann dennoch ab, können Sie sich auf diesen Grund zum Ausspruch einer fristlosen Kündigung nicht mehr berufen.

Wichtige Gründe für eine Kündigung des Geschäftsführer-Anstellungsvertrages aus Sicht der Gesellschafter:

- Verdacht auf betrügerisches Verhalten im Geschäftsverkehr
- Ausnutzung geschäftlicher Möglichkeiten für private Interessen
- Wirtschaftliche Krise der Unternehmens
- Betriebsstilllegung
- Annahme von Schmiergeldern
- Handeln ohne vorgeschriebene Zustimmung der Gesellschafter
- Unberechtigte Amtsniederlegung

Wichtige Gründe für eine Kündigung des Geschäftsführer-Anstellungsvertrages aus Sicht des Geschäftsführers:

- unberechtigte Vorwürfe durch Mit-Geschäftsführer, die eine Amtsausübung unzumutbar machen
- Gesetzeswidrige Weisungen der Gesellschafter
- Widerruf der Bestellung
- Einschränkung wesentlicher Kompetenzen

Die Kündigung aus wichtigem Grund muss spätestens innerhalb von zwei Wochen nach Kenntnis des Kündigungsgrundes ausgesprochen werden (§ 626 Abs. 2 BGB). Jede neue Tatsache, die eine außerordentliche Kündigung rechtfertigt, setzt die Zwei-Wochen-Frist wieder in Gang. Die Frist beginnt mit Kenntnis der Gesellschafterversammlung von den Kündigungsgründen. Der einzelne Gesellschafter hat sein Wissen über mögliche Kündigungsgründe den übrigen Gesellschaftern unverzüglich mitzuteilen.

7.3.3 Die Abberufung als wichtiger Grund zur Kündigung

Vorsicht bei folgender Vereinbarung im Geschäftsführer-Anstellungsvertrag: *„Der Anstellungsvertrag ist jederzeit aus wichtigem Grund fristlos kündbar. Ein wichtiger Grund liegt vor, wenn... der Geschäftsführer aus der GmbH ausscheidet"*. Dazu ist zu beachten:

- Diese Klausel wird normalerweise für den Gesellschafter-Geschäftsführer verwendet. Damit ist gemeint: Scheidet der Geschäftsführer als Gesellschafter der GmbH aus (also: Veräußerung des GmbH-Anteils), so ist dies ein Grund für eine fristlose Abberufung als Geschäftsführer. Das kann und darf so vereinbart werden.
- Wird diese Klausel für den Fremd-Geschäftsführer verwendet, ist sie wirkungslos. Denn: Der Fremd-Geschäftsführer verfügt ohnehin über keine Beteiligung. Wird er als Geschäftsführer aus seinem Amt abberufen, so liegt darin kein „Ausscheiden aus der GmbH". Fazit: Es liegt damit auch kein Grund für eine fristlose Kündigung vor. Es muss also eine ordentliche Kündigung ausgesprochen werden – mit entsprechenden Fristen bzw. Abfindungsangeboten.

Der Gesellschafter-Geschäftsführer muss sich bei Vereinbarung dieser Klausel darüber im Klaren sein, dass er bei Abgabe (Verkauf, Schenkung, Vererbung) seines Anteils fristlos gekündigt werden kann.

7.3.4 Pflicht zur Übernahme sachbearbeitender Tätigkeiten nach Übernahme der GmbH in einen Konzernverbund

Mit der Zahl der Unternehmensübernahmen steigen die Rechtsstreitigkeiten zwischen dem amtierenden Geschäftsführer und den neuen Gesellschaftern. Da meist ein neues Management angestrebt wird, einigt man sich mit dem bisherigen Geschäftsführer in aller Regel über einen Aufhebungsvertrag, mit einer entsprechenden Abfindungsregelung und ggf. einem nachvertraglichen Wettbewerbsverbot. Laut Rechtsprechung[16] dürfen im **neu entstandenen Konzern dem nicht mehr ausgelasteten Geschäftsführer neben einer reduzierten Geschäftsführer-Tätigkeit zusätzlich auch sachbearbeitende Tätigkeiten zugewiesen werden, womit ein Aufhebungsvertrag bzw. eine Kündigung überflüssig wird.**

---

[16] OLG Nürnberg, Urteil vom 09.06.1999, 12 U 4408/98.

7.3 Kündigung des Anstellungsvertrages

Eine hartnäckige Weigerung, solche Tätigkeiten auszuführen, rechtfertigt nach diesem Urteil eine außerordentliche Kündigung des bestehenden Geschäftsführer-Anstellungsvertrages. Unbedingt zu beachten ist: Sind Sie betroffener Geschäftsführer, sollten Sie von Ihrem Anwalt prüfen lassen, bis zu welchem Grad Sie sachbearbeitende Tätigkeiten übernehmen müssen – auf jeden Fall müssen Ihnen typische GF-Tätigkeiten verbleiben. Wir empfehlen, sachbearbeitende Tätigkeiten zu übernehmen und zur Zufriedenheit zu erledigen.

Kaufen Sie selbst eine GmbH mit amtierendem Geschäftsführer, so ist zu prüfen, ob Sie statt einer teuren Lösung per Aufhebungsvertrag den Geschäftsführer im (Teil-) Amt lassen und ihn zusätzlich sachbearbeitend tätig werden zu lassen.

Für den GmbH-Geschäftsführer gilt nicht das Kündigungsschutzgesetz, entsprechend hat er bei einer Kündigung keinen Anspruch auf Zahlung einer Abfindung. Abfindungen müssen gesondert vereinbart werden. In der Praxis sind zwei Fälle zu unterscheiden:

- Der Fremd-Geschäftsführer: Hier dürfte es nicht ganz einfach sein, eine Abfindungsvereinbarung durchzusetzen. Für die GmbH besteht eigentlich kein Anlass, für den Fall des Ausscheidens eine „Prämie" zu zahlen, da mit der ordentlichen bzw. außerordentlichen Kündigung der Anstellungsvertrag endet und mit ihm auch alle Ansprüche auf zusätzliche Leistungen, mit Ausnahme eines nachvertraglichen Wettbewerbsverbotes enden.
- Für den Gesellschafter-Geschäftsführer: Auf Grund der oben dargestellten Rechtslage dürfte auch eine Abfindungsvereinbarung für den Gesellschafter-Geschäftsführer eher unüblich sein. Entsprechende Zahlungsvereinbarungen sind danach als verdeckte Gewinnausschüttungen zu beurteilen und demnach keine echten Abfindungszahlungen (da ja der eigene Gewinnanspruch geschmälert wird).

In der Praxis üblich sind Abfindungsvereinbarungen, wenn der ehemalige, langjährige Angestellte zum Geschäftsführer berufen wird und bei der Aufhebung des ursprünglichen Anstellungsvertrages auf bereits erworbene Arbeitnehmerrechte verzichtet. Im Gegenzug wird diesem dann zur persönlichen Absicherung eine Abfindung angeboten. Diese beträgt in der Regel 1/12 des Jahresgehaltes für jedes Tätigkeitsjahr.

Für den Fall der Abberufung aus wichtigem Grund darf keine Abfindungszahlung vereinbart werden

Eine solche Vereinbarung ist nicht wirksam[17]. Sie können sich also nicht darauf verlassen, dass Sie bei einer Abberufung aus wichtigem Grund eine gewisse finanzielle Sicherheit haben – die GmbH braucht nicht zu zahlen. Sinnvoller ist es hier, gerichtlich prüfen zu lassen, ob tatsächlich ein wichtiger Grund für eine Abberufung vorgelegen hat und sich dann außergerichtlich auf eine Abfindungszahlung zu einigen.

---

[17]BGH, Urteil vom 03.07.2000, II ZR 282/98.

In vielen Geschäftsführer-Anstellungsverträgen ist zum ordnungsgemäßen bzw. altersbedingten Ausscheiden eine einmalige Abfindungszahlung vereinbart. Diese Zahlungen unterliegen der vollen Besteuerung. Bei richtiger Gestaltung kann dennoch u. U. der Freibetrag in Anspruch genommen werden:

- Bei altersbedingtem Ausscheiden: Hier greift eine „arbeitgeberveranlasste" Kündigung nur, wenn diese mindestens **1 bis 2 Jahre vor Auslaufen des Dienstvertrages** ausgesprochen wird.
- Der Freibetrag kann auch beansprucht werden, wenn der Arbeitgeber kündigt und der Geschäftsführer eine besser dotierte Stelle – etwa bei einer **Schwestergesellschaft** – antritt.

7.3.5 Beispiele für unberechtigte Kündigungen

PC/IT-Nutzung Immer öfter werden wichtige Know-how-Träger als Geschäftsführer in Tochter- oder sog. Projektgesellschaften eingestellt. Hintergrund: Die zentrale Unternehmensleitung möchte wichtige Mitarbeiter aufwerten und damit an das Unternehmen binden. Kehrseite der Medaille für den meist hochqualifizierten Angestellten: Er verliert seine Rechte als Arbeitnehmer. Die Konzern-Gesellschaft kann sich leicht von dem Mitarbeiter trennen – für den Geschäftsführer der Projektgesellschaft gibt es keinen Kündigungsschutz. Für ihn ist auch nicht mehr das in der Regel arbeitnehmerfreundliche Arbeitsgericht zuständig. Gerichtliche Auseinandersetzungen zwischen der Gesellschaft und ihrem Geschäftsführer finden grundsätzlich – sofern nicht anders vereinbart – vor dem Landgericht, Abteilung Wirtschaftssachen, statt. Damit sinken die Chancen des betroffenen Geschäftsführers – in der Regel ist das ein sog. Fremd-Geschäftsführer, manchmal aber auch ein Gesellschafter-Geschäftsführer mit einer Mini-Beteiligung an der Projektgesellschaft.

In letzter Zeit häufen sich die Fälle, in denen sich Konzern-Obergesellschaften mit fadenscheinigen Gründen von Geschäftsführern getrennt haben (z. B.: manipulierte Spesenabrechnungen). Nachteil für die betroffenen Geschäftsführer: Wer sich nicht mit den richtigen rechtlichen Mitteln wehrt bzw. wer seine Rechte und die aktuelle Rechtslage nicht kennt, verliert nicht nur seinen Job, sondern auch bares Geld – etwa in Form einer guten Abfindung.

> **Beispiel**
>
> Ein hoch spezialisierter Software-Entwickler war als Geschäftsführer einer (kleinen) Projekt-Gesellschaft für die Entwicklung einer Analyse-Software in der biomedizinischen Forschung zuständig. Offensichtlich war man in der Konzern-Zentrale mit seiner Tätigkeit nicht zufrieden. Er wurde fristlos gekündigt mit folgender Begründung: „Der Geschäftsführer hat sog. Hacker-Software auf seinen betrieblichen

Laptop heruntergeladen". Rein theoretisch wäre es so möglich gewesen, dass der Geschäftsführer mit dieser Software den Zentral-Rechner des Konzerns hätte ausspionieren können[18].

▶ **Für die Praxis** Der Software-Spezialist begründete das Herunterladen der Hacker-Software damit, dass er „Markt-Know-how" erwerben wollte. Wir – und wahrscheinlich auch die Richter des OLG Celle – können dazu nicht qualifiziert Stellung nehmen. Nur so viel: Es liegt nahe, dass die Rechtsberater der Mutter-Gesellschaft hier eine Chance für eine fristlose Kündigung sahen. Mit dem Ergebnis, dass keine (teure) Abfindung gezahlt werden musste. Das bedeutet für Geschäftsführer von Projekt-Gesellschaften ganz konkret: Seien Sie sich bei der Nutzung des betrieblichen PC/ Laptop/ Notebook/ Handy/ iPod im Klaren darüber, dass der Arbeitgeber bestimmt, ob Nutzungen in seinem Sinne sind oder nicht. Prüfen Sie jede neue Nutzung darauf, ob das im Sinne des Arbeitgebers ist. Im Zweifel sollten Sie sich absichern – z. B. durch Information an die Gesellschafter bzw. durch Einholung von Rechtsrat. Im Juristendeutsch heißt das: *„Das Herunterladen von Hackersoftware auf einen dienstlichen Laptop verstößt gegen § 95a Abs. 3 UrhG und rechtfertigt eine fristlose Kündigung"*.

Nicht korrekte Spesenabrechnungen Werden dem Fremd-Geschäftsführer Manipulationen bei der Spesenabrechnung vorgeworfen, muss das konkret belegt werden. Vage Vermutungen und bloße Unterstellungen genügen nicht, um eine Kündigung auszusprechen – oder etwa, um die Verhandlungsposition um eine Abfindung zugunsten des Unternehmens zu verbessern. Das Landesarbeitsgericht Rheinland-Pfalz[19] schiebt z. B. einer sich steigender Beliebtheit erfreuenden Praxis von Unternehmen einen Riegel vor, die – z. B. weil der Geschäftsführer ausgetauscht werden soll – den Fremd-Geschäftsführer möglichst unauffällig und ohne Kosten vor die Türe setzen wollen.

Im entschiedenen Fall wurden Rechnungen für Auto-Wäschen moniert. Weil in 3 Tagen 2 mal gewaschen wurde, unterstellte der Arbeitgeber, dass eine Rechnung für die Auto-Wäsche der Ehefrau beglichen wurde. Das Gericht akzeptiert aber keine Unterstellungen – das muss konkret nachgewiesen werden.

▶ **Für die Praxis** Für Geschäftsführer erfreulich: Haben Sie nichts zu verbergen, müssen Sie sich dem Psycho-Druck nicht mehr vorschnell beugen. Seit dieser Entscheidung sehen die Gerichte und die mit solchen Fällen befassten Anwälte solche Vorwürfe kritisch.

---

[18]OLG Celle, Urteil vom 27.01.2010, 9 U 38/09.
[19]LAG Rheinland-Pfalz, Urteil vom 03.04.3009, 9 Sa 614/08.

Bagatellvergehen Stimmt das Vertrauensverhältnis zwischen der Konzern-Gesellschaft und dem Geschäftsführer der Tochter-GmbH nicht mehr, ist es oft die beste Lösung, sich zu trennen. Dabei wird allerdings oft mit unlauteren Mitteln gearbeitet. Der Geschäftsführer hatte einigen Mitarbeitern, die mit dem Privatwagen gelegentlich für die GmbH unterwegs waren, erlaubt, auf Kosten der GmbH zu tanken. Und zwar ohne genauen Kilometernachweis, so dass die Tankfüllung natürlich auch für privat gefahrene Kilometer verbraucht wurde. Die Gesellschafter nahmen u. a. das zum Anlass, den Geschäftsführer **fristlos** zu kündigen. Dazu stellte das OLG Brandenburg[20] fest: Eine fristlose Kündigung ist dann auf jeden Fall nicht zulässig, wenn die Dienstwagenpraxis der GmbH vergleichbar großzügig ist.

▶ **Für die Praxis** Als Geschäftsführer sollten Sie auf keinen Fall „kleine Großzügigkeiten" gewähren. Selbst kleinste Schwellenüberschreitungen werden leicht zur Regel und sind dann kaum noch abzustellen. Besser fahren Sie, wenn Sie das GmbH-Vermögen stets korrekt verwalten und Privat- und Geschäftsebene jederzeit sorgfältig und exakt trennen.

7.3.6 Ansprüche gegen die ausländische Muttergesellschaft

Die zunehmende Internationalisierung und Verschachtelung von Unternehmen führt dazu, dass auch die rechtliche Stellung des Geschäftsführers nicht ausschließlich deutscher Gerichtsbarkeit unterliegt.

Beispiel
Herr F. ist angestellter Geschäftsführer der X-GmbH & Co. KG, die Produkte der französischen Mutterfirma auf dem deutschen Markt vertreibt. Im Zuge von Umstrukturierungsmaßnahmen wird das Anstellungsverhältnis gekündigt. Herr F. erstreitet vor dem (deutschen) Arbeitsgericht eine Abfindung in Höhe von rund 50.000 €. Die X-GmbH & Co. KG zahlt nicht. Daraufhin stellt der betroffene, ehemalige Geschäftsführer Konkursantrag gegen die Firma X. Diese ist vor Einleitung des Rechtsstreits bereits liquidiert.

Anschließend versucht der Geschäftsführer seinen Abfindungsanspruch gegen die französische Muttergesellschaft geltend zu machen, unter Hinweis auf deren Haftung im Konzern. Vor dem Landgericht kann der Geschäftsführer seine Ansprüche noch durchsetzen. Das Oberlandesgericht nimmt die Revision der französischen Mutter wegen Nicht-Zuständigkeit eines deutschen Gerichtes nicht zur Verhandlung an. In der letzten

---

[20]OLG Brandenburg, Urteil vom 18.03.2008, 6 U 58/07.

Instanz vor dem Bundesgerichtshof[21] werden die Ansprüche des Geschäftsführers dann abgelehnt, und zwar mit folgender Begründung (Leitsatz):

- Um Ansprüche aus einem Vertrag i. S. von EuGVÜ Art. 5 Nr. 1 handelt es sich nicht, wenn das Klagebegehren auf die Haftungsgrundsätze im qualifiziert faktischen Konzern gestützt wird.
- Hat zwar das abhängige, nicht jedoch das beherrschende Unternehmen seinen Sitz im Inland, sind die deutschen Gerichte zur Entscheidung eines auf diese Haftungsgrundlage gestützten Begehrens international nicht zuständig.

▶ **Für die Praxis** Dem Geschäftsführer der (inländischen) Tochtergesellschaft eines (ausländischen) internationalen Konzerns bleibt damit nichts anderes übrig, als die Zeichen der Zeit frühzeitig zu erkennen und sich nicht in falscher Sicherheit zu wägen, wenn er einen auf dem Papier vorteilhaften Vertrag unterschrieben hat.

7.4 Wettbewerbsverbot

Der GmbH-Geschäftsführer unterliegt – auch ohne ausdrückliche Vereinbarung – einem **generellen Wettbewerbsverbot.** Dies ergibt sich aus der Verpflichtung, seine ganze Arbeitskraft der GmbH zu widmen und aus der allgemeinen Treuepflicht gegenüber der GmbH[22]. Auch der Mehrheitsgesellschafter unterliegt einem Wettbewerbsverbot, nicht jedoch der alleinige Gesellschafter-Geschäftsführer der Einpersonen-GmbH. Verstöße gegen das Wettbewerbsverbot sind grundsätzlich schadensersatzpflichtig.

Die Verletzung des Wettbewerbsverbotes berechtigt zur fristlosen Kündigung des Geschäftsführers aus wichtigem Grund. Unternimmt die Gesellschaft bei Verletzung des Wettbewerbsverbotes durch den Geschäftsführer nichts, so nehmen diese den damit verbundenen wirtschaftlichen Nachteil hin. Für den Fremd-Geschäftsführer hat dies somit keine rechtlichen und steuerlichen Folgen. Anders für den Gesellschafter-Geschäftsführer: Duldet die GmbH eine wettbewerbliche Tätigkeit des Gesellschafter-Geschäftsführers auf eigene Rechnung, so führt dies zur Annahme einer verdeckten Gewinnausschüttung mit entsprechenden Steuerfolgen.

Von wettbewerblichen Tätigkeiten zu unterscheiden sind Nebentätigkeiten. Das sind Tätigkeiten des Geschäftsführers, die dessen Arbeitszeit beanspruchen, aber außerhalb des Geschäftsgegenstandes der GmbH liegen. Solange diese die Haupt-Tätigkeit des Geschäftsführers nicht beeinträchtigen, sind solche Tätigkeiten grundsätzlich erlaubt.

---

[21]BGH, Beschluss vom 13.01.1997, II ZR 304/95.
[22]BGH, Urteil vom 09.11.1997, BGHZ 49.

Rechtlich schwerer zu beurteilen sind private Aktivitäten, die im Widerspruch zum Ansehen der GmbH stehen, etwa Aktivitäten in politischen Parteien oder Verbänden. Sinnvoll ist es, mit Abschluss des Anstellungsvertrages auf solche Aktivitäten – auch ungefragt – hinzuweisen. Aus Sicht der GmbH empfiehlt es sich, sich über Nebentätigkeiten mit gesellschaftlichen Institutionen und Organisationen informieren zu lassen und diese genehmigungspflichtig zu machen. Zum Schutze des Geschäftsführers sollte dann zusätzlich vereinbart werden, dass die Genehmigung nur aus wichtigem Grund versagt werden kann.

7.4.1 Nachvertragliches Wettbewerbsverbot

Mit Beendigung der Tätigkeit des Geschäftsführers endet grundsätzlich auch das Wettbewerbsverbot. Die GmbH kann jedoch – bereits bei Abschluss des Geschäftsführer-Anstellungsvertrages – vereinbaren, dass der Geschäftsführer einem nachvertraglichen Wettbewerbsverbot unterliegen soll.

Da der GmbH-Geschäftsführer kein Handlungsgehilfe im Sinne des § 56 ff. HGB ist, gelten für ihn nicht die Bestimmungen über das nachvertragliche Wettbewerbsverbot aus § 74 ff. HGB, insbesondere § 74 Abs. 2 HGB wonach ein Wettbewerbsverbot nur wirksam vereinbart werden kann, wenn dafür eine Ausgleichszahlung (Karenzentschädigung) gewährt wird. Für den GmbH-Geschäftsführer ist das nachvertragliche Wettbewerbsverbot auch dann verbindlich und wirksam, wenn die GmbH dafür nicht zahlt[23].

Unwirksam ist ein nachvertragliches Wettbewerbsverbot allerdings dann, wenn es sittenwidrig ist. Das ist der Fall, wenn der Geschäftsführer durch das Wettbewerbsverbot dermaßen in der Ausübung einer beruflichen Betätigung gehindert ist, dass dies einem **Berufsverbot** nahe kommt. Hinweise dazu sind:

- das Wettbewerbsverbot ist regional unbegrenzt wirksam,
- das Wettbewerbsverbot bezieht sich auf eine ganze Branche,
- das Wettbewerbsverbot bezieht sich auf Betätigungen, die nicht Betätigung oder nicht Haupt-Betätigung der GmbH sind,
- die zeitliche Dauer des Wettbewerbsverbotes ist nicht hinzunehmen (mehr als 2 Jahre).

> **Beispiel**
>
> Das nachvertragliche Verbot jeglicher Konkurrenztätigkeit in einem Anstellungsvertrag mit einem Geschäftsführer verstößt auch bei einer zeitlichen Befristung gegen Art. 12 GG, § 138 Abs. 1 BGB, weil an einer so weitgehenden Bindung kein

---

[23]BGH, Urteil vom 26.03.1984, II ZR 229/83.

schutzwürdiges Interesse der GmbH besteht[24]. Die GmbH hatte versucht, Ihre Rechtsposition darauf zu stützen, dass für das nachvertragliche Wettbewerbsverbot eine zeitliche Begrenzung von lediglich 2 Jahren vorgesehen war. Das Gericht geht aber zu Recht davon aus, dass es darauf nicht ankommt. Entscheidend ist die Reichweite des Wettbewerbsverbots insgesamt. Bleibt dem Geschäftsführer keine Möglichkeit, im Rahmen der von ihm ausgeübten beruflichen Qualifikation (sachlich, räumlich, zeitlich) tätig zu werden, handelt es sich um eine unzulässige Beschränkung seiner Berufs- und Betätigungsfreiheit. Ein solches Wettbewerbsverbot ist unwirksam.

Da die GmbH nach Ausscheiden des Geschäftsführers in aller Regel ein eigenes wirtschaftliches Interesse daran hat, dass dieser für eine gewisse Zeit nicht wettbewerblich tätig wird, ist in der Praxis der Anspruch auf Karenzzahlungen üblich und leicht durchzusetzen. Diese können zwischen der GmbH und dem Geschäftsführer in der Höhe frei vereinbart werden, in der Praxis orientiert man sich an den Bestimmungen des § 74 HGB. Danach wird als Vergütung die Hälfte der zuletzt vertragsmäßig bezogenen Leistungen vereinbart – in der Regel ist dies das zuletzt bezogene Brutto-Jahresgehalt (Festgehalt + Urlaubs- und Weihnachtsgeld, nicht aber: Sonderzuwendungen, Tantieme, Sachzuwendungen).

▶ **Für die Praxis** Lassen Sie die Ihnen angebotene Vereinbarung über ein nachvertragliches Wettbewerbsverbot unbedingt von einem sachverständigen Berater (Rechtsanwalt) prüfen. Hier steckt der Teufel im Detail. Zum Beispiel: „Die Vergütung für jedes Jahr des Wettbewerbsverbotes beträgt jeweils die Hälfte der im Vorjahr bezogenen Leistungen" Konkret: „Im zweiten Jahr des Wettbewerbsverbotes haben Sie nur noch Anspruch auf die Hälfte der Hälfte der Zahlungen".

7.4.2 Verzicht auf das nachvertragliche Wettbewerbsverbot

Um das persönliche Risiko des angestellten Geschäftsführers ohne eigene Beteiligung an der GmbH einigermaßen zu begrenzen, ist es üblich, ein nachvertragliches Wettbewerbsverbot gegen eine angemessene Karenzentschädigung zu vereinbaren. Zu beachten ist: Eine GmbH, die mit ihrem Geschäftsführer ein nachvertragliches Wettbewerbsverbot vereinbart hat, kann auch noch nach Beendigung des Dienstverhältnisses auf das Wettbewerbsverbot verzichten, wobei auch die Verpflichtung der Gesellschaft zur Zahlung einer Karenzentschädigung entfällt[25]. Einem derartigen nachträglichen Verzicht steht

---

[24]OLG Düsseldorf, Urteil vom 03.12.1998, 6 U 151/98.
[25]OLG Düsseldorf, Urteil vom 22.08.1996, 6 U 150/95.

§ 75a HGB nicht entgegen, da diese Vorschrift auf das Verhältnis einer GmbH zu ihrem Geschäftsführer ohne besondere vertragliche Vereinbarung nicht analog anwendbar ist.

Es kommt also auf die exakte Formulierung der Wettbewerbsvereinbarung an, wenn der Geschäftsführer sicherstellen will, dass er für die vereinbarte Zeit nach seinem Ausscheiden tatsächlich Karenzzahlungen erhält. Notwendig ist ein expliziter Hinweis darauf, dass die Vorschriften des § 75 ff. HGB analog für den Geschäftsführer gelten sollen. Hier eine entsprechende (ausführliche) Beschlussformulierung:

> „... Der Geschäftsführer verpflichtet sich, für die Dauer von zwei Jahren nach Beendigung des Anstellungsvertrages nicht in Wettbewerb zur Gesellschaft zu treten, sei es durch entgeltliche oder unentgeltliche Tätigkeit oder durch Errichtung oder Erwerb eines derartigen Unternehmens oder durch mittelbare und unmittelbare Beteiligung an einem derartigen Unternehmen, es sei denn im Rahmen des an der Börse notierten Aktienhandels der privaten Vermögensvorsorge. Das Wettbewerbsverbot erstreckt sich auf das Gebiet der Bundesrepublik Deutschland. Für die Dauer des nachvertraglichen Wettbewerbsverbotes verpflichtet sich die Gesellschaft, dem Geschäftsführer eine Entschädigung in Höhe von 50 % der zuletzt durchschnittlich bezogenen monatlichen Vergütung zu zahlen, wobei die Entschädigung zum Ende eines Kalendermonates fällig wird. Auf diese Entschädigung sind Einkünfte anzurechnen, welche der Geschäftsführer während der Dauer des nachvertraglichen Wettbewerbsverbotes aus jeder Erwerbstätigkeit erzielt oder zu erzielen unterlässt. Der Geschäftsführer ist verpflichtet, auf Verlangen der Gesellschaft entsprechende Auskunft über die Höhe seiner Einkünfte zu erteilen. Es gelten die Bestimmungen der §§ 74 ff. HGB. In jedem Fall der Zuwiderhandlung gegen das Wettbewerbsverbot hat der Geschäftsführer eine Vertragsstrafe in Höhe von 1/12 des Jahres-Grundgehaltes zu zahlen. Zugleich entfällt für den entsprechenden Monat des Verstoßes die Verpflichtung zur Zahlung der Entschädigung durch die Gesellschaft. Bei Dauerverstößen ist die Vertragsstrafe für jeden angefangenen Monat neu verwirkt. Etwaige weitergehende Schadensersatzansprüche der Gesellschaft bleiben unberührt, wie auch der Anspruch auf Unterlassung".

Umgekehrt bedeutet dies aus Sicht der GmbH: Will sich die Gesellschaft die Möglichkeit offen halten, jederzeit von einem vereinbarten Wettbewerbsverbot zurückzutreten, muss anstelle der Vereinbarungen zu § 75a wie folgt formuliert werden:

▶ **Musterformulierung** „Die Gesellschaft kann jederzeit mit Wirkung zum Ende eines Kalendermonats auf die Einhaltung des nachvertraglichen Wettbewerbsverbotes durch schriftliche Erklärung gegenüber dem Geschäftsführer verzichten".

Aber auch ohne ausdrücklichen Hinweis auf die Möglichkeit des Rücktrittes ist davon auszugehen, dass die GmbH jederzeit von der Einhaltung des Wettbewerbsverbotes und damit der Zahlung einer Karenzentschädigung zurücktreten kann. Für die GmbH also u. U. ein lohnenswertes Modell. Laut Rechtsprechung muss der Arbeitgeber GmbH dem Geschäftsführer dann aber eine Dispositionsfrist einräumen. Damit besitzt der Geschäftsführer einen gewissen Mindestschutz und zwar für den Fall, dass die GmbH **erst mit der Kündigung** des Anstellungsvertrages auf die Einhaltung des nachvertraglichen

Wettbewerbsverbotes verzichtet. Dazu heißt es in einem Urteil des Oberlandesgerichts (OLG) München: *„Die GmbH muss dem ausscheidenden Geschäftsführer eine gewisse Dispositionsfrist einräumen"*[26].

▶ **Für die Praxis** Im konkreten Fall verlangte das OLG München eine Dispositionsfrist von **einem** Jahr. Verzichtet die GmbH zum Zeitpunkt der Kündigung auf Einhaltung des nachvertraglichen Wettbewerbsverbotes, muss sie ab diesem Zeitpunkt noch für ein Jahr zahlen. Hat der Geschäftsführer eine Kündigungsfrist von z. B. 6 Monaten zum Ende des Geschäftsjahres, muss die GmbH dann lediglich noch für 6 Monate nach dem Ausscheiden des Geschäftsführers zahlen. Prüfen Sie dennoch Ihre Vertragsklausel im Detail. Steht hier z. B., dass die GmbH **jederzeit** auf die Einhaltung des nachvertraglichen Wettbewerbsverbotes verzichten kann, müssen Sie das wörtlich nehmen: Dann muss die GmbH gar nicht zahlen, als Geschäftsführer haben Sie bei dieser Formulierung überhaupt keinen Anspruch auf Zahlungen.

7.4.3 Lücken im nachvertraglichen Wettbewerbsverbot

GmbH-Geschäftsführer, die in einer Tochtergesellschaft eines Konzerns tätig sind, haben beim Vertragsabschluss keinen leichten Stand. In der Regel gibt der Arbeitgeber den Anstellungsvertrag vor – allenfalls über die Gehaltshöhe und die ein oder andere Zusatzleistung lässt sich noch verhandeln.

Nicht verhandeln kann man in den meisten Fällen über das **nachvertragliche Wettbewerbsverbot** – also über die Konditionen, die der Geschäftsführer nach seinem Ausscheiden aus der Tochter-GmbH beachten muss. Dabei gilt: Eine wettbewerbliche Tätigkeit kann so weit untersagt werden, solange dies nicht zu einem „Berufsverbot" führt. Ob das überschritten ist, muss meistens im gerichtlichen Verfahren geklärt werden. Aber der Geschäftsführer muss nicht mehr „Alles" hinnehmen:

1. Das Wettbewerbsverbot im Konzern ist unzulässig[27], wenn sie sich auch auf Kunden von anderen im Konzern verbundenen Unternehmen bezieht, zu denen der Geschäftsführer **keinen Kontakt** hatte.
2. Werden **Vertragsstrafen** für Verstöße vereinbart, sind diese unzulässig, wenn sie der Höhe nach unbegrenzt oder so hoch sind, dass sie zu einer unverhältnismäßigen Benachteiligung des Geschäftsführers führen.
3. Sind im nachvertraglichen Wettbewerbsverbot unzulässige Strafen vereinbart, führt das dazu, **dass die gesamte Wettbewerbsvereinbarung unwirksam ist.**

---

[26]OLG München, Urteil vom 28.07.2010, 7 U 2417/10.
[27]OLG Nürnberg, Urteil vom 25.11.2009, 12 U 681/09.

Der Geschäftsführer braucht sich dann in keiner Form mehr daran zu halten. Allerdings entfällt auch sein Anspruch auf die sog. Karenzentschädigung – sofern eine solche Zahlung vertraglich vorgesehen ist.

Die Rechtsabteilungen der Konzerne werden die Grundsätze dieses rechtskräftigen Urteils in die bisher verwendeten Vertragsmuster einarbeiten und für alle neuen Vertragsabschlüsse entsprechend ändern. Für Alt-Fälle gilt: Eine Vertragsänderung ist nur mit Ihrer Zustimmung möglich. U.U. ist für Sie die alte (fehlerhafte) Version günstiger, z. B. wenn Sie sich im Falle des Ausscheidens auf die „Unzulässigkeit" der Klausel berufen wollen, damit Sie schneller für die Konkurrenz tätig werden können. Will Ihr Arbeitgeber unbedingt nachverhandeln, sollten Sie bei der vereinbarten Karenzzahlung eine kleine Nachbesserung durchsetzen.

▶ **Für die Praxis** Prüfen Sie unabhängig davon, ob Ihre nachvertragliche Wettbewerbsklausel einen Anspruch auf Zahlung einer Karenzentschädigung enthält. Als Geschäftsführer sind Sie nämlich auch dann an das nachvertragliche Verbot gebunden, wenn Sie keine Entschädigung dafür bekommen. Daran müssen Sie sich halten. Für die Zukunft gilt: Eine nachvertragliches Wettbewerbsverbot ohne Anspruch auf Karenzzahlung sollten Sie auf keinen Fall unterschreiben.

7.5 Amtsniederlegung

Der GmbH-Geschäftsführer wird von der Gesellschafterversammlung berufen bzw. abberufen. Anderseits hat der Geschäftsführer die Möglichkeit, sein Amt niederzulegen. Diese Möglichkeit ist zwar im GmbH-Gesetz nicht ausdrücklich vorgesehen, sie ergibt sich jedoch aus den Rechtsfolgen des § 38 GmbH-Gesetz und der entsprechenden Auslegung durch Gerichtsentscheide. Unabhängig von der Niederlegung des Amtes ist das Beschäftigungsverhältnis des GmbH-Geschäftsführers zu sehen, also die Kündigung des Anstellungsvertrages durch den Geschäftsführer.

Die Amtsniederlegung durch den Geschäftsführer ist als einseitige und sofortige Maßnahme bei Vorliegen eines wichtigen Grundes **jederzeit** zulässig und wirksam. Im Allgemeinen führt dies zu einer Beendigung des Anstellungsvertrages. Ein wichtiger Grund liegt vor, wenn dem Geschäftsführer die Fortsetzung des Geschäftsführer-Amtes nicht zugemutet werden kann (Krankheit, Verlust der Alleinvertretungsbefugnis, ständige Querelen mit den Gesellschaftern; **nicht jedoch: die wirtschaftliche Krise der GmbH**).

Ist strittig, ob ein wichtiger Grund vorliegt, ist die Amtsniederlegung trotzdem wirksam. Allerdings können hier aus eventuellen Pflichtverletzungen aus dem Anstellungsvertrag Schadensersatzansprüche entstehen.

Eine Amtsniederlegung ohne wichtigen Grund ist nur zulässig unter Beachtung der Kündigungsfristen aus dem Anstellungsvertrag. Ist der Anstellungsvertrag des

Geschäftsführers auf Lebzeiten, auf das Bestehen der GmbH oder auf länger als fünf Jahre abgeschlossen, so kann der Geschäftsführer den Vertrag gemäß § 624 BGB nach Ablauf von fünf Jahren ordentlich kündigen. Die Kündigungsfrist beträgt dann sechs Monate.

Nicht anwendbar ist § 624 BGB, wenn die Geschäftsführung als gesellschaftliche Pflicht im Sinne des § 3 Abs. 2 GmbHG aufgrund besonderer Vereinbarung im Gesellschaftsvertrag aufgenommen wurde. In diesem Falle ist eine Kündigung (und damit Amtsniederlegung) nur aus wichtigem Grund möglich.

Die Amtsniederlegung ist schriftlich gegenüber allen Gesellschaftern zu erklären und dem Handelsregister mitzuteilen.

Musterschreiben: Amtsniederlegung

- per Einschreiben -
Ort, Datum
An alle Gesellschafter
Handelsregister

Amtsniederlegung als Geschäftsführer der X - GmbH aus wichtigem Grund

Sehr geehrte Damen und Herren,
mit heutigem Datum und sofortiger Wirkung lege ich, <Name> wohnhaft in <Ort>, hiermit das Amt des Geschäftsführers der X - GmbH nieder.
Unter den gegebenen Umständen und nach mehrfachen, erfolglosen Versuchen die unterschiedlichen Vorstellungen über die Führung der Geschäfte der X - GmbH anzunähern, sehe ich mich nicht mehr in der Lage, das Amt des Geschäftsführers zum Wohle der Gesellschaft auszuüben.
Aus diesem Grunde halte ich es für angemessen und dringend notwendig, das Amt des Geschäftsführers mit sofortiger Wirkung niederzulegen.
Mit freundlichen Grüßen

Name
Ort, Datum

7.6 Das Zeugnis des GmbH-Geschäftsführers

Auch als Geschäftsführer müssen Sie bei einem Wechsel des Arbeitgebers nachweisen können, welche Erfolge Sie in Ihrer beruflichen Laufbahn erreicht haben. Achtung: Es kommt nicht nur darauf an, was im Zeugnis steht. Mindestens ebenso wichtig ist es, den Zeugnis-Code zu beherrschen

Als GmbH-Geschäftsführer schließen Sie mit der GmbH einen Geschäftsführer-Anstellungsvertrag. Dieser ist ein **Dienstvertrag.** Für Dienstverträge gilt gemäß § 630 BGB (Pflicht zur Zeugniserteilung):

Bei der Beendigung eines dauernden Dienstverhältnisses kann der Verpflichtete von dem anderen Teile ein schriftliches Zeugnis über das Dienstverhältnis und dessen Dauer fordern. Das Zeugnis ist auf Verlangen auf die **Leistungen** und die **Führung** im Dienste zu erstrecken.

In der Praxis sind folgende Besonderheiten zu beachten:

- Als **Fremd-Geschäftsführer ohne eigene Beteiligung** an der GmbH werden Sie grundsätzlich auf der Grundlage eines Dienstvertrages für die GmbH tätig. Sie haben einen zweifelsfreien rechtlichen Anspruch auf Erteilung eines Zeugnisses gemäß § 630 BGB.
- Als **Minderheits-Gesellschafter** (bis 50 %-Beteiligung) besteht zwischen Ihnen und der GmbH eine dienstvertragliche Beziehung mit Weisungsabhängigkeit. Auch in diesem Fall haben Sie Anspruch auf Ausstellung eines Zeugnisses.
- Als **beherrschender Gesellschafter-Geschäftsführer** können Sie sich nicht ohne weiteres auf § 630 BGB beziehen. Allerdings: In der Praxis spielt der Anspruch auf ein Zeugnis bei der Abberufung bzw. beim Ausscheiden des Gesellschafter-Geschäftsführers nur selten eine Rolle. Da Sie Arbeitgeber- und Arbeitnehmerfunktion innehaben, müssten Sie Ihr **Zeugnis selbst formulieren und unterzeichnen.** Das widerspricht dem Zweck eines Zeugnisses.

Sind Sie beherrschender Gesellschafter-Geschäftsführer und wollen Ihre derzeitige berufliche Tätigkeit für eine zukünftige, neue Tätigkeit als Geschäftsführer in einem anderen Unternehmen nachweisen und dokumentieren, genügt es, wenn Sie Ihre Tätigkeit als Unternehmer im Lebenslauf darstellen und gegebenenfalls eine Kopie der Eintragung bzw. des letzten aussagekräftigen Jahresabschlusses (Vorsicht: nur gemäß Registerpublizität) vorlegen. Im Übrigen sollten Sie Ihren Werdegang, Kompetenz und Erfahrung im persönlichen Bewerbungsgespräch vortragen.

Sind Sie als Geschäftsführer nicht gleichzeitig beherrschender Gesellschafter haben Sie einen Zeugnisanspruch. Zuständig für die Ausstellung des Zeugnisses sind die **Gesellschafter.** Diese können die Aufgabe zur Erstellung auf ein anderes Organ (Beirat), auf einen Gesellschafter oder auch auf einen anderen Geschäftsführer übertragen.

7.6.1 Qualifiziertes statt einfaches Zeugnis

Sie können zwischen der Ausstellung eines einfachen Zeugnisses und einem qualifizierten Zeugnis mit einer Leistungs- und Verhaltensbeurteilung wählen. Für Leitungs- und Führungskräfte üblich – und das sind Sie als Geschäftsführer grundsätzlich – ist das qualifizierte Zeugnis. Besonderheit: Das qualifizierte Zeugnis wird nur auf Ihren ausdrücklichen Verlagen hin ausgestellt.

Richten Sie an die GmbH ein Schreiben, in dem Sie den Beendigungszeitpunkt und Ihr Ausscheiden aus der GmbH bestätigen (**Bestätigungsschreiben zur Beendigung** des Anstellungsverhältnisses). Danken Sie den Gesellschaftern und Mitarbeitern Ihrer Ex-GmbH für die Zusammenarbeit, wünschen eine erfolgreiche Zukunft und verlangen/ erbitten in diesem Zusammenhang die Ausstellung eines qualifizierten Zeugnisses nach § 630 Satz 2 BGB.

7.6.2 Zeugnisanspruch

Rein rechtlich gesehen verjährt der Zeugnisanspruch **30 Jahre** nach Beendigung des Dienstverhältnisses (§ 195 BGB). De facto ist der Zeugnisanspruch aber nur so lange aufrecht zu erhalten, solange der potentielle Aussteller tatsächlich in der Lage ist, eine solche Beurteilung abzugeben. Ist z. B. Ihr Mit-Geschäftsführer nicht mehr in der GmbH tätig oder haben die Gesellschafter unterdessen ihre Geschäftsanteile vererbt, können Sie diesen Anspruch nicht mehr geltend machen.

7.6.3 Falsches oder fehlerhaftes Zeugnis

Weigert sich Ihr Arbeitgeber, den Zeugnisanspruch zu erfüllen, dann können Sie diesen mit Erfüllungsklage vor dem **Amts- bzw. Landgericht** durchsetzen. Sofern das **Arbeitsgericht** im Anstellungsvertrag als zuständiges Gericht bestimmt wurde, kann der **abhängig beschäftigte Fremd-Geschäftsführer** den Zeugnisanspruch vor dem Arbeitsgericht einklagen.

Den Nachweis dafür, dass ein ordnungsgemäßes und inhaltlich richtiges Zeugnis ausgestellt wurde, trägt der Arbeitgeber[28]. Die unterlassene, die unrichtige oder die unvollständige Zeugniserteilung kann zu einer Schadensersatzpflicht des ehemaligen Arbeitgebers führen. Der Arbeitgeber haftet dann für einen daraus entstandenen Minderverdienst, wenn Sie z. B. bei Bewerbungen kein ordnungsgemäßes Zeugnis vorlegen können. Einige Gerichte verlangen allerdings, dass Sie belegen können, dass der neue Arbeitgeber Sie wegen des fehlenden Zeugnisses nicht eingestellt hat – auch die Rechtsprechung des Bundesarbeitsgerichtes hierzu ist nicht eindeutig.

Für die Praxis ist deswegen zu empfehlen: Gehen Sie davon aus, dass Ihnen ein Schaden entstanden ist, wenn Sie bei einer Neubewerbung das Ihnen zustehende Zeugnis nicht rechtzeitig vorlegen können und infolgedessen erst zu einem späteren Zeitpunkt als beabsichtigt oder mit einem anderen Arbeitgeber als zunächst geplant und möglich ein Anstellungsverhältnis entsteht. Machen Sie diesen Schaden gerichtlich geltend. Die Höhe des Schadens wird dann vom Gericht geschätzt[29].

---

[28]LAG Hamm, Urteil vom 16.03.1999, 12 Sa 1149/88.
[29]§ 287 ZPO.

Enthält Ihr Zeugnis inhaltlich falsche Aussagen, besteht eine Berichtigungspflicht. Auch diese können Sie gerichtlich durchsetzen. Diese bezieht sich jedoch nur auf die Punkte, die die Verlässlichkeit des Zeugnisses im Kern berühren. Einzelne angreifbare Formulierungen müssen Sie also hinnehmen.

Umgekehrt gilt: Hat der Arbeitgeber Ihnen ein zu gutes Zeugnis ausgestellt und verlässt sich der neue Arbeitgeber auf diese Bewertung, dann macht sich der Aussteller u. U. gegenüber dem neuen Arbeitgeber schadensersatzpflichtig. Wird dem Aussteller diese Rechtslage erst nachträglich bewusst, muss er das Zeugnis nachträglich abändern.

Das ist auch wichtig für Sie, wenn Sie als GmbH-Geschäftsführer selbst Mitarbeitern ein Zeugnis ausstellen müssen. Stellen Sie Zeugnisse für leitende Mitarbeiter nie als Freundschaftsdienst aus. Sie machen sich schadensersatzpflichtig, wenn der ausscheidende Mitarbeiter bei seinem neuen Arbeitgeber nicht hält, was Sie versprochen haben. Beispiel: Sie bestätigen einer Kassiererin, die Geld veruntreut hat, dass sie die Kasse stets ordnungsgemäß geführt hat.

7.6.4 Anspruch auf ein Zwischenzeugnis

Laufen die Geschäfte gut, ist die Stellung nicht gefährdet. Bei schlechtem Geschäftsverlauf stehen Sie in der Kritik, meist kommt es zu irrationalen Konfliktsituationen, die nur mit einer Beendigung des Anstellungsverhältnisses gelöst werden können.

Für Sie als ausscheidenden Geschäftsführer birgt das die Gefahr, dass nicht mehr Ihre gesamte Leistung gewürdigt wird, sondern Ihnen ausschließlich die wirtschaftlich schwierigen Jahre zur Last gelegt werden, so dass eine realistische Einschätzung Ihrer Tätigkeit während des gesamten Beschäftigungsverhältnisses kaum noch möglich ist.

Nutzen Sie die erfolgreichen Jahre auch für eine persönliche „Wertzuweisung". Machen Sie den Gesellschaftern deutlich, dass es für Sie persönlich wichtig ist, neben der jährlichen Entlastung auch eine Wertschätzung in Form eines Zwischenzeugnisses er halten. Das kann – zur Vereinfachung – auch eine Fortschreibung des bereits ausgestellten Zwischenzeugnisses mit aktualisierten Daten sein. Machen Sie den Gesellschaftern glaubhaft deutlich, dass Sie keine Abwanderungspläne haben.

Ein Rechtsanspruch auf Erteilung eines Zwischenzeugnisses besteht nur ausnahmsweise bei begründeten, tatsächlichen Änderungen des Arbeits- bzw. Dienstverhältnisses. Für Sie als GmbH-Geschäftsführer sind das typischerweise die folgenden Situationen, bei denen Sie ein Zwischenzeugnis verlangen können:

- Sie werden aus einem Anstellungsverhältnis (z. B. Abteilungsleiter) zum Geschäftsführer der GmbH berufen,
- ein neuer Geschäftsführer wird eingestellt, mit der Folge, dass sich die Verantwortlich- bzw. Zuständigkeiten zwischen den Geschäftsführern ändern,
- es findet ein Gesellschafterwechsel statt,

7.6 Das Zeugnis des GmbH-Geschäftsführers

- Sie werden vom Amt des Geschäftsführers abberufen,
- die GmbH wird liquidiert,
- es findet ein Betriebsübergang nach § 613a BGB statt.

Wurde Ihnen ein Zwischenzeugnis ausgestellt, dann haben Sie keinen Anspruch darauf, dass die dort benutzten Formulierungen und Bewertungen auch in dem Zeugnis verwendet werden, dass anlässlich Ihres endgültigen Ausscheidens ausgestellt wird. Allerdings: Wird das Zeugnis deutlich negativer formuliert, dann muss Ihr Arbeitgeber dafür gewichtige Gründe nennen können.

Wenn Sie sich als Geschäftsführer bereits in erfolgreichen Zeiten regelmäßig ein Zwischenzeugnis ausstellen lassen, haben Sie damit die Gewähr, dass sich Meinungsverschiedenheiten zum Ende des Anstellungsverhältnisses nur unwesentlich auf die inhaltlichen Aussagen im Abschlusszeugnis auswirken werden.

Nutzen Sie die Euphorie des Erfolges. Lassen Sie sich ein Zwischenzeugnis ausstellen, wenn Sie bestimmte neue, außergewöhnliche Projekte erfolgreich durchgeführt haben, wenn Sie wichtige neue Geschäftsbeziehungen begründet haben oder wenn Sie ein erfolgreiches Geschäft abgewickelt haben. Die Gesellschafter bestätigen Ihnen in einer wirtschaftlichen Erfolgssituation gerne Ihre persönlichen Fähigkeiten und Ihre Erfolge!

7.6.5 Inhalt des Zeugnisses

Wenn Sie als Geschäftsführer Zeugnisse von Bewerbern selbst lesen, wissen Sie, dass Sie nie das gesamte Zeugnis lesen, sondern lediglich Ausschnitte, von denen Sie glauben, dass sie ein repräsentatives Gesamtbild des Bewerbers ergeben. Danach sollte der Umfang selbst eines ausführlichen, qualifizierten Zeugnisses zwei DIN A 4 Seiten nicht überschreiten.

In der Praxis werden – sofern Arbeits- und Dienstverhältnisse nicht im (Rechts-) Streit beendet werden – Zeugnisse von leitenden Angestellten und Führungspersonen meist selbst vorformuliert, vom ausstellungsberechtigten Vorgesetzten gegengelesen, genehmigt und unterschrieben. Das trifft meist auch für Sie als Geschäftsführer zu. In der Regel sind die Gesellschafter unkundig oder haben keine Zeit, so dass sie die Aufgabe der Zeugniserstellung an Sie zurückdelegieren.

Wenn Sie Ihr Zeugnis selbst vorbereiten, müssen Sie beachten:

- Zum guten und schnellen Verständnis wählen Sie den unten vorgeschlagenen **Aufbau** eines Zeugnisses.
- Zur Bewertung der einzelnen Aufgaben verwenden Sie **unsere Bewertungsskala.** Sie entspricht den Formulierungen, wie Sie von Profis in der Personalpraxis benutzt werden.

- Lassen Sie das von Ihnen vorformulierte Zeugnis von einem **Profi gegenlesen**. Nichts ist schlimmer, als mit einer undurchdachten (falschen) Formulierung einen gegenteiligen Effekt zu bewirken.
- Prüfen Sie das ausgestellte Zeugnis unbedingt auf **Abweichungen gegenüber Ihrer Vorlage**. Oft ist es ein Versehen des sachbearbeitenden Mitarbeiters aus der Personalabteilung, der einen vermeintlichen Fehler (ohne Rücksprache) verbessern will und das Zeugnis damit sogar verbösert.

Der Grundsatz der Zeugniswahrheit verbietet das Verschweigen schwerwiegender Verfehlungen des Geschäftsführers während seiner Dienstzeit. Das gilt insbesondere bei Verfehlungen, die nachweislich Grund für die Beendigung des Anstellungsvertrages bzw. die Abberufung gewesen sind. Selbst wenn die Gesellschafter ein Weglassen billigen, heißt dies noch lange nicht, dass daraus keine Schadensersatzansprüche entstehen können. In der Praxis schwierig ist allerdings der Nachweis solcher Verfehlungen durch Dritte, z. B. durch Ihren neuen Arbeitgeber.

7.6.6 Der Aufbau des Zeugnisses

Aufbau Zeugnis/Zwischenzeugnis	
Einleitung	
Titel	Dr.
Personaldaten	Max Mustermann
Funktion	Geschäftsführer
Dauer des Anstellungsverhältnisses	01.01.2002 bis 31.12.2007
Aufgaben	
Unternehmen	X – GmbH
Branche	Pharma
Hierarchische Funktion	Geschäftsführer
Anzahl der Geschäftsführung	3
Ressort	Marketing
Vertretungsberechtigung	Alleinvertretungsberechtigt
Aufgaben	Vertriebsleitung Werbeplanung Vertriebs-Controlling Personalführung
Kompetenzen	Strategische Planung Ressortleitung Personal
Verantwortung	Ergebnis- und Personalverantwortung

7.6 Das Zeugnis des GmbH-Geschäftsführers

Aufbau Zeugnis/Zwischenzeugnis	
Beurteilung Leistung	
Leistungsbereitschaft	… stets mit Eigeninitiative
Befähigung	… verfügt über umfassende Fachkenntnisse
Führungsstil	außerordentlich führungsstark, kooperativ
Erfolge	… neue Produktlinie mit großem wirtschaftlichen Erfolg eingeführt
Herausragende Erfolge	Aufbau und Einführung einer neuen, erfolgsorientierten Vertriebsorganisation
Mitarbeiterführung	Motivierend
Beurteilung Verhalten	
Im Verhältnis zu den Gesellschaftern	Loyal, kooperativ, verantwortlich
Verhalten Kollegen/Mitarbeiter	Führungsstark, motivierend
Verhalten zu Externen/Dritten	Souverän, kooperativ
Bewertung soziale Kompetenz	Ausgezeichnete Führungspersönlichkeit
Schluss	
Schlussformel	Herr Mustermann verlässt uns auf eigenen Wunsch
Dank Bedauern Wünsche für die Zukunft	Die Gesellschafter danken für die vertrauensvolle Zusammenarbeit, bedauern außerordentlich den Verlust einer ausgezeichneten Führungspersönlichkeit und wünschen weiterhin eine erfolgreiche berufliche Zukunft.
Ausstellungsdatum	31.12.2006
Ort	Musterstadt
Unterschriften	Unterschriften der Gesellschafter

Bewertungsskala: sehr gute Leistungsbeurteilung

Beurteilung	Formulierung
Fachwissen	Verfügt über umfassende Fachkenntnisse, auch in Randbereichen
Auffassung/Problemlösungsfähigkeit	Ist in der Lage, auch schwierige Situationen sofort zutreffend zu erfassen und schnell richtige Lösungen zu finden
Leistungsbereitschaft/Eigeninitiative	Zeigte stets Eigeninitiative und überzeugte durch große Leistungsbereitschaft
Belastbarkeit	Auch stärkstem Arbeitsanfall jederzeit gewachsen
Sehr gute Gesamt-Leistungsbeurteilung	Wir waren mit seinen Leistungen stets außerordentlich zufrieden Er hat seine Aufgaben stets zu unserer vollsten Zufriedenheit erledigt

Beurteilung	Formulierung
Sehr gute bis gute Leistungsbeurteilung	Er hat seine Aufgaben zu unserer vollsten Zufriedenheit erledigt

Fehl-Formulierungen, die Sie unbedingt vermeiden müssen

Formulierung	Bedeutung
Engagement außerhalb des Betriebes	Hinweis auf Streikteilnahme
Arbeiten ordnungsgemäß erledigt	Bürokrat, der keine Initiative entwickelt
Toleranter Mitarbeiter	Für Vorgesetzte ein schwerer Brocken
Arbeiten mit großem Fleiß und Interesse erledigt	Eifrig, aber nicht tüchtig
Im Rahmen seiner Fähigkeiten..	Nicht sehr viel
Mit Interesse bei der Sache	Hat sich angestrengt, aber nichts geleistet
Verständnis für die Arbeit	Keine Leistung
Mit Eifer und dabei erfolgreich	Mangelhafte Leistungen
Mit Vorgesetzten gut zurechtgekommen	Mitläufer, der sich gut verkauft
Sehr tüchtig und wusste sich gut zu verkaufen	Unangenehmer, überheblicher Mitarbeiter
Fachwissen und gesundes Selbstvertrauen	Geringes Fachwissen, das gut vertuscht wurde
Neuem aufgeschlossen	Jedoch nicht, um dieses zu integrieren oder vorwärts zu bringen
Aufgaben mit Erfolg delegiert	Kaum selbst gearbeitet
Fördert Mitarbeiter	Mit Gehaltserhöhungen Kritik von der eigenen Person abhalten
Mit Fleiß, Ehrlichkeit und Pünktlichkeit…	Aber ohne fachliche Qualifikation
Mit Begeisterung, mit Fleiß, mit großem Fleiß, mit Eifer usw.	Aber ohne Erfolg
Reges Interesse	Keine Leistung
Senkrechter Strich, links stehend vor der Unterschrift	Mitglied der Gewerkschaft
Anführungszeichen, Ausrufezeichen, Unterstreichungen	Aussagen werden in ihr Gegenteil verkehrt durch…

Das Zeugnis muss außerdem,

- auf dem Geschäftspapier der GmbH ausgedruckt sein und
- dem oben geforderten Aufbau eines Zeugnisses entsprechen (vgl. oben)

7.6 Das Zeugnis des GmbH-Geschäftsführers

Muster: Einfaches Beispiel

X - GmbH
Musterstraße 15
12345 Musterstadt
HRB Nr. 1234
Registergericht Musterstadt
Geschäftsführer: Max Mustermann

Zeugnis

Herr Diplom Betriebswirt Max Mustermann, geboren am 17.05.1966 in Musterstadt, leitete die X - GmbH vom 1.1.2003 bis zum 31.12.2007 zusammen mit einem weiteren Geschäftsführer oder einem Prokuristen als gesamtvertretungsberechtigter Geschäftsführer.

Gegenstand des Unternehmens ist die Produktion und der Vertrieb von Software für E-Commerce Internet-Lösungen.

Gemeinsam mit dem produktionsverantwortlichen Geschäftsführer war Herr Mustermann für die strategische Ausrichtung, die Steuerung des Gesamtunternehmens, für die Erledigung und Abwicklung der kaufmännischen Verwaltungsaufgaben, für die Entwicklung und Planung der gesamten Aufbau- und Ablauforganisation zuständig.

Als ressortverantwortlicher Geschäftsführer war Herr Mustermann für die Bereiche Marketing und Vertrieb allein verantwortlich. Herr Mustermann hat das Unternehmen stets zu unserer vollsten Zufriedenheit geleitet und unsere Erwartungen in jeder Hinsicht in bester Weise erfüllt. Herr Mustermann identifizierte sich jederzeit in vorbildlicher Weise mit der übernommenen Verantwortung. Er verfolgte die selbst gesetzten und die mit den Gesellschaftern getroffenen Ziele höchst engagiert und beharrlich.

Herr Mustermann prägte aufgrund seiner Einsatzbereitschaft und einer optimistischen Einstellung. Er verstand es auf der Grundlage von ausgezeichnetem Fach- und Branchenwissen, seiner schnellen und analytischen Auffassungsgabe und seiner strategischen Fähigkeiten die der Geschäftsführung obliegenden Aufgaben jederzeit auszurichten und den jeweiligen Marktverhältnissen optimal anzupassen.

Die den Gesellschaftern obliegenden Entscheidungen hat Herr Mustermann stets zum richtigen Zeitpunkt, ausgezeichnet und begründet vorbereitet, vorgetragen und mit Überzeugungskraft und Durchsetzungsvermögen vertreten.

Herr Mustermann denkt und handelt unternehmerisch. Er führte einige neue Software-solutions erfolgreich in den Markt ein. Dabei löste er alle damit im Zusammenhang stehenden Vertriebs- und Marketingfragen mit außerordentlichem Geschick und Erfolg. Dies belegt die anhaltend sehr gute Lage des Unternehmens.

Er verstand es ausgezeichnet, hochqualifizierte Mitarbeiter zu finden, diese in die bestehende Belegschaft einzugliedern und diese zu einem hochmotivierten und leistungsfähigen Team zusammenzuführen. Unter seiner Verantwortung entwickelte sich aus sicherem Delegationsvermögen, einem Gespür für Autorität und natürlichem Gerechtigkeitsempfinden, ein gutes Arbeits- und Betriebsklima.

Herr Mustermann genoss jederzeit das Vertrauen der Gesellschafter. Seine kooperative Haltung, sein verbindlicher, aber bestimmter Führungsstil waren bei Management und Mitarbeitern gleichermaßen anerkannt und geschätzt. Seine Kontaktfähigkeit, die jederzeitige Verlässlichkeit, Gesprächs- und Verhandlungsgeschick bewirkten ein ausgezeichnetes Verhältnis zu unseren Kunden und Zulieferern.

Herr Mustermann verlässt uns auf eigenen Wunsch. Er wird in der XL-AG eine noch anspruchsvollere Führungsaufgabe übernehmen. Wir bedauern es außerordentlich, mit Herrn Mustermann eine so ausgezeichnete Führungspersönlichkeit zu verlieren. Wir danken Herrn Mustermann für die außergewöhnlich erfolgreiche und vertrauensvolle Zusammenarbeit und wünschen ihm für seine weiteren beruflichen Ziele viel Erfolg.

Musterstadt, 31.12.2010
Hans Mustermann
für die Gesellschafter der XL GmbH

7.7 Häufige Fragen zum Vertragsende des Geschäftsführers

„Muss der Geschäftsführer vor der Kündigung abgemahnt werden?"
Laut OLG Hamm kann der Geschäftsführer ohne Einhaltung einer Frist gekündigt werden, wenn der GmbH nach Abwägung aller Gründe und Umstände eine Fortsetzung des Dienstverhältnisses nicht mehr zugemutet werden kann. Eine vorherige Abmahnung wegen des vorgebrachten Kündigungsgrundes ist nicht notwendig[30]. Im Urteilsfall ging es um die Prämienzahlung (Zuschuss für einen laptop) an einer Mitarbeiter. Laut Gesellschaftsvertrag war der Geschäftsführer nur zusammen mit einem weiteren Geschäftsführer oder einem Prokuristen handlungsfähig. Auch bei vermeintlich geringfügigen Beträgen: Hier ging es um rund 1500 EUR in zwei Fällen. Dazu das Gericht: In diesem Fall liegt eine Pflichtverstoß vor, der die Gesellschafter zur Abberufung und Kündigung berechtigt.

„Müssen die Gründe genannt werden, wenn der Geschäftsführer der Tochtergesellschaft gekündigt wird?"
JA. Wird der Geschäftsführer aus wichtigem Grund gekündigt, hat er laut LG Zweibrücken[31] Anspruch darauf, dass ihm die Gründe für die Kündigung genannt werden[32]. Laut BGB muss der Arbeitgeber auf „Verlangen" des Arbeitnehmers Kündigungsgründe nennen. Das gilt auch für den GmbH-Geschäftsführer. Er kann die Kündigungsgründe sogar eigenständig einklagen, ohne dass er eine zugleich eine Klage auf Unwirksamkeit der Kündigung erheben muss.

„Was nützt der Anstellungsvertrag, wenn die Konzern-Mutter den Betrieb der Tochtergesellschaft einfach einstellt?"
In den letzten Jahren ist man in vielen großen, auch mittelständischen Unternehmen dazu übergegangen, einzelne Profit-Center in eigenständige GmbHs auszugliedern. Strategischer Vorteil: mehr Spielraum bei der Personalpolitik, effektivere Kontrolle und größere Flexibilität beim Umbau von Unternehmenseinheiten. Oft wurde dann der amtierende Abteilungsleiter zum Geschäftsführer bestellt. Vorteil für das Unternehmen: Ein u. U. langjähriger Abteilungsleiter verzichtete für die Bestellung zum Geschäftsführer auf die in vielen Dienstjahren erworbenen Arbeitnehmerrechte (Kündigungsschutz). Als Sicherheit wurde ein Geschäftsführer-Anstellungsvertrag vereinbart, der frühestens in fünf Jahren gekündigt werden konnte. Weil aber die Geschäfte der neuen Tochter-GmbH nicht wie geplant liefen, entschied die Konzernleitung, den Betrieb der Tochter-GmbH bereits nach zwei Jahren wieder einzustellen. Der Geschäftsführer wurde kurzerhand und fristlos aus betriebsbedingten Gründen gekündigt. Nach einem Urteil des Bundesgerichts-

---

[30] OLG Hamm, Urteil vom 25.11.2009, 8 U 61/09.
[31] LG Zweibrücken, Urteil vom 14.08.2009, HK 9/09.
[32] § 626 Abs. 2 Satz 3 BGB.

hofs[33] muss der Konzern seine Pflichten aus dem Geschäftsführer-Anstellungsvertrag bis zur rechtlich zulässigen Kündigungsmöglichkeit erfüllen. Der BGH sagt dazu: „Die auf geschäftspolitischen Gründen beruhende Entscheidung der Muttergesellschaft, den Betrieb ihrer Tochtergesellschaft einzustellen, rechtfertigt keine außergewöhnliche betriebsbedingte Kündigung gegenüber dem Geschäftsführer." Im vergleichbaren Fall muss der Konzern alle Verpflichtungen aus Ihrem Anstellungsvertrag bis zum Vertragsende erfüllen.

Im Einzelnen gilt:

- **Anstellungsvertrag mit zeitlicher Befristung:** Hier muss der Konzern die Frist einhalten und alle Vertragsbedingungen bis zu einer möglichen Kündigung erfüllen. Nur wenn ein außerordentlicher Grund vorliegt, kann fristlos gekündigt werden.
- **Für den Anstellungsvertrag ohne Befristung:** Sind keine Kündigungsfristen genannt, gelten die gesetzlichen Kündigungsfristen, das sind vier Wochen zum 15. eines Monats oder zum Monatsende[34]. Bei einer Beschäftigungsdauer von zwei Jahren beträgt die Frist einen Monat zum Monatsende, bei einer Beschäftigungsdauer von fünf Jahren beträgt sie zwei Monate zum Monatsende. In der Staffelung von 8, 10, 12, 15 und 20 Jahre erhöht sich die Kündigungsfrist um jeweils einen Monat[35]. Wenn ein außerordentlicher Grund vorliegt, kann fristlos gekündigt werden.

---

[33]BGH, Urteil vom 28.10.2002, II ZR 353/00.
[34]§ 622 Abs. 1 BGB.
[35]§ 622 Abs. 2 BGB.

Vorteilhafte Gestaltungen

8.1 Verkauf der eigenen GmbH an eine Konzerngesellschaft

Zur Gründung und zur Gewährleistung des laufenden Geschäftsbetriebes wird der Gesellschaftsvertrag in der Regel optimal auf die Interessen der beteiligten Personen zugeschnitten. Das sind z. B. besondere Vereinbarungen über die Ausübung von Stimmrechten (Einstimmigkeitsgebote, 2/3 oder ¾-Mehrheiten für bestimmte Gesellschafterbeschlüsse), die Übertragung von GmbH-Anteilen (Vorkaufsrechte, besondere Vorschriften im Erbfall) oder wettbewerbliche Sonderbestimmungen (z. B. das Verbot der Ausübung von bestimmten Geschäften).

Das gilt auch für die Vereinbarungen, die die an der GmbH beteiligten Gesellschafter-Geschäftsführer in den jeweiligen Geschäftsführer-Anstellungsverträgen festschreiben. So ist der Geschäftsführer in der Regel daran interessiert, lange Kündigungsfristen in den Vertrag zu schreiben (oder z. B. die sog. Verpflichtung zur aktiven Mitarbeit des Gesellschafters als Geschäftsführer), sich besonders günstige Gehaltskonditionen (hohes Grundgehalt und hohe Tantieme) zu gewähren, eine „optimale" Altersversorgung festzuschreiben (Abfindung im Falle des Ausscheidens, Pensionszusage bis zur Höhe des steuerlich Möglichen) oder er behält sich bei einem vorzeitigen Ausscheiden vor, weiterhin beruflich tätig zu sein – auch im Gegenstand seiner ehemaligen GmbH (Verzicht auf ein nachvertragliches Wettbewerbsverbot) oder er lässt sich den Verzicht auf eine solche nachvertragliche Tätigkeit teuer bezahlen (Anspruch auf jahrelange, hohe Karenzentschädigung).

Solche Vereinbarungen sind in der Regeln solange interessant und wirtschaftlich günstig für die Beteiligten, solange sich die GmbH im eigenen Besitz befindet und sich die wirtschaftlichen und privaten Interessen damit gut abdecken lassen. Dafür gilt aber: Alle Sonderbestimmungen wirken in der Regel Kaufpreis mindernd. Sie sind für den potenziellen Erwerber Kostenfaktoren, die in die Kalkulation seines Invests eingehen und zum Gegenstand der Kaufverhandlungen werden.

Für GmbH-Gesellschafter, die ihr Unternehmen an einen Dritten, z. B. an ein Konzernunternehmen, verkaufen wollen, ergeben sich daraus folgende Verhandlungsoptionen:
- Bei einer starken wirtschaftlichen Verhandlungssituation ist es im Vorfeld des Verkaufes sinnvoll, wenn das Vertragswerk des Unternehmens (Gesellschaftsvertrag, Geschäftsführer-Anstellungsvertrag) möglichst viele für die Verkäuferseite vorteilhafte Regelungen enthält. Der potenzielle Erwerber wird damit dazu verpflichtet, neben dem betriebswirtschaftlich ermittelten Kaufpreis sämtliche zusätzlichen Rechte des ausscheidenden Gesellschafters zu erfüllen.

> **Beispiel**
> Laut Anstellungsvertrag gilt für den Gesellschafter-Geschäftsführers ein nachvertragliches Wettbewerbsverbot, von dem die GmbH nicht einseitig zurücktreten kann. Es wurde eine ungewöhnlich lange Karenzzeit vereinbart – laut Vertrag darf der ausgeschiedene Geschäftsführer 3 Jahre lang nicht konkurrierend tätig werden. Im Gegenzug hat er dafür Anspruch auf eine Karenzzahlung in Höhe seines zuletzt bezogenen Gehalts. Rechnet sich das Invest für den potenziellen Käufer, wird selbst eine solche Vereinbarung den betriebswirtschaftlichen Kaufpreis nicht mindern – der ausscheidende Gesellschafter-Geschäftsführer hat zumindest bei den Kaufverhandlungen gute Karten.

- Bei einer schwachen wirtschaftlichen Verhandlungssituation ist es im Vorfeld des Verkaufes sinnvoll, wenn es möglichst wenige Kosten treibende Sondervereinbarungen im Vertragswerk des Unternehmens gibt. Der Erwerber wird muss dann nicht mit zusätzlichen Kosten für vertragliche Sonderbestimmungen kalkulieren.

> **Beispiel**
> Bei schlechter Ertragslage und schwacher Verhandlungsposition wirkt die oben beschriebene Vertragsvereinbarung zum nachvertraglichen Wettbewerbsverbot umgekehrt. Der potenzielle Käufer kann damit den betriebswirtschaftlichen Kaufpreis noch weiter drücken, u. U. wirkt dieses Verkaufshindernis so gravierend, dass der potenzielle Erwerber das Unternehmen bereits im Vorfeld aus seinen Akquise-Überlegungen ausscheidet oder gar nicht erst als interessanten Übernahme-Kandidaten einstuft.

8.2 Vorbereitung der Verträge

Wichtiger Bestandteil der Verkaufsvorbereitung[1] ist die vorbereitende Planung der vertraglichen Vereinbarungen und hier insbesondere des GmbH-Gesellschaftsvertrages und des Geschäftsführer-Anstellungsvertrages.

---

[1] vgl. dazu Checkliste „Vorbereitung Unternehmenskauf" unter Abschn. 6.10.

> **Für die Praxis** Beim Käufer sollte auf keinen Fall der Eindruck entstehen, dass die Verträge im Hinblick auf einen bevorstehenden Verkauf zugunsten des Verkäufers abgeändert wurden. Der Käufer kann alle Vertragsänderungen anhand des Registerauszugs bzw. anhand der Beschlussprotokolle der Gesellschafterversammlungen zeitlich nachvollziehen. Deswegen sollten Vertragsanpassungen schon weit im Vorfeld des Verkaufes beschlossen und umgesetzt werden – Vertragsänderungen im zeitlichen Zusammenhang von 2 Jahren und weniger vor der Veräußerung wirken nicht gut – der Verkäufer sollte sich für diesen Fall gut begründen können, warum eine solche Vertragsänderung noch kurz vor dem Verkauf notwendig wurde. Eine Änderung der Verträge, die 5 Jahre und mehr vor der Veräußerung liegen, haben in der Regel keine nachteiligen Folgen.

8.3 Vorkehrungen gegen ein nachvertragliches Wettbewerbsverbot

Laut Bundesgerichtshof[2] ist der Gesellschafter, der aus der GmbH ausscheiden will, nur sehr begrenzt an das bestehende Wettbewerbsverbot gebunden. Rechtlich bedeutet das: Normalerweise darf der GmbH-Gesellschafter und damit auch der Gesellschafter-Geschäftsführer Geschäfte auf eigene Rechnung nur mit Zustimmung der anderen Gesellschafter machen – jedenfalls solange er offizieller Gesellschafter der GmbH ist.

Beispiel
Laut Gesellschaftsvertrag kann der Gesellschafter mit einer Frist von ½ Jahr zum Jahresende aus der GmbH ausscheiden. Kündigt er dann am 30.6.2010 zum 31.12.2010 seine Mitgliedschaft, darf er in der Regel in dieser Zeit keine Geschäfte im Geschäftsbereich der GmbH machen. Das muss der ausscheidende Gesellschafter auch weiterhin beachten. Aber: Nach dem genannten BGH-Urteil können die Alt-Gesellschafter den ausscheidenden Gesellschafter nicht noch länger an der Aufnahme neuer Geschäfte hindern.

Bisher ging das nämlich mit einem einfachen Trick: Sie beschlossen keine neue Verwendung des GmbH-Anteils (also weder Einziehung an die GmbH noch eine Übertragung an einen anderen Gesellschafter oder einen Verkauf an einen neuen Gesellschafter). Dann war der Alt-Gesellschafter de facto nämlich immer noch offizieller eingetragener Gesellschafter und durfte solange noch nicht in Wettbewerb zur GmbH treten. Das geht jetzt aber nicht mehr.

> **Für die Praxis** Eine solche Verzögerungs-Taktik muss der Gesellschafter-Geschäftsführer, der ausscheiden und Geschäfte auf eigene Rechnung im

---

[2] BGH, Urteil vom 30.11.2009, II ZR 208/08.

Gegenstand der GmbH machen will, nicht mehr hinnehmen. Der Kündigungstermin bindet die Gesellschafter. Kommt eine Beschlussfassung über die Verwendung des GmbH-Anteils nicht zustande, bindet das den ausscheidenden Gesellschafter nicht mehr länger. Er kann also ab diesem Termin sofort eigene Geschäfte machen. Achtung: Das gilt nur, solange nicht zusätzlich ein nachvertragliches Wettbewerbsverbot vereinbart ist. Prüfen Sie das anhand des Gesellschaftsvertrages. Der ausscheidende Gesellschafter-Geschäfts-führer ist an ein solches nachvertragliches Verbot auch aus dem Anstellungsvertrag gebunden.

Für den Vertragsabschluss vorteilhaft: Wollen Sie sich zwar an der GmbH beteiligen, sich aber weitgehend offen halten auch wieder schnell „herauszukommen", sollten Sie die Möglichkeit einer Kündigung im Gesellschaftsvertrag einräumen.

Formulierung: „Bei Vorliegen eines wichtigen Grundes kann jeder Gesellschafter seinen Austritt aus der Gesellschaft erklären. Der Gesellschafter kann seinen Austritt aus der Gesellschaft mit einer Frist von 6 Monaten zum Ende des Geschäftsjahres erklären. Durch den Austritt eines Gesellschafters wird die Gesellschaft nicht aufgelöst. Die Gesellschaft ist im Falle eines Austritts berechtigt, den Geschäftsanteil des austretenden Gesellschafters einzuziehen bzw. die Abtretung an eine dritte natürliche oder juristische Person zu verlangen".

8.4 Checkliste: vorbereitende Maßnahmen zum Verkauf der eigenen GmbH

Fall 1: Der Käufer ist an einem Invest stark interessiert und der Verkäufer möchte im Vorfeld seine „vertragliche" Position verbessern

Regelung …	Änderungsbedarf
Stimmrechtsvereinbarung	Der Gesellschafter, der veräußern will, bleibt zu einem geringen Teil an der GmbH beteiligt (z. B. 26 % = Sperrminorität). Zusätzlich kann im Gesellschaftsvertrag vereinbart werden, dass wichtige Entscheidungen (z. B. Änderungen des Gesellschaftsvertrages, Abschaffung von Vorkaufsrechten) nur einstimmig gefasst werden müssen (F 1).
Vorkaufsrecht	Der Gesellschafter, der veräußern will, hat damit Anspruch darauf, dass der neue Gesellschafter seinen GmbH-Anteil nicht einfach weiterveräußern kann. Er muss den GmbH-Anteil zunächst dem anderen Gesellschafter (also Ihnen) zum Kauf anbieten. Damit können Sie verhindern, dass Ihre GmbH in Zukunft z. B. an einen Konkurrenten verkauft wird (F 2).
Zustimmungsvereinbarung zur Übertragung von Geschäftsanteilen	Ohne Zustimmung des Gesellschafters kann ein GmbH-Anteil nicht veräußert werden. Auch damit behalten Sie die Kontrolle darüber, wer in Zukunft Gesellschafter an Ihrer GmbH wird (F 3).

Regelung …	Änderungsbedarf
Befreiung vom Wettbewerbsverbot	Bleiben Sie bei einem Verkauf mit einem Mini-Anteil Gesellschafter und wollen Sie in Zukunft Geschäfte im Gegenstand der GmbH außerhalb der GmbH auf eigene Rechnung machen, müssen Sie darauf achten, dass Sie nicht gegen das bestehende allgemeine Wettbewerbsverbot verstoßen. Das ist z. B. möglich, indem Sie vor dem Verkauf den „Gegen-stand der GmbH" so abändern, dass er nicht mehr die von Ihnen in Zukunft geplanten Geschäfte umfasst (F 4).
Nachvertragliches Wettbewerbsverbot	Eine gute vertragliche Ausgangsposition können Sie sich auch für den Fall verschaffen, wenn Sie nach dem Verkauf der GmbH noch für einige Zeit in der GmbH tätig bleiben wollen (z. B. als Geschäftsführer) und sich nach dem Ausscheiden noch nachvertragliche Gehaltsansprüche sichern wollen. Dazu können Sie noch vor dem Verkauf (am besten einige Jahre) Ihren Anstellungsvertrag um ein nachvertragliches Wettbewerbsverbot gegen Anspruch auf Karenzentschädigungen und ohne Rücktrittsrecht der GmbH einbauen (F 5).

Formulierungshilfen

F 1 Einstimmigkeitsgebot „Änderungen des Gesellschaftsvertrages bedürfen der Zustimmung aller Gesellschafter".

F 2 Vorkaufsrecht „Dem Gesellschafter <NAME> wird im Falle der Veräußerung eines Geschäftsanteils ein Vorkaufsrecht eingeräumt. Verzichtet der Gesellschafter auf sein Vorkaufsrecht, ist der veräußerungsbereite Gesellschafter berechtigt, seinen Geschäftsanteil frei nach den Bestimmungen des Gesellschaftsvertrages zu veräußern".

F 3 Zustimmungsvereinbarung „Die Veräußerung eines Geschäftsanteils bedürfen zu ihrer Wirksamkeit der schriftlichen Zustimmung der Gesellschaft, die nur erteilt wird, wenn sämtliche Gesellschafter zustimmen".

F 4 Änderung des Gegenstandes der GmbH „Gegenstand der GmbH ist …".

F 5 Nachvertragliches Wettbewerbsverbot „Der Geschäftsführer verpflichtet sich, für die Dauer von zwei Jahren nach Beendigung des Anstellungsvertrages nicht in Wettbewerb zur Gesellschaft zu treten. Und zwar weder durch entgeltliche oder unentgeltliche Tätigkeit noch durch Errichtung oder Erwerb eines derartigen Unternehmens oder durch mittelbare und unmittelbare Beteiligung an einem derartigen Unternehmen, es sei denn im Rahmen des an der Börse notierten Aktienhandels der privaten Vermögensvorsorge". Das Wettbewerbsverbot erstreckt sich auf das Gebiet der Bundesrepublik Deutschland. Für die Dauer des nachvertraglichen Wettbewerbsverbotes verpflichtet sich die Gesellschaft, dem Geschäftsführer eine Entschädigung in Höhe von 50 % der zuletzt durchschnittlichen bezogenen monatlichen Vergütung zu zahlen. Die Entschädigung ist zum Ende eines

Kalendermonates fällig. Auf diese Entschädigung sind Einkünfte anzurechnen, welche der Geschäftsführer während der Dauer des nachvertraglichen Wettbewerbsverbotes aus jeder Erwerbstätigkeit erzielt. Der Geschäftsführer ist verpflichtet, auf Verlangen der Gesellschaft entsprechende Auskunft über die Höhe seiner Einkünfte zu erteilen.

In jedem Fall der Zuwiderhandlung gegen das Wettbewerbsverbot hat der Geschäftsführer eine Vertragsstrafe in Höhe von 5000 € zu zahlen. Zugleich entfällt für den entsprechenden Monat des Verstoßes die Verpflichtung zur Zahlung der Entschädigung durch die Gesellschaft. Etwaige Schadensersatzansprüche der Gesellschaft bleiben unberührt wie auch der Anspruch auf Unterlassung.

Verzichtet die Gesellschaft auf Einhaltung des Wettbewerbsverbotes, verpflichtet sich die Gesellschaft ab dem Datum der Beendigung des Anstellungsvertrages für einen Zeitraum von 12 (6) Monaten eine Entschädigung in der oben vereinbarten Höhe zu zahlen.

Fall 2: Der Verkäufer möchte sein Unternehmen auf jeden Fall veräußern und dazu alle vertraglichen Hindernisse beseitigen

Regelung …	Änderungsbedarf
Stimmrechtsvereinbarungen	Besondere Stimmrechtsvereinbarungen (Sperrminorität, Zustimmungsgebote) wirken nachteilig. Auch Sondervereinbarungen, wonach für bestimmte Entscheidungen Stimmrechtserschwernisse (Einstimmigkeitsgebot, 3/4-Mehrheitsgebot) vorgesehen sind, sollten vor dem Verkauf beseitigt werden – durch eine entsprechende Änderung des Gesellschaftsvertrages.
Pensionszusage	Für den Käufer bedeuten Ansprüche aus einer Pensionsverpflichtung soweit diese das zu veräußernde Unternehmen in der Folge belasten zusätzliche Anschaffungskosten, die finanziert werden müssen und den Gesamtkaufpreis erhöhen. In der Praxis ist es üblich, die Pensionsverpflichtung entweder über eine betriebliche Altersversorgung auszulagern oder die Pensionszusage aufzulösen – dabei sind steuerliche Fragen zu beachten, damit es nicht zu einer verdeckten Gewinnausschüttung kommt.
Beseitigung von Übertragungs-Hindernissen	Vorkaufsrechte und sonstige Beschränkungen der Übertragbarkeit von Geschäftsanteilen (Familienmitglieder) sind u. U. für die strategischen Überlegungen des Käufers hinderlich.
Rechte aus dem Anstellungsvertrag des (noch) Gesellschafter-Geschäftsführers	Unabhängig von der Übertragung der Geschäftsanteile der GmbH bleiben von der GmbH abgeschlossene Verträge wirksam – das gilt auch für Anstellungsvertrag des noch amtierenden Geschäftsführers. Als Verkaufshemmnisse wirken hier: lange Kündigungsfristen, Ansprüche auf Abfindungszahlungen, Vorgaben für ein weit reichendes Wettbewerbsverbot mit unverhältnismäßigen Ansprüchen zugunsten des ausscheidenden Gesellschafter-Geschäftsführers usw. Hier kann der verkaufswillige Gesellschafter dem potenziellen Käufer mit seiner Zustimmung zu einem Aufhebungsvertrag, dessen Bedingungen für den Einzelfall ausgehandelt werden können, entgegenkommen.

8.5 Bewertung der GmbH

Je nach Unternehmensgröße und Branche werden in der Praxis unterschiedliche Bewertungsverfahren eingesetzt, die zu unterschiedlichen Ergebnissen führen. Das sind:

- das Ertragswertverfahren
- das vereinfachte Ertragswertverfahren zur Ermittlung des Unternehmenswertes für steuerliche Belange (Vermögenswert)
- das Buchwertverfahren
- das Substanzwertverfahren
- das Mittelwertverfahren
- das Schweizer Verfahren
- die Übergewinn-Kapitalisierungsmethode
- das Umsatzverfahren

Im Einzelfall ist eine realistische Bewertung ohne fachmännische Beratung nicht möglich. Bewährtes Verfahren zur Bewertung von komplexeren Unternehmen ist das Due Diligence. Es bezeichnet die „gebotene Sorgfalt", mit der beim Kauf bzw. Verkauf von Unternehmensbeteiligungen/GmbH-Anteilen das Vertragsobjekt im Vorfeld geprüft wird und in der Regel von Konzern-Unternehmen angewandt wird.

Due-Diligence-Prüfungen beinhalten eine systematische Stärken-/Schwächen-Analyse des Kaufobjekts, eine Analyse der mit dem Kauf verbundenen Risiken sowie eine fundierte Bewertung des Objekts. Gegenstand der Prüfungen sind Bilanzen, personelle und sachliche Ressourcen, strategische Positionierung, rechtliche und finanzielle Risiken, Umweltlasten. Gezielt wird nach Sachverhalten gesucht, die einem Kauf entgegenstehen könnten – z. B. Altlasten beim Grundstückskauf oder ungeklärte Markenrechte. Erkannte Risiken können entweder Auslöser für einen Abbruch der Verhandlungen oder Grundlage einer vertraglichen Berücksichtigung in Form von Preisabschlägen oder zusätzlichen Garantien sein.

Grundlage ist ein Vorvertrag (letter of intent), in dem ein angemessener Zeitraum für die Due-Diligence-Prüfung vereinbart wird. Darin werden der Zugriff auf die benötigten Informationen und Daten sowie die Zahlung einer Gebühr bei Nichtkauf zum Gegenstand einer solchen Vereinbarung gemacht. Hilfreich für Projektprüfungen sind Meilensteinberichte, die den Zustand des Projektes in einer Kurzzusammenfassung wiedergeben.

Für eine erfolgreiche Due Diligence-Prüfung ist es wichtig, nicht einzelne Aspekte oder Bereiche isoliert zu analysieren, sondern eine verknüpfte und bereichsübergreifende Betrachtung durchzuführen.

Allgemeine Angaben für die Bewertung nach Due Diligence

- Informationen aus dem Finanz und Rechnungswesen (Jahresabschluss)
- Wirtschaftliche und strategische Aspekte
- Steuerliche Aspekte und Gestaltung

- Rechtliche Aspekte und Vertragsgestaltung
- Ermittlung von Risiken
- Aussagen zur Strategie
- Überprüfung des Synergiepotenzials
- Übereinstimmung mit den Akquisitionszielen
- Empfehlungen für vertragliche Regelungsbedürfnisse

Angaben zum Gesellschaftsvertrag und zu Beteiligungen

- Aktueller Handelsregisterauszug unter Beifügung noch nicht eingetragener Anmeldungen zum Handelsregister.
- Aktueller Gesellschaftsvertrag zuzüglich Geschäftsordnung für die Geschäftsführung sowie Angaben betreffend Aufsichtsrat, Beirat, Verwaltungsrat oder vergleichbare Gremien.
- Vollständige Liste aller Gesellschafter unter Angabe der Geschäftsanteile, die treuhänderisch für Dritte gehalten werden, eventuelle Unterbeteiligungen, mögliche Stimmbindungsvereinbarungen.
- Geschlossene Darstellung der notariellen Urkunden über die Abtretung von Geschäftsanteilen sowie Belastungen der Geschäftsanteile, insbesondere Verpfändungen und Übertragungen
- Aufstellungen über gewährte Gesellschafterdarlehen, über Bestellungen von Sicherheiten durch Gesellschafter (bzw. deren verbundene Unternehmen) für Verbindlichkeiten der Gesellschaft gegenüber Dritten
- Bestehende Beherrschungs- und Ergebnisabführungsverträge oder andere Vereinbarungen, z. B. Austauschverträge, Konzernumlagen, Geschäfts- und Betriebsführungsverträge.
- Verträge über die Gewährung von Darlehen durch die Gesellschaft an Gesellschafter (bzw. deren verbundene Unternehmen), Vereinbarungen über die Begründung stiller Gesellschaften

Angaben zu den Betriebsstätten und Betriebsanlagen

- Übersicht über alle Betriebsstätten des Unternehmens.
- Übersicht über die Grundstücke mit Katasterplänen in gültiger Fassung zur Erfassung der bauplanungsrechtlichen Situation.
- Miet-, Pacht- und Leasingverträge über Betriebsstätten, die in fremdem Eigentum stehen Übersicht über noch nicht erfüllte Verträge, über den Erwerb oder die Veräußerung von Grundstücken usw.
- Baugenehmigungen.
- Angaben hinsichtlich möglicher Altlasten, zum Beispiel Unfälle, Leckagen, Produktionsabfälle, Gebäudekontamination, Geländeauffüllungen.
- Angaben über Anlagen im Eigentum des Unternehmens, an denen Sicherheiten für Dritte bestellt sind.

8.5 Bewertung der GmbH

- Aufstellung aller Miet- und Leasingverträge bei Maschinen, Anlagen und Gegenständen der Betriebs- und Geschäftseinrichtungen.
- Übersicht notwendiger Instandhaltungsaufwendungen.

Angaben zu unternehmensbezogene Rechte, gewerblichen Schutzrechten, Urheberrechten und Nutzungsrechten an solchen Rechten

- Übersicht über Patente, Markenrechte usw., Patentrechte Dritter, Kosten der Patentpflege sowie die Laufzeiten
- Liste der Lizenzrechte für Dritte

Versicherungen

- Vollständige Übersicht über alle abgeschlossenen Versicherungen
- Darstellung der in den letzten fünf Jahren geltend gemachten Versicherungsansprüche
- Darstellung der nicht durch Versicherungen gedeckten Risiken

Angaben zum Personal und zu Beschäftigten

- Liste aller Mitarbeiter des Unternehmens unter Angabe ihrer Funktion und der Höhe des jeweiligen Jahresbruttogehaltes, gewährter Tantiemen und sonstiger Vergütungen
- Dienstverträge der Mitarbeiter
- Übersicht über Sozialleistungen und Pensionszusagen an Mitarbeiter (Pensionspläne)
- Vorlage sämtlicher Beraterverträge

Angaben zu Einkauf und Absatz

- Aufstellung über die wesentlichen Lieferanten, Kunden, Klienten
- Vorlage der wesentlichen Vereinbarungen mit Lieferanten und Abnehmern, Handelsvertretern, Eigenhändlern und sonstiger Vertriebsverträge
- Übersicht über den Umsatz des Unternehmens in den letzten drei abgeschlossenen Geschäftsjahren, aufgeschlüsselt nach den Hauptprodukten und Märkten
- Darstellung der wichtigsten Wettbewerber – wenn möglich mit Angaben über deren Marktanteil
- Aufstellung über laufende Großprojekte

Angaben zur Finanzsituation und zu steuerlichen Aspekten

- Jahresabschlüsse des Unternehmens (Bilanz, Gewinn- und Verlustrechnung und Anhang) sowie Lagebericht der Geschäftsführung
- Prüfberichte des Abschlussprüfers für die letzten drei abgeschlossenen Geschäftsjahre
- Vollständige Darstellung aller Kreditverträge und deren Besicherung, Bürgschaften, Garantieverpflichtungen oder Sicherheitsleistungen usw.

- Liste aller Bankkonten des Unternehmens unter Angabe des jeweiligen Saldos
- Steuerstatus des Unternehmens
- Vorlage der letzten Steuererklärungen und Steuerbescheide, soweit erlassen, für alle Jahre, die noch nicht der Betriebsprüfung unterlegen haben
- Vorlage des letzten Betriebsprüfungsberichts
- Übersicht über alle in den letzten fünf Jahren erhaltenen öffentlichen Fördermittel und Zuschüsse

Angaben zu Rechtsstreitigkeiten

- Vollständige Darstellung aller schwebenden oder drohenden Rechtsstreitigkeiten und Schiedsverfahren
- Straf- und Verfahren wegen Ordnungswidrigkeiten gegen das Unternehmen.

8.6 Häufige Fragen zum Verkauf der eigenen GmbH an ein Konzernunternehmen

„Wie findeich einen potenziellen Käufer für meine GmbH?"

Der Kauf und Verkauf eines Unternehmens ist – wie der Kauf einer Immobilie – nur ausnahmsweise eine schnelle Angelegenheit. In der Regel dauert der „Merger" durchschnittlich 2 Jahre. Sie sollten also eine lange Vorlaufzeit einplanen. Sie kennen die Branche am besten! Nutzen Sie Ihr Netzwerk, bestehende Kontakte und Geschäftspartner. Bringen Sie in Erfahrung, wer expandieren will. Die Kontaktaufnahme sollte nicht direkt sondern unbedingt über einen Berater (Anwalt, Steuerberater) erfolgen. Erfolg verspricht auch ein seriöses und anonymes Angebot in der Verkaufsbörse der IHK – und zwar als Printanzeige oder über die Firmen-Datenbanken (Nachfolge, Kooperation) – auch außerhalb des eigenen IHK-Bezirkes. Abzuraten ist von M&A-Agenturen aus dem Internet. Die Angebote klingen zwar recht ordentlich. Die Einstandskosten sind hoch. Außerdem gehen Sie in der Regel eine langfristige Bindung ein, für die Sie Monat für Monat Gebühren zahlen müssen und die in der Regel nur mit einer langen Frist gekündigt werden können.

„Worauf muss ich bei der Bewertung meiner GmbH durch einen potenziellen Käufer besonders achten?"

Konzerne, die Zukäufe tätigen, verwenden in der Regel standardisierte Verfahren zur Unternehmensbewertung, z. B. eine Bewertung im Die Diligence Verfahren. Danach werden alle Wertfaktoren, aber auch alle Chancen und Risiken des M&A systematisch erfasst. Für Sie ist wichtig: Da bei Anwendung dieses Verfahren alle Zahlen, Fakten und Informationen über Ihr Unternehmen „öffentlich" werden, müssen Sie sich gegen missbräuchliche Verwendung absichern. Vereinbaren Sie deswegen im Vorvertrag unbedingt eine Verschwiegenheitsklausel inkl. (hoher) Vertragsstrafe.

„Muss ich Abfindungszahlungen immer voll versteuern?"
Nein. Geschäftsführer, die Ihre GmbH später einmal verkaufen wollen, sichern sich ab, indem Sie im Anstellungsvertrag eine Abfindungszahlung für den Fall des Ausscheidens vereinbaren. Folge: Kündigt der neue Besitzer den weiterhin tätigen alten Geschäftsführer, hat der Anspruch auf eine Abfindungszahlung.

Laut BFH-Urteil[3] können Arbeitnehmer Steuern sparen, wenn der Zeitpunkt der Abfindungszahlung geschickt bestimmt wird. Was viele nicht wissen: Das ist auch für den Geschäftsführer möglich. Dazu kann er entsprechend im Anstellungsvertrag gestalten, z. B., *„dass die Parteien über den Zeitpunkt der Zahlung der Abfindung nach freiem Ermessen entscheiden"*[4]. Ganz sicher für den Geschäftsführer geht es aber so: Laut Vertrag wird die Abfindung mit dem Ausscheiden fällig. Mögliche Ausnahme: Legt der Geschäftsführer Rechtsmittel gegen seine Kündigung ein, wird die Abfindung erst nach Erledigung des Rechtsstreits fällig. Damit kann er alleine über den Zeitpunkt der Fälligkeit der Abfindung bestimmen, indem er entscheidet, ob er ein Rechtsmittel gegen die Abberufung/Kündigung einlegt. Er kann dann ohne Einwilligung des neuen Gesellschafters entscheiden, wann die Abfindung fällig wird.

Z. B., wenn der Geschäftsführer zum Jahresende ausscheidet, die Abfindung aufgrund eines anhängigen Rechtsstreits aber erst im folgenden Jahr ausgezahlt wird – also z. B. in dem Jahr, in dem der Geschäftsführer weniger Einkünfte hat. Das mildert die Steuer-Progression.

8.7 Steuergestaltungen für den Geschäftsführer einer Tochter-GmbH

Steuern einzusparen hängt grundsätzlich immer von den individuellen Verhältnissen des Steuerzahlers ab. Von der Steuerklasse, von der Veranlagungsform, von der Höhe der Gesamteinkünfte inkl. außerordentlicher Einkünfte und der Möglichkeit einkommensgebundene Steuererleichterungen zu nutzen, von den Möglichkeiten zur Verlustverrechnung usw. Deswegen ist es bei allen – auch den hier empfohlenen – Gestaltungen notwendig, dass der damit verbundene Steuerspareffekt exat ermittelt wird – in der Regel ist das ohne Beratung durch einen Steuerberater nicht möglich. Insofern sind die folgenden Steuer-Spar-Ideen als Anregung für das Gespräch mit dem Steuerberater zu verstehen – aus der ganz praktischen Erfahrung heraus, dass der Steuerberater ihre persönlichen Verhältnisse, Planungen und zukünftigen Dispositionen nur dann in seine steuerlichen Überlegungen einbeziehen kann, wenn Sie diese dem Steuerberater im Gespräch darlegen und ihre Gestaltungsbereitschaft mitteilen.

---

[3]BFH, Urteil vom 11.11.2009, IX R 1/09.
[4]Formulierungsvorschlag für den Anstellungsvertrag vgl. unter Kap. 3.

8.7.1 Das häusliche Arbeitszimmer

In der Regel werden die Kosten für ein häusliches Arbeitszimmer von der Finanzverwaltung nur noch dann steuerlich als Werbungskosten anerkannt, wenn das Arbeitszimmer den notwendigen Mittelpunkt der beruflichen Betätigung darstellt. Für die meisten Arbeitnehmer und auch für den Geschäftsführer der GbR ist das nicht der Fall, weil es für diese Personen in aller Regel ein Büro in den Geschäftsräumen der Firma gibt.

Für die GmbH gibt es hier eine interessante Gestaltungsmöglichkeit: Der (Gesellschafter-) Geschäftsführer vermietet die (abgeschlossenen) Büroräume in seiner Privat-Immobilie an seine GmbH. Steuerliche Voraussetzung: Die GmbH verlangt im Anstellungsvertrag von ihrem Geschäftsführer, dass dieser Tag und Nacht und am Wochenende für die Firma erreichbar ist.

In diesem Fall sind die Kosten des vermieteten Raums Betriebsausgaben der GmbH. Umgekehrt muss der (Gesellschafter-) Geschäftsführer die Miete als Einkünfte aus Vermietung und Verpachtung versteuern. Auch hier muss der Steuerberater genau rechnen.

▶ **Für die Praxis** Der (Gesellschafter-) Geschäftsführer kann aber auch – z. B. wenn die GmbH einige Kilometer entfernt ist – einen Büroraum in der Nähe seiner Wohnung durch GmbH anmieten. Auch diese Kosten sind Betriebsausgaben der GmbH.

8.7.2 Der Firmenwagen

Für die Pkw-Nutzung des Selbständigen gelten besondere Steuervorschriften. Nicht alle Kosten können steuerlich geltend gemacht werden. In der Regel muss die betriebliche Nutzung nachgewiesen werden. In der GmbH gehört der Firmen-Pkw zum Betriebsvermögen der GmbH. Steuerliche Folge: Die Anschaffungskosten sind in voller Höhe Betriebsausgaben, die Umsatzsteuer kann in voller Höhe verrechnet werden, sämtliche Kfz-Kosten (Versicherung, Reparaturen, Wartung, Benzin/Diesel) sind Betriebsausgaben der GmbH.

Die private Nutzung des Firmenwagens wird wahlweise nach der 1 %-Methode versteuert (günstiger ab 5000 Jahreskilometer und mehr) oder per Fahrtenbuch ermittelt (in der Regel günstiger bei weniger als 5000 privat genutzten Kilometern pro Jahr).

▶ **Für die Praxis** Ist ein zusätzlicher Privatwagen im Haushalt des Geschäftsführers vorhanden, kann die Privatnutzung sogar völlig ausgeschlossen werden. Eine zusätzliche Besteuerung ist nicht notwendig. Voraussetzung: Die Privat Nutzung wird vertraglich ausgeschlossen und kann aufgrund der Gesamtumstände glaubhaft gemacht werden.

8.7.3 Steuerliche Möglichkeiten für die Alterssicherung

Besteht die GmbH bereits seit 5 Jahren (bei Umgründung eines bestehenden Geschäftsbetriebes: 3 Jahre) und erwirtschaftet die GmbH Gewinne, besteht die Möglichkeit, dem (Gesellschafter-) Geschäftsführer eine „Pensionszusage" zu erteilen. Steuerliche Folge. Für die Pensionszusage kann Jahr für Jahr eine sog. Rückstellung für Pensionsverpflichtungen angesetzt werden. Der steuerpflichtige Gewinn der GmbH wird um die Höhe der Rückstellung gemindert. Sie wirkt sich unmittelbar auf die Höhe der Steuerlast der GmbH aus.

Die Voraussetzungen, die von den Finanzbehörden für die steuerliche Anerkennung einer Pensionszusage als Rückstellungsbetrag verlangt werden, sind kompliziert und umfangreich: Eine entsprechende Gestaltung sollte also grundsätzlich nur nach Rücksprache und Beratung durch den steuerlichen Berater und einen versierten Berater für betriebliche Altersversorgung umgesetzt werden.

Daneben gibt es folgende Steuerspar-Möglichkeiten für die Zukunftssicherung: Riester-Rente, Direktversicherung, eventuell: freiwillige Mitgliedschaft in der Pflichtversicherung.

▶ **Für die Praxis** Soll die GmbH später verkauft werden, ist eine bestehende Pensionszusage ein Verkaufshindernis: Der Käufer muss nämlich die Verpflichtungen aus der Pensionszusage übernehmen. Es ist aber möglich, eine Pensionszusage später auszugliedern, z. B. auf eine externe Alterskasse für Pensionsverpflichtungen.

8.7.4 Gestaltungen mit dem Geschäftsführer-Gehalt

Das Gehalt des Geschäftsführers der GmbH unterliegt wie der Lohn der anderen Arbeitnehmer mit Lohnsteuer. Die Lohnsteuer wird monatlich abgeführt. Das bedeutet: der Geschäftsführer muss nicht in jedem Fall wie ein Selbständiger regelmäßig Einkommensteuer-Vorauszahlungen auf seine gesamten voraussichtlichen Jahreseinkünfte aus Gewerbebetrieb zahlen. Gestaltungsmöglichkeiten ergeben sich, wenn der Geschäftsführer auch noch selbst (mit einem kleinen Anteil) an der GmbH beteiligt ist und er einen Gewinnanspruch als Gesellschafter hat. Damit ergeben sich folgende Gestaltungsmöglichkeiten:

- Will der Gesellschafter-Geschäftsführer nur wenig laufende Steuern zahlen und einen möglichst großen Teil des Gewinns der GmbH in der Firma investieren, kann er wie folgt gestalten: Der entnimmt als Geschäftsführer-Gehalt nur so viel, wie er für den laufenden Unterhalt braucht. Je geringer das Gehalt ist, desto geringer liegt die dafür abzuführende Lohnsteuer. Der Gewinn der GmbH wird mit 29,83 % versteuert und als

Gewinn-Rücklage in der GmbH investiert, z. B. in Form von Aktien-Beteiligungen an anderen Unternehmen oder anderen Geldanlagen.
- Der Gesellschafter-Geschäftsführer will möglichst viel Geld steuergünstig aus der GmbH herausziehen. Ausgeschüttete Gewinn werden beim Gesellschafter mit 48 % versteuert. In diesem Fall ist es günstiger möglichst viel Geld als Geschäftsführer-Gehalt und damit als abzugsfähige Betriebsausgaben der GmbH zu entnehmen – und zwar bis zu einem Lohn- und Einkommensteuersteuerabzug, der unter diesen 48 % liegt. Der GmbH sollte dann aber ein angemessener ein Gewinn verbleiben. Wichtig ist der Fremdvergleich: Der Geschäftsführer sollte dann höchstens ein Gehalt in der Höhe beziehen, wie es ein vergleichbarer Geschäftsführer in einer vergleichbaren Firma beziehen würde.

▶ **Für die Praxis** Das Finanzamt akzeptiert es nicht, wenn das Gehalt des Geschäftsführers ständig variiert. Die Finanzbehörden gehen dann davon aus, dass der Gewinn GmbH als steuergünstige Betriebsausgabe abgesaugt werden soll. Gestaltungen mit dem Geschäftsführer-Gehalt müssen genau gerechnet werden und zahlreiche steuerliche Detailvorschriften berücksichtigen. Aus diesem Grund sollte eine solche Gestaltung nur nach Rücksprache und Beratung durch einen versierten Steuerberater erfolgen.

8.7.5 Gesellschafter-Darlehen

Zinsen für Gesellschafterdarlehen des zu mehr als 10 % an der Unternehmergesellschaft beteiligten Gesellschafters unterliegen dem persönlichen Steuersatz Gesellschafters – werden also u. U. höher besteuert als mit dem 25 %-Steuersatz, der für sonstige Zinseinahmen nach der Abgeltungssteuer gezahlt werden müssen.

▶ **Für die Praxis** Günstig ist die Finanzierung der GmbH mit einem Darlehen eines Gesellschafters, der zu weniger als 10 % an der GmbH beteiligt ist.

8.7.6 Steuergünstig Ansparen und an den Nachfolger verkaufen

Die GmbH bietet gute Möglichkeiten, während der Phase der Berufstätigkeit steuergünstige im Unternehmen Gewinnrücklagen anzusparen. Einbehaltene Gewinne der GmbH werden insgesamt zu 29,83 % versteuert. Alle erwirtschafteten Gewinne werden – so weit vom Unternehmer gewollt und wirtschaftlich möglich – in eine Gewinnrücklage eingestellt.
Mit Beendigung der aktiven beruflichen Tätigkeit kann dann die Gewinnrücklage aufgelöst und an den Gesellschafter ausgeschüttet werden. Die hohe Einmalzahlung führt allerdings dazu, dass der Verkäufer des Geschäftsanteils mit einer hohen

Progression belastet wird. Hier muss der Steuerberater prüfen, ob es günstiger ist, die Unternehmergesellschaft mit Gewinnrücklage zu veräußern und ggf. Steuervergünstigungen für die Betriebsaufgabe zu beanspruchen. Da dieser Vorgang u. U. weiter in der Zukunft liegt, muss allerdings auch damit gerechnet werden, dass sich die steuerlichen Rahmenbedingungen in Zukunft ändern können.

> **Für die Praxis** Zu prüfen ist aber auch folgende Variante: Statt eines einmaligen Kaufpreises wird die GmbH gegen Rentenzahlung veräußert (wiederkehrende Leistungen). In diesem Fall muss vom Erwerber wie für den Verkäufer des Geschäftsanteils genau geprüft werden, wie alle steuerlichen Voraussetzung zur Anerkennung dieser Gestaltung durch das Finanzamt eingehalten werden können, wie die laufenden Ausgaben und Einnahmen steuerlich behandelt werden und wie rechtssicher die gewählte Gestaltung auch für den insgesamt geplanten Zeitraum durchgeführt werden kann.

8.7.7 Steuersparende Gestaltungen mit Familien-Angehörigen

In der GmbH ist es meist möglich, dass Familien-Mitglieder im Betrieb mitarbeiten. Schwierig ist dabei, die eingebrachten Leistungen richtig zu bewerten, gerecht zu vergüten und zugleich die steuerliche Anerkennung von Zahlungen an Familien-Mitglieder zu sichern. Das Finanzamt muss Zahlungen steuerlich anerkennen, wenn,

- die Zahlungen bei der GmbH als Betriebsausgabe verbucht werden können und
- wenn die einzelnen Familien-Mitglieder (steuerpflichtige Kinder, getrennt veranlagte Ehegatten) die Einnahmen mit ihrem jeweiligen individuellen Steuersatz versteuern können, der in aller Regel unter dem Steuersatz des Gesellschafter-Geschäftsführers oder dem aus Gewinnausschüttungen liegt.

Beispiele
Ihre 18ährige Tochter erledigt regelmäßig nach Feierabend Dokumentationsarbeiten – z. B. Ihre Ablage oder Ähnliches. Die GmbH schließt mit der Tochter einen Arbeitsvertrag über eine geringfügige Beschäftigung. Der 21-jährige Sohn, Student der Betriebswirtschaft, hilft regelmäßig dabei, Marktstudien für die GmbH zu erstellen. Darin werden Markt-Informationen aus dem Geschäftsfeld und der Branche der Firma für die Mitarbeiter aufbereitet. Hier kommt in Frage: Ein Vertrag über eine freie Mitarbeit. Die Ehefrau überlässt der GmbH aus ihrem Vermögen ein Darlehen. Das wird angemessen verzinst. Die GmbH betreibt Ihre Geschäfte in der Immobilie der Schwiegereltern. Statt privater finanzieller Unterstützung können diese von den Mieteinnahmen Ihren Lebensunterhalt bestreiten, so dass Sie nicht privat zuschießen müssen. Aus den Überschüssen der GmbH schaffen Sie zwei Firmen-Fahrzeuge an. Im Rahmen der Arbeitsverträge mit den Kindern (siehe oben) werden diese von den Kindern genutzt.

Damit diese Zahlungen zwischen der GmbH und den nahen Angehörigen vom Finanzamt steuerlich tatsächlich anerkannt werden, müssen einige Vorsichtsmaßnahmen beachtet werden:

- Arbeitsverträge die die GmbH mit den Familien-Mitgliedern abschließt, müssen schriftlich abgeschlossen werden. In den Arbeitsverträgen müssen übliche Klauseln bezüglich Arbeitszeit, Arbeitsbedingungen und insbesondere der Vergütung verwendet werden.
- Der Arbeitsvertrag muss tatsächlich durchgeführt werden. Es muss darauf geachtet werden, dass regelmäßig Lohn überwiesen wird und dass – je nach Arbeitsvertrags-Typ – die Lohnsteuer angemeldet und abgeführt wird bzw. Sozialversicherungsbeiträge entrichtet werden.

Schriftform, Üblichkeit der Vereinbarungen und tatsächliche Durchführung müssen auch bei allen anderen Vertragstypen beachtet werden, die mit Familien-Mitgliedern abgeschlossen werden. Das betrifft:

- Darlehensverträge, von Darlehen, das ein Familien-Mitglied der GmbH gewährt, aber auch für Darlehen, das die GmbH einem Familien-Mitglied gewährt.
- Miet- und Pachtverträge zwischen der GmbH und Familien-Mitgliedern (auch: Familien-Mitglieder wohnen in einer Immobilie der GmbH und muss dafür Miete entrichten).
- Kaufverträge, Ausbildungsverträge, Beraterverträge.

▶ **Für die Praxis** Für alle Verträge zwischen der GmbH und den Familien-Mitgliedern können Sie eine Vergütung wählen, wie Sie üblicherweise in der GmbH für die vergleichbaren Leistungen gezahlt werden. Bringt Ihr Familien-Mitglied eine Leistung, die sonst in der GmbH nicht erbracht wird, können Sie etwas nach oben aufstocken.

Steuersparende Gestaltungen mit Familien-Angehörigen

Vertragstyp	Geeignet für…	Wirkung
Arbeitsvertrag (Aushilfe)	Mitarbeitende Kinder Mitarbeitende Ehegatten	Lohn als Betriebsausgaben Zufluss gemäß Steuerklasse
Beratervertrag	Mitarbeitende Gesellschafter Altersbedingt ausgeschiedene Senior-Geschäftsführer	Honorar als Betriebsausgaben Zufluss gemäß Steuerklasse
Ausbildungs-vertrag	Kinder in der Ausbildung	Ausbildungskosten als Betriebsausgaben

Vertragstyp	Geeignet für…	Wirkung
Darlehens-vertrag	Nahestehende, vermögende Familienangehörige Verwendung von Vermögen der Kinder	Zinsen als Betriebsausgaben Einkünfte aus Kapitalvermögen
Stille Beteiligung	Nahestehende, vermögende Familienangehörige Verwendung von Vermögen der Kinder	Vergütung als Betriebsausgaben Einkünfte aus Kapitalvermögen
Mietvertrag	Nutzung von Büroräumen in der eigenen Immobilie	Mietkosten als Betriebsausgaben Einnahmen aus V&V

8.7.8 Erfolgsbeteiligung für den (Gesellschafter-) Geschäftsführer

Wollen Sie als Gesellschafter-Geschäftsführer der GmbH ein möglichst hohes persönliches Gehalt beziehen (z. B., weil er dies mit Verlusten aus anderen Einkunftsarten, mit hohen Werbungskosten und Sonderausgaben verrechnen kann), können Sie gestalten. So ist es möglich, auch für den geschäftsführenden Gesellschafter eine Erfolgsvergütung (Tantieme) zu vereinbaren. Bemessungsgrundlage ist in der Regel der steuerpflichtige Gewinn. Wichtig ist, dass eine Tantieme-Obergrenze vereinbart wird. Damit muss sichergestellt werden, dass höchstens 50 % des steuerpflichtigen Gewinns der GmbH als Geschäftsführer-Vergütung ausgezahlt werden. Das gilt auch für den Fall, dass die GmbH mehrere Geschäftsführer hat.

Weiterer Vorteil einer Tantieme-Vereinbarung: Die GmbH wird nicht monatlich mit einem konstant hohen Abzugsbetrag belastet. Die Erfolgsprämie wird nur fällig, wenn die GmbH tatsächlich Gewinne erwirtschaftet.

▶ **Für die Praxis** In der Regel erwirtschaftet die GmbH in den Anfangsjahren keinen Gewinn. Will der Gesellschafter-Geschäftsführer auch schon in diesen Jahren vom Wachstum der Unternehmergesellschaft profitieren, kann er ausnahmsweise eine umsatzbezogene Tantieme vereinbaren. Vorsicht: Das Finanzamt erkennt diese Zahlungen aus einer Umsatz-Tantieme steuerlich nur dann als Betriebsausgabe an, wenn die Umsatztantieme nur für einen begrenzten Zeitraum und im Hinblick auf ein bestimmtes betriebliches Ziel gezahlt wird. Das muss aus der vertraglichen Vereinbarung klar hervorgehen.

Verzeichnis Quellen, Literatur, Fachbeiträge

Cash-Management in Unternehmensgruppen, Makowski, Reihe 2000, Verlag C. H. Beck
Die Geschäftsleitung der GmbH, Prof. Dr. Reinhard Höhn, Köln, 2. Auflage 1995, Verlag Dr. Otto Schmidt
Die Konzernhaftung für die satzungsgemäß abhängig gegründete GmbH, Dr. S. Beinert, 1995, Verlag Otto Schmidt
Due Diligence bei Unternehmensakquisitionen: Wolfgang Berens, Hans U. Brauner, Joachim Strauch, 2005, Verlag Schäffer-Poeschel
Die Due Diligence bei der GmbH und der Aktiengesellschaft. Die Geschäftsführungsorgane im Konflikt zwischen Geheimhaltung und Informationsoffenlegung: Nikolas Zirngibl, 2003, Verlag Rhombos
Führen Leisten Leben, Fredmund Malik, Verlag Campus
Führungskräfte Handbuch, Herausgeber H. Joka, Springer Verlag Berlin Heidelberg New York, 2002, Der Geschäftsführer im Konzern, S. 531 ff.
Holding-Handbuch. M. Lutter, 2004, Verlag C.H. Beck
Konzernleitung bei der GmbH, Die Pflichten des Geschäftsführers. Konzern, Konzernrecht und Konzernfinanzierung, Teil X., Jungkurth, Hrsg. von Walther Hadding/Uwe H. Schneider, 2000, Verlag C.H. Beck

Fachbeiträge (geordnet nach Erscheinungsdatum)

Dr. Tillmann Pyska: Die erweiterte gewerbesteuerliche Kürzung bei Grundstücksgeschäften im Konzern, GmbHR 2013, S. 132 ff.
Prof. Dr. Rainer Heurung/Benjamin Engel/Sandra Müller-Thormczik: Der „wichtige Grund" zur Beendigung des Gewinnabführungsvertrages, GmbHR 2012, S. 1227 ff.
Prof. Dr. Jörg Kupjetz/Mikosch Peter: Kapitalaufbringung der GmbH i. Gr. in einem physischen Cash-Pooling-System, GMbHR 2012, S. 498 ff.
Mike Hegemann: Außenseiter im GmbH-Konzern – der außenstehende GmbH-Gesellschafter, GmbHR 2012, 315 ff.
Prof. Dr. Uwe H. Schneider: Die 16 goldenen Regeln zur Haftung des Geschäftsführers einer Holding, GmbHR 2010, 1313 ff.
Dr. Stephan Arens: Untreue des Gesellschafters bei Errichtung eines Cash-Pools, GmbHR 2010, 905 ff.
Dr. Caspar Frhr. V. Schnurbein: Verdeckte Sacheinlage im Konzern – Vereinfachung durch das MoMiG?, GmbHR 2010, 568 ff.
Prof. Dr. Ingo Saenger, Dr. Raphael Koch: Cash-Pooling und Feststellung der Zahlungsunfähigkeit, GmbHR 2010, S. 113 ff.
Dr. Guido Eusani: Darlehensverzinsung und Kapitalerhaltung beim Cash-Pooling nach dem MoMiG, GmbHR 2009, S. 785 ff.

Stichwortverzeichnis

A
Abberufung, 197
  wichtiger Grund, 202
Abgeltungssteuer, 159
Advance Pricing Agreement, 177
Amtsniederlegung, 212
  Musterschreiben, 213
Angaben, falsche, 17
Anstellungsvertrag
  Inhalt, 37
  Kündigung, 197
  Muster, 53
  Vertragstypen, 6
  Zusatzvereinbarungen, 61
Anteile, eigene, Erwerb, 15
Arbeitsmethodik, 106
Auskunfts- und Einsichtsrechte, 144

B
Beendigung, Abberufung und Kündigung, 195
Berater
  Kosten, 125
  Pflicht zur Beratung, 122, 123, 125, 127, 129, 131
  Steuerberater, 127
  Suche, 124
  Zusammenarbeit, 89
Berichtswesen, 101
Bestellung
  Beschluss, 68
  des Geschäftsführers, 67
  Versicherung des Geschäftsführers, 68

Bewerbung
  Auftreten, 23
  Fragen, 22
  Gesprächsvorbereitung, 21
  Kostenerstattung, 24
  Unterlagen, 20
  Zielunternehmen, 29
Bezüge, 46
Bilanz, Gliederung, 163

C
Cash-Pooling, 135
Checkliste
  Amtsantritt, 68
  Anstellungsvertrag, 38
  Buchführung und Bilanzierung, 168
  Gehaltsgespräch, 50
  Gesamtverantwortung, 83
  Kündigungsschutz, 52
  Offenlegung des Jahresabschlusses, 170, 171, 176, 191
  Pflichtveröffentlichung, 92
  Projektmanagement, 109
  Verkauf der eigenen GmbH, 223, 228, 234
  Verkauf der GmbH, 188
  vor der Anstellung, 7
  Zielvorgaben, 71

D
Due Diligence, 231

F
Familien-Charta, 8
Familien-Unternehmen, 7
Führungsstil, 104

G
Gehalt, 46
  Bestandteile, 47
  Bestimmungsgrößen, 47
  Vergleichszahlen, 48
Geschäftsführer
  Amtsniederlegung, 212
  Anmeldung, 67
  Arbeitszimmer, 236
  Auswahlkriterien, 24
  Bestellung, 67
  Bewerbung, 20
  Firmenwagen, 236
  Gehalt, 46, 237
  Gremium, 74
  Pensionszusage, 39, 44, 47, 237
  Pflichten, 8
  Ressortaufteilung, 168
  Ressortverantwortung, 42
  steuerliche Einkünfte, 45
  Wettbewerbsverbot, 207
  Zeugnis, 213
Geschäftsführervertrag, 5
Geschäftsführungs-Aufgaben
  Betriebsbesichtigung, 70
  Zielvorgaben, 71
Gesellschafter-Darlehen, 238
Gewinnabführungsvertrag, 128, 138, 139
Gewinnaufzeichnungsverordnung, 176
GmbH-Beteiligung, 1

H
Haftung
  Arbeitnehmerbeiträge, 98
  Berater, 89
  Buchführung und Bilanzen, 89
  des Geschäftsführers, 84
  Kunden und Lieferanten, 87
  Lohnsteuer, 95
  Pflichtoffenlegung, 91
  Schmiergelder und Provisionen, 87
  Sozialversicherung, 97
  Steuer, 93
  Steuerberater, 90
  Umsatzsteuer, 95
  Unfallversicherung, 99
  wirtschaftliche Krise, 99

I
Insolvenzverfahren, 183
  Stellung des Geschäftsführers, 185

J
Jahresabschluss
  Anhang, 163
  Beschlussfassung, 170
  Bestätigungsvermerk, 169
  Bilanz, 162
  Feststellung, 169
  GmbH-Größenklasse, 161
  Konzernabschluss, 172
  Lagebericht, 164
  Offenlegung, 170, 171

K
Konzern, 2
  faktischer, 2
  Vertragskonzern, 2
Konzernabschluss, 172
Konzernverträge, 138
Krise, 177
  Bank, 178
  Insolvenzverfahren, 183
Kündigung, 197
  außerordentliche, 200
  Erschwernisse, 51
  ordentliche, 200
  unberechtigte, 204
Kündigungsschutz, 45

L
LinkedIn, 120
Lobbying, 119

M
Marktforschung, 117
Mitarbeiter, Umgang, 76

N
Netzwerke, 120

O
Offenlegung im Konzern, 175
Office, Assistenz, 116
Organschaft, 140

P
Pensionszusage, 39, 44, 47
Pflichten
    nach dem GmbH-Gesetz, 13
    nach Handelsecht, 8
Projektmanagement, 107
Public Relations, 116

R
Rechtsabteilung, 122
Ressortaufteilung, 13
Ressortverantwortung, 79
Ressortverteilung, Haftung, 97

S
Sanierung, 182
Sozialversicherung, 43
Stammkapital, Auszahlung, 14
Steuerbelastung, 159
Steuern
    Gewerbesteuer, 151
    Kapitalertragsteuer, 152
    Körperschaftsteuer, 154
    Lohnsteuer, 155
    Umsatzsteuer, 157
    vorteilhafte Gestaltungen, 235
Steuerpflichten, 148
    Abgabe von Steuererklärungen, 149
    Steueranmeldung und Voranmeldung, 149
    Verstöße, 150
    Zahlung, 150

T
Tochtergesellschaft
    als AG, 2
    als GmbH, 3
Treuepflicht, 13

U
Überschuldung, 180
Unternehmensgrundsätze, 103
Unternehmenskultur, 103
Unternehmensplanung, zentrale, 133
Unternehmensregister, 91
    elektronisches, 170

V
Verkauf
    Bewertung, 231
    Bewertungsverfahren, 231
    der eigenen GmbH, 226
    der Tochter-GmbH, 187, 206, 211
    Vorbereitung der Verträge, 226
    Wettbewerbsverbot, 227
Vermögensschaden-Rechtsschutz, 63, 65
Verrechnungspreise, 176
Vertretungsbefugnis, Alleinvertretung, 41

W
Weisungsrecht, 143
Wettbewerbsverbot, 207
    Lücken, 211
    nachvertragliches, 208
    Verzicht, 209

X
Xing, 120

Z
Zahlungsunfähigkeit, 180
Zeugnis, 213
    Aufbau, 218
    Bewertungsskala, 219
    fehlerhaftes, 215
    Inhalt, 217

Muster, 221
qualifiziertes, 214
Zwischenzeugnis, 216
Zusammenarbeit

Grundsätze, 74
im Gremium, 74
Zustimmungserfordernis, 142